轨道交通实训课新理念新形态活页式教材

轨道交通车辆技术实训指导

（一）车辆总体

主　编 / 袁楷智　蒲华强　吕贵铭

西南交通大学出版社
·成 都·

图书在版编目（CIP）数据

轨道交通车辆技术实训指导. 一，车辆总体 / 袁楷智，蒲华强，吕贵铭主编. --成都：西南交通大学出版社，2023.6
ISBN 978-7-5643-9340-3

Ⅰ. ①轨… Ⅱ. ①袁… ②蒲… ③吕… Ⅲ. ①城市铁路－铁路车辆－高等职业教育－教材 Ⅳ. ①U239.5

中国国家版本馆 CIP 数据核字（2023）第104984号

Guidao jiaotong Cheliang Jishu Shixun Zhidao
(Yi) Cheliang Zongti (Er) Cheliang Dianqi (San) Cheliang Zhidong
(Si) Cheliang Kongtiao (Wu) Cheliang Kongzhi

轨道交通车辆技术实训指导
（一）车辆总体（二）车辆电器（三）车辆制动
（四）车辆空调（五）车辆控制

主　编／袁楷智　蒲华强　吕贵铭

责任编辑／李晓辉
封面设计／墨创文化

西南交通大学出版社出版发行
（四川省成都市金牛区二环路北一段111号西南交通大学创新大厦21楼　610031）
发行部电话：028-87600564　028-87600533
网址：http://www.xnjdcbs.com
印刷：四川玖艺呈现印刷有限公司

成品尺寸　185 mm × 260 mm
总印张　32　　总字数　721 千
版次　2023年6月第1版　　印次　2023年6月第1次

书号　ISBN 978-7-5643-9340-3
套价　115.00元

课件咨询电话：028-81435775
图书如有印装质量问题　本社负责退换

前言
PREFACE

本书是根据城市轨道交通车辆专业的培养目标和特点，在调查了解该专业学生对检修车辆设备所需知识和技能的基础上积极探索出的一套符合现场岗位实训的指导教材。本书突破传统的教学模式，落实“课堂如职场，上课如上岗”的要求，实现“突出技能、模块培训、单项合成、岗位落标、动态评价”的培养目标，着力解决“重理论、轻实作，重课堂、轻现场”的问题，切实提高培训质量和效果，具有一定的实用性和可操作性。

本书遵循模块教学的特点，为了满足课程教学的需要，在调查分析学生面对岗位所需要的基本技能的基础上，突出了岗位的实践技能，加深了学生对车辆基础设备的理解，熟悉车辆设备的基本操作。学生通过实训，进行专业知识学习和实践技能训练，为学生日后走向城市轨道交通制造、运营企业的车辆电气安装、维护、维修等岗位打下基础。

本书在内容上分为七个项目，每个项目的任务按照从认知到实训进行内容编写。项目一介绍了车辆整体设备的认知，包括车辆结构、司机室、车底设备以及车门系统认知；项目二进行了塞拉门实训演练，包括其整体认知、安装调试、外观检查等实训；项目三进行了转向架实训演练，包括其整体认知、日常检查、部件测量以及更换等实训；项目四进行了车钩实训演练，包括其组成与原理、缓冲器以及车钩的检查与维护；项目五进行了C60型敞车组成和结构认知；项目六进行了C60型敞车检查与维护，包括车钩装置、转向架、车体以及制动机的检查与维护；项目七进行了高速动车组塞拉门实训演练，包括其机械、电气系统的认知与拆卸、以及其功能调试。本书作为实训指导教材，突出了培训内容，简化了实训程序，满足了学生学习的需求。

在本书的编写过程中，参考了相关文献资料，在此谨向各位专家作者表示衷心的感谢；专家靳登阁、贺淳伟、王品、苏以佳、张俊、靳舒杰、胡慧芳为本书编写付出了辛勤努力，郑州捷安高科股份有限公司等有关单位在编写和审定的工作中给予了大力支持，这里一并表示感谢！

编 者

2022 年 7 月

目录
CONTENTS

车辆整体认知

任务一　车辆结构认知

一、实训目的

（1）通过实训，学生可以整体认知整车结构和组成。

（2）为后期的整车故障处理和功能认知做理论支撑。

二、理论链接

整车检查，记录顺序如图 1-1-1 所示。

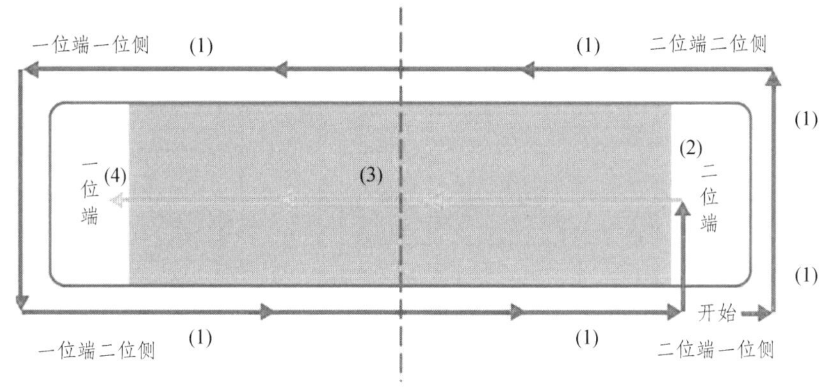

图 1-1-1　记录顺序图

序号说明：

① 从二位端开始检查列车两侧；② 到二位端方向，进行司机室检查；③ 检查司机室；④ 到一位端方向，进行司机室检查。

整车设备分布如图 1-1-2 所示。

三、实训要求

1. 实训时间

教学课时为 2 课时。

2. 实训形式

学生每 5 人组成 1 个工作小组，各小组根据实训课程任务制定实训实施方案，每个小组选出 1 名组长，组长协助老师指导本组学生进行实训。

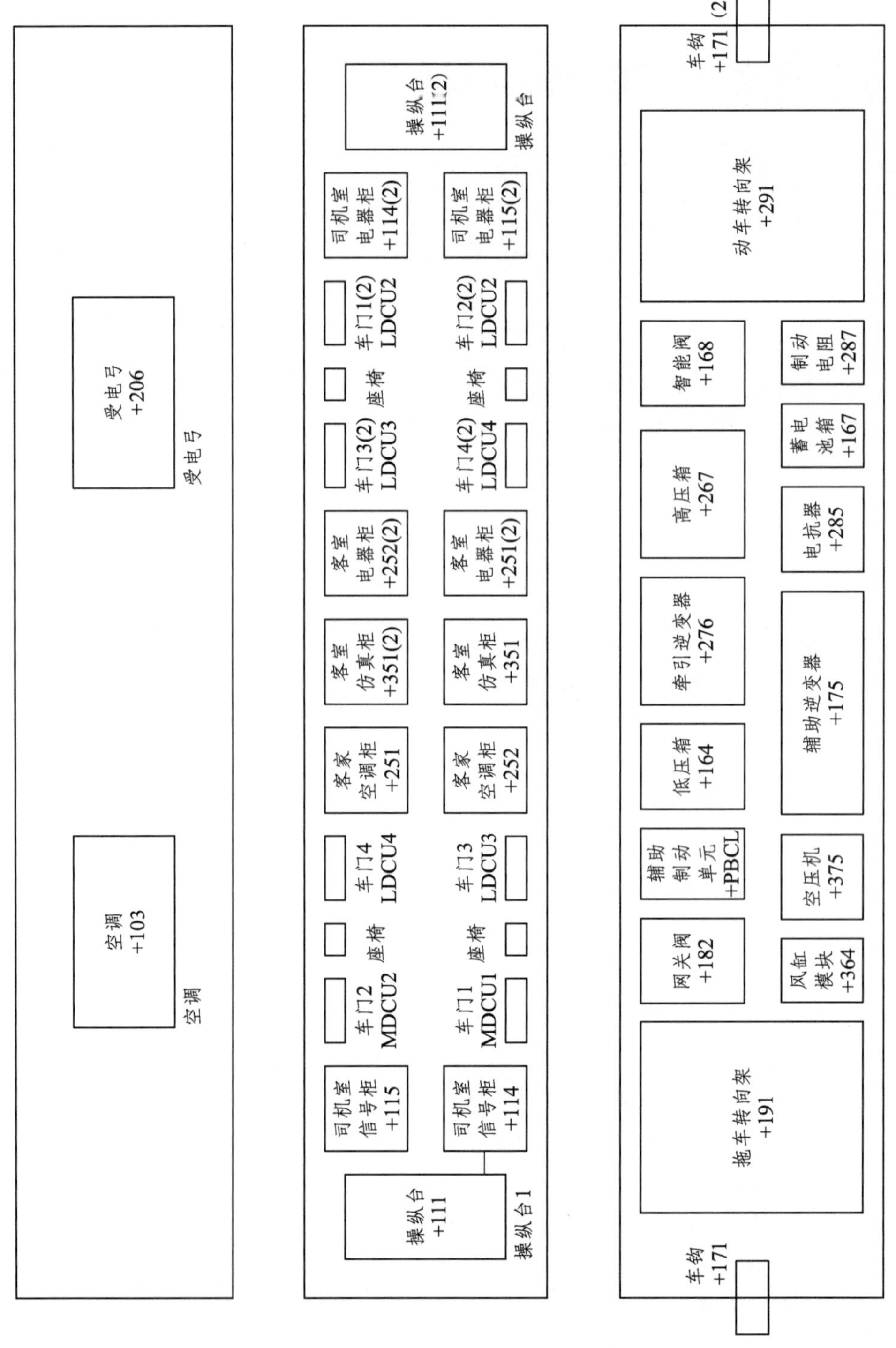

图 1-1-2　整车设备分布示意

3. 实训注意事项

（1）未经教师或管理员允许不得擅自操作。

（2）在万用表使用过程中，注意万用表的调节，同时避免用手触碰表笔的金属部分。

（3）须严格按照上电顺序进行。

4. 工器具材料准备

（1）防护用品，包括防滑鞋、绝缘手套、工作服等；

（2）工具，包括手电筒、活口扳手等；

（3）个人用品，包括笔，笔记本等。

四、实训作业步骤

1. 整体实训过程（见图 1-1-3）

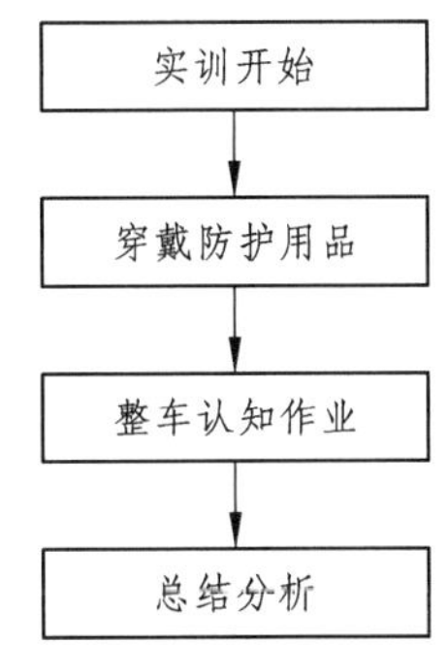

图 1-1-3 实训操作流程图

2. 实训作业流程（见表 1-1-1）

表 1-1-1 实训作业流程

工序	实训内容	使用工具	安全注意事项	作业结果记录
1	司机室认知： （1）脚蹬；（2）扶手	手电筒、笔、笔记本	攀爬时注意安全，防止跌落	
2	检查司机室脚蹬是否有损坏	手电筒、笔、笔记本	攀爬时注意安全，防止跌落	
3	检查车门扶手外观有无变形、紧固件是否有松动	手电筒、肥皂水、笔、笔记本	攀爬时注意安全，防止跌落	
4	司机室面罩防爬器认知： （1）LED 显示；（2）头灯； （3）尾灯；（4）运行灯； （5）司机室面罩；（6）雨刮器； （7）喷水管；（8）防爬器； （9）裙板	手电筒、笔、笔记本	攀爬时注意安全，防止跌落	
5	检查面罩是否鼓包、大面积掉漆，外部文字、标记是否清晰无脱落	手电筒、笔、笔记本	攀爬时注意安全，防止跌落	
6	检查裙板表面漆膜是否鼓包、大面积掉漆，外部文字、标记是否清晰无脱落	手电筒、笔、笔记本	攀爬时注意安全，防止跌落	
7	检查头灯、尾灯面罩是否破损或部件缺失	手电筒、笔、笔记本	攀爬时注意安全，防止跌落	
8	检查雨刮器的初始位置是否正确	手电筒、笔、笔记本	攀爬时注意安全，防止跌落	

续表

工序	实训内容	使用工具	安全注意事项	作业结果记录
9	检查防爬器是否有断裂、撞击痕迹	手电筒、笔、笔记本	攀爬时注意安全，防止跌落	
10	检查 LED 显示器外罩是否有污渍、裂痕	手电筒、笔、笔记本	攀爬时注意安全，防止跌落	
11	二位端车钩整体认知： （1）波纹管；（2）压溃管； （3）接地线；（4）气路软管； （5）解钩气缸；（6）钩舌板； （7）压溃管触发装置	手电筒、肥皂水、笔、笔记本	攀爬时注意安全，防止跌落	
12	检查钩外观是否有大面积掉漆、裂痕	手电筒、笔、笔记本	攀爬时注意安全，防止跌落	
13	检查解钩气缸外观是否有破损、裂痕	手电筒、笔、笔记本	攀爬时注意安全，防止跌落	
14	检查接地线安装是否正确	手电筒、笔、笔记本	攀爬时注意安全，防止跌落	
15	检查气路软管外观是否良好，是否有破损、干涉，连接件丢失	手电筒、笔、笔记本	攀爬时注意安全，防止跌落	
16	检查波纹管外观良好，是否有破损、干涉，连接件丢失	手电筒、笔、笔记本	攀爬时注意安全，防止跌落	
17	检查压溃管触发装置是否触发（正常为发车状态，应为未触发）	手电筒、笔、笔记本	攀爬时注意安全，防止跌落	
18	检查上述部件紧固件是否松动，放松标记是否清晰无错位	手电筒、笔、笔记本	攀爬时注意安全，防止跌落	
19	左右两侧侧墙、车门认知： （1）胶条；（2）车门切除； （3）侧墙；（4）车门外侧； （5）外部紧急解锁	手电筒、笔、笔记本	攀爬时注意安全，防止跌落	
20	检查车门外侧是否有污渍、破损、裂痕、胶条脱落	手电筒、笔、笔记本	攀爬时注意安全，防止跌落	
21	检查车体外表面有无刮痕	手电筒、笔、笔记本	攀爬时注意安全，防止跌落	

五、实训考核标准（见表1-1-2）

表 1-1-2 实训考核标准

项目	标准	配分	得分
整体实训过程考核	能够叙述出整车结构	20	
司机室认知	能够简述司机室的组成部件和相应注意事项	20	
司机室面罩防爬器认知	能够简述司机室面罩和防爬器的相关部件和相应注意事项	20	
二位端车钩整体认知	能够简述二位端车钩组成部件和相应注意事项	20	
左右两侧侧墙、车门认知	能够简述检查侧墙和车门的相关注意事项	20	

六、思考题

常用地铁机车编组一般有几节车厢？几拖几动？

任务二　司机室认知

一、实训目的

（1）通过实训，让学生熟悉司机室整体布局和相关组成部分的功能。
（2）通过实训，让学生了解地铁驾驶的相关操作和理论知识。

二、理论链接

司机室布置。

（1）司机室操作台。司机室操作台位于 Tc 车前端司机室内，由台面和柜体两部分组成。操作台面板的立面从左往右依次安装无线电台、电话、速度表、双针压力表、故障显示屏、信号屏、方向手柄、司控器手柄等。

（2）司机室侧门系统。每个司机室有两个司机室门，每侧一个呈两侧对称布置，其结构如图 1-2-1 所示。

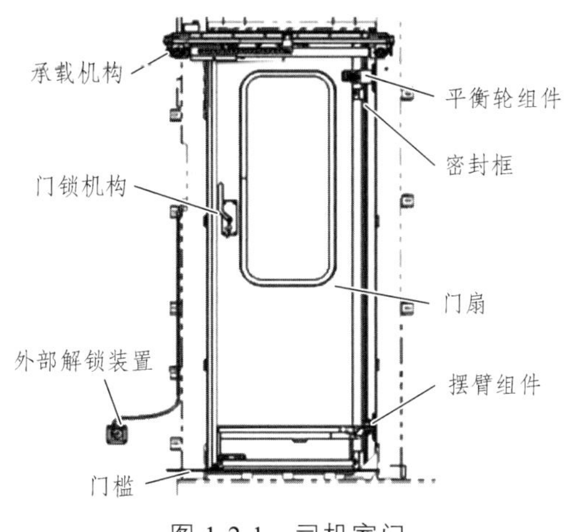

图 1-2-1　司机室门

① 承载机构。

车门的运动主要由上部承载机构提供运动导向以及运动轨迹，承载机构由携门架、基架、长导柱、短导柱、上导轨组成。携门架用来安装门扇，并且将解锁机构嵌入其中，长导柱和短导柱通过挂架相连，并分别为车门提供纵向（车长方向）、横向（车宽方向）的运动轨迹，承载机构通过基架安装在车体上。

② 门扇。

门扇采用铝蜂窝复合结构，由铝框架，内、外铝蒙板和铝蜂窝芯采用热固化黏接而成，门扇上部设有由不着色的双层中空玻璃组成的固定窗。门扇通过携门架与承载机构连接。

③ 其他附件。

为了保证司机室侧门的正常开关，司机室侧门还有门槛组件、摆臂组件、平衡轮组件、缓冲组件、外部紧急解锁装置等。

④ 门锁装置。

司机室侧门锁闭方式采用上部锁闭的方式。车体门框上安装锁挡，门锁安装在门扇中部，锁钩安装在门扇上部携门架上，在关到位后锁钩钩住锁挡实现门的自动锁闭，当车门锁闭在二级锁时，复位弹簧处于压缩状态，有效保证车门的锁闭。门锁具有保险功能，在锁闭后，在门内转动保险锁，可锁闭把手，防止把手意外转动而解锁。

司机室侧门的门锁主部件如图 1-2-2 所示，包括锁盒、把手、保险装置、锁挡、锁钩、复位扭簧、带复位扭簧的盘头轴、转臂装置、解锁杆等。

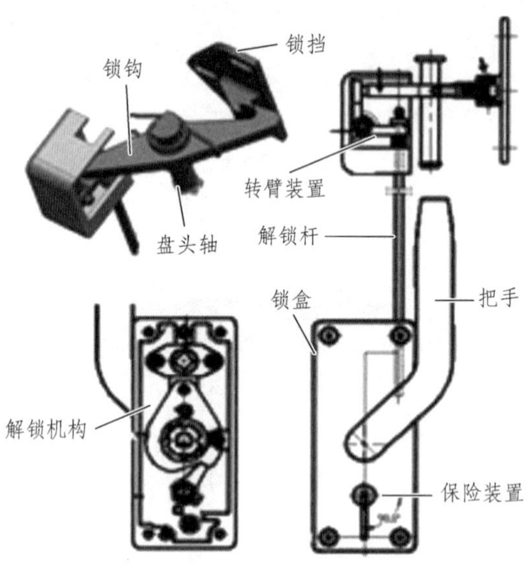

图 1-2-2　侧门把手

三、实训要求

1. 实训时间

教学课时为 1 课时。

2. 实训形式

学生每 5 人组成 1 个工作小组，各小组根据实训课程任务制定实训实施方案，每个小组选出 1 名组长，组长协助老师指导本组学生进行实训。

3. 实训注意事项

（1）未经教师或管理员允许不得擅自操作。

（2）在万用表使用过程中，注意万用表的调节，同时避免用手触碰表笔的金属部分。

（3）须严格按照上电顺序进行。

4. 工器具材料准备

（1）防护用品，包括防滑鞋、绝缘手套、工作服等。

（2）工具，包括手电筒、活口扳手等。

（3）个人用品，包括笔、笔记本等。

四、实训作业步骤

1. 实训操作流程（见图 1-2-3）

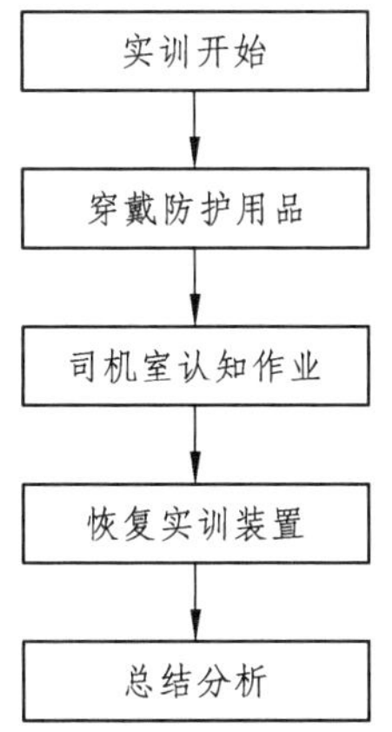

图 1-2-3　实训操作流程

2. 实训作业流程（见表 1-2-1）

表 1-2-1　实训作业流程

工序	实训内容	使用工具	安全注意事项	作业结果记录
1	司机室内整体认知： （1）遮阳帘； （2）雨刮器； （3）挡风玻璃； （4）警惕按钮； （5）速度表； （6）广播控制盒； （7）双针压力表； （8）司机室话筒	笔记本、笔	攀爬司机室注意安全，防止跌落	
2	双针压力表、速度表认知	笔记本、笔	攀爬司机室注意安全，防止跌落，活动时注意防止磕碰	
3	检查双针压力表（用来显示总风缸压力）是否破损	笔记本、笔	攀爬司机室注意安全，防止跌落，活动时注意防止磕碰	
4	紧固螺丝钉是否缺失、安装牢固	笔记本、笔	攀爬司机室注意安全，防止跌落，活动时注意防止磕碰	

续表

工序	实训内容	使用工具	安全注意事项	作业结果记录
5	合格证是否清晰、无丢失	笔记本、笔	攀爬司机室注意安全，防止跌落，活动时注意防止磕碰	
6	检查总风缸压力是否不低于800 kPa	笔记本、笔	攀爬司机室注意安全，防止跌落，活动时注意防止磕碰	
7	操作台各面板、广播控制盒、司机控制器认知： （1）司机室信号屏； （2）方向手柄功能； （3）司控器功能； （4）紧急制动按钮工作原理和功能	笔记本、笔	攀爬司机室注意安全，防止跌落，活动时注意防止磕碰	
8	升降弓按钮功能认知	笔记本、笔	攀爬司机室注意安全，防止跌落，活动时注意防止磕碰	
9	主断合、分按钮功能认知	笔记本、笔	攀爬司机室注意安全，防止跌落，活动时注意防止磕碰	
10	停放制动施加、缓解按钮功能认知	笔记本、笔	攀爬司机室注意安全，防止跌落，活动时注意防止磕碰	
11	所有制动缓解按钮功能认知	笔记本、笔	攀爬司机室注意安全，防止跌落，活动时注意防止磕碰	
12	空气制动施加按钮功能认知	笔记本、笔	攀爬司机室注意安全，防止跌落，活动时注意防止磕碰	
13	运行模式选择开关功能认知	笔记本、笔	攀爬司机室注意安全，防止跌落，活动时注意防止磕碰	
14	驾驶模式ATO、APT选择按钮功能认知	笔记本、笔	攀爬司机室注意安全，防止跌落，活动时注意防止磕碰	
15	列车电台功能和使用方法认知	笔记本、笔	攀爬司机室注意安全，防止跌落，活动时注意防止磕碰	

五、实训考核标准（见表1-2-2）

表 1-2-2 实训考核标准

项目	标准	配分	得分
整体实训过程考核	能够叙述出司机室的整体实训过程	10	
司机室整体认知	可以在实物设备上识别出对应的部件	10	
双针压力表、速度表认知	可以在实物设备上识别出对应的部件并简略叙述出其作用	8	
操作台各面板、广播控制盒、司机控制器认知	可以在实物设备上识别出对应的部件并简略叙述出其作用	8	
升降弓按钮认知	可以在实物设备上识别出对应的部件并简略叙述出其功能	8	
主断合、分按钮	可以在实物设备上识别出对应的部件并简略叙述出其功能	8	
所有制动缓解按钮	认知所有制动缓解按钮功能	8	
停放制动施加、缓解按钮	可以在实物设备上识别出对应的部件并简略叙述出其功能	8	
空气制动施加按钮	可以在实物设备上识别出对应的部件并简略叙述出其功能	8	
运行模式选择开关	可以在实物设备上识别出对应的部件并简略叙述出其功能	8	
驾驶模式 ATO、APT 选择按钮	可以在实物设备上识别出对应的部件并简略叙述出其功能	8	
列车电台	可以在实物设备上识别出对应的部件并简略叙述出其功能	8	

六、思考题

为什么总风缸中需要保持一定的压力?

任务三　车底设备认知

一、实训目的

（1）通过实训，让学生可以学习到地铁列车的车底组成部分。

（2）通过实训，让学生学习了解转向架、轮对等相关专业理论知识。

二、理论链接

（1）轮对是由一根车轴和两个相同的车轮组成，在轮轴结合部位采用过盈配合，使两者牢固地结合在一起。轮对承担车辆全部重量，且在轨道上高速运行，同时还承受着从车体、钢轨两方面传递来的其他各种静、动作用力。

（2）一系悬挂装置：机车在运行时由于受线路不平，钢轨的接缝和道岔以及轮箍踏面的磨耗不均匀和擦伤等因素的影响，轮对会受到线路冲击，激起机车震动。如果构架和轴箱直接相连接，轮对所受到的冲击就会直接通过轴箱经构架传给车体，使构件受力恶化，走行部紧固件松动，车体内电器设备工作不可靠，进而对线路产生破坏作用。为了缓和轨道对机车的冲击和震动，改善部件工作的可靠性和乘客的舒适度，在构架和轮对轴箱之间设置弹簧和减振器系统，称为轴箱悬挂装置，又称一系悬挂装置。其特点是结构简单，无磨损，能克服上下压盖倾斜，调簧容易，维护容易。

（3）闸瓦：列车运行制动时直接摩擦车轮，使列车停车的制动零件就是闸瓦。用铸铁或其他材料制成的瓦状制动块，在制动时抱紧车轮踏面，通过摩擦使车轮停止转动。在这一过程中，制动装置要将巨大的动能转变为热能消散于大气之中。这种制动效果的好坏，主要取决于摩擦热能的消散能力。使用这种制动方式时，闸瓦摩擦面积小，大部分热负荷由车轮来承担。列车速度越高，制动时车轮的热负荷越大。如用铸铁闸瓦，温度可使闸瓦熔化；即使采用较先进的合成闸瓦，温度也会高达 400~450 ℃。当车轮踏面温度增高到一定程度时，就会使踏面磨耗、裂纹或剥离，既影响使用寿命也影响行车安全。

（4）气弹簧是一种可以起支撑、缓冲、制动、高度调节及角度调节等功能的工业配件。它由以下几部分构成：压力缸、活塞杆、活塞、密封导向套、填充物（惰性气体或者油气混合物），缸内控制元件与缸外控制元件（指可控气弹簧）和接头等。其工作原理是在密闭的压力缸内充入惰性气体或者油气混合物，使腔体内的压力高于大气压的几倍或者几十倍，利用活塞杆的横截面积小于活塞的横截面积从而产生的压力差来实现活塞杆的运动。由于原理上的不同，气弹簧比普通弹簧有着很显著的优点：速度相对缓慢、动态力变化不大（一般在 1∶1.2 以内）、容易控制；缺点是体积相对螺旋弹簧大、成本高、寿命相对短。

（5）牵引逆变器：其功能是实现机车牵引工况下将直流环节提供的直流电能变成牵引电机需要的电压频率可控的交流电能，同时实现机车制动工况下将牵引电机的三相交流电能变成直流电能回馈到直流环节。牵引逆变器通常具备以下特点：输出谐波电流小，直流电压利用率高，自身损耗小。

（6）制动电阻：城市轨道交通制动电阻是城市轨道交通在制动时形成的电阻。牵引电机工作在发电状态，向电网回馈能量，当这部分能量不能完全被其他车辆或用电设备吸收时，会造成电网电压升高，这对电站设备和车辆的运行非常不利，因此需要将剩余电能通过制动电阻消耗掉，以维持电网电压稳定。

三、实训要求

1. 实训时间

教学课时为 2 课时。

2. 实训形式

学生每 5 人组成 1 个工作小组，各小组根据实训课程任务制定实训实施方案，每个小组选出 1 名组长，协助老师指导本组学生进行实训。

3. 实训注意事项

（1）未经教师或管理员允许不得擅自操作。

（2）在万用表使用过程中，注意万用表的调节，同时避免用手触碰表笔的金属部分。

（3）须严格按照上电顺序进行。

4. 工器具材料准备

（1）防护用品，包括防滑鞋、绝缘手套、工作服等。

（2）工具，包括手电筒、活口扳手等。

（3）个人用品，包括笔、笔记本等。

四、实训作业步骤

1. 实训操作流程（见图 1-3-1）

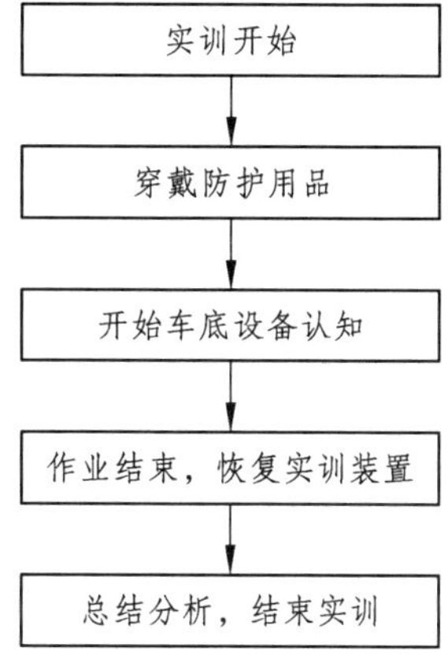

图 1-3-1 实训操作流程

2. 实训作业流程（见表 1-3-1）

表 1-3-1 实训作业流程

工序	实训内容	使用工具	安全注意事项	作业结果记录
1	轮对认知：（1）轮缘；（2）踏面；（3）轮辋	手电筒，笔、笔记本	检查车底时戴好安全帽防止碰伤	
2	检查踏面有无金属堆积、擦伤、凹坑	手电筒，笔、笔记本	检查车底时戴好安全帽防止碰伤	
3	检查轮辋有无卷边	手电筒，笔、笔记本	检查车底时戴好安全帽防止碰伤	
4	检查轮缘有无明显异常、毛刺	手电筒，笔、笔记本	检查车底时戴好安全帽防止碰伤	

续表

工序	实训内容	使用工具	安全注意事项	作业结果记录
5	一系悬挂认知： （1）轮对提吊； （2）整体起吊装置； （3）轴端接地线； （4）高度调整杆； （5）速度传感器； （6）一系悬挂橡胶弹簧构架	手电筒，笔、笔记本	检查车底时戴好安全帽防止碰伤	
6	检查一系悬挂橡胶弹簧有无裂纹、断裂、锈蚀、鼓包等现象	手电筒，笔、笔记本	检查车底时戴好安全帽防止碰伤	
7	检查轮对提吊有无变形、裂纹	手电筒，笔、笔记本	检查车底时戴好安全帽防止碰伤	
8	检查上述部件紧固件有无松动，防松标记清晰无错位	手电筒，笔、笔记本	检查车底时戴好安全帽防止碰伤	
9	轴端速度传感器、闸瓦认知： （1）闸瓦；（2）固定楔； （3）开口销	手电筒，笔、笔记本	检查车底时戴好安全帽防止碰伤	
10	检查速度传感器电缆有无破损，安装是否紧固	手电筒，笔、笔记本	检查车底时戴好安全帽防止碰伤	
11	检查闸瓦外观有无断裂、掉块现象	手电筒，笔、笔记本	检查车底时戴好安全帽防止碰伤	
12	检查闸瓦的固定楔、锁定销有无缺失，开口度数是否大于60°	手电筒，笔、笔记本	检查车底时戴好安全帽防止碰伤	
13	空气弹簧、高度阀、起吊装置认知： （1）空气弹簧； （2）辅助弹簧； （3）锁定销； （4）球铰	手电筒，笔、笔记本	检查车底时戴好安全帽防止碰伤	
14	检查空气弹簧气囊有无漏气、分层、鼓包现象	手电筒，笔、笔记本	检查车底时戴好安全帽防止碰伤	
15	检查辅助弹簧外观有无损伤、裂纹	手电筒，笔、笔记本	检查车底时戴好安全帽防止碰伤	
16	检查高度阀外观有无破损、变形，连杆应垂直无倾斜、转动卡滞等现象	手电筒，笔、笔记本	检查车底时戴好安全帽防止碰伤	
17	整体起吊钢丝绳紧固有无断股、锁定销缺失，开口度数大于60°	手电筒，笔、笔记本	检查车底时戴好安全帽防止碰伤	
18	检查转向架各部件紧固无松动，防松标记清晰无错位	手电筒，笔、笔记本	检查车底时戴好安全帽防止碰伤	

续表

工序	实训内容	使用工具	安全注意事项	作业结果记录
19	智能阀认知： （1）吊挂梁；（2）智能阀插头；（3）管路接口；（4）接地线；（5）测试接头	手电筒，笔、笔记本	检查车底时戴好安全帽防止碰伤	
20	检查吊挂梁外观有无破损、裂纹	手电筒，笔、笔记本	检查车底时戴好安全帽防止碰伤	
21	检查接地线外观有无断股、散股	手电筒，笔、笔记本	检查车底时戴好安全帽防止碰伤	
22	检查智能阀外观有无破损、变形、表面锈蚀	手电筒，笔、笔记本	检查车底时戴好安全帽防止碰伤	
23	检查智能阀电气插头有无松动（点点对齐）	手电筒，笔、笔记本	检查车底时戴好安全帽防止碰伤	
24	检查智能阀各气路管接头有无松动，防松标记有无错位	手电筒，笔、笔记本	检查车底时戴好安全帽防止碰伤	
25	检查智能阀各气路管接头有无松动、漏气声	手电筒，笔、笔记本	检查车底时戴好安全帽防止碰伤	
26	高压箱认知： （1）库用插座； （2）方孔锁	手电筒，笔、笔记本	检查车底时戴好安全帽防止碰伤	
27	检查箱体外观有无破损、变形、表面锈蚀	手电筒，笔、笔记本	检查车底时戴好安全帽防止碰伤	
28	检查箱体吊挂梁有无裂纹，螺栓有无松动	手电筒，笔、笔记本	检查车底时戴好安全帽防止碰伤	
29	检查箱盖方孔锁锁闭是否到位	手电筒，笔、笔记本	检查车底时戴好安全帽防止碰伤	
30	检查库用电源插座盖紧闭是否到位	手电筒，笔、笔记本	检查车底时戴好安全帽防止碰伤	
31	检查各部件紧固件有无松动，防松标记是否清晰无错位	手电筒，笔、笔记本	检查车底时戴好安全帽防止碰伤	
32	牵引逆变器认知： （1）吊挂梁；（2）电气插头；（3）方孔锁	手电筒，笔、笔记本	检查车底时戴好安全帽防止碰伤	
33	检查箱体外观有无破损、变形、表面锈蚀	手电筒，笔、笔记本	检查车底时戴好安全帽防止碰伤	
34	检查箱体吊挂梁有无裂纹，螺栓紧固有无松动	手电筒，笔、笔记本	检查车底时戴好安全帽防止碰伤	
35	检查箱体电气插头有无松动，线缆有无破损	手电筒，笔、笔记本	检查车底时戴好安全帽防止碰伤	
36	检查箱体盖方孔锁锁闭是否到位	手电筒，笔、笔记本	检查车底时戴好安全帽防止碰伤	
37	检查各部件紧固件有无松动，防止标记是否清晰无错位	手电筒，笔、笔记本	检查车底时戴好安仝帽防止碰伤	
38	低压箱认知： （1）吊挂梁；（2）方孔锁	手电筒，笔、笔记本	检查车底时戴好安全帽防止碰伤	

续表

工序	实训内容	使用工具	安全注意事项	作业结果记录
39	检查箱体外观有无破损、变形、表面锈蚀	手电筒，笔、笔记本	检查车底时戴好安全帽防止碰伤	
40	检查箱体吊挂梁有无裂痕	手电筒，笔、笔记本	检查车底时戴好安全帽防止碰伤	
41	检查方孔锁闭是否到位	手电筒，笔、笔记本	检查车底时戴好安全帽防止碰伤	
42	检查各部件紧固件有无松动，防松标记清晰有无错位	手电筒，笔、笔记本	检查车底时戴好安全帽防止碰伤	
43	辅助制动单元认知： （1）吊挂梁；（2）锁扣	手电筒，笔、笔记	检查车底时戴好安全帽防止碰伤	
44	检查辅助控制单元箱外观有无破损、变形、表面锈蚀	手电筒，笔、笔记本	检查车底时戴好安全帽防止碰伤	
45	检查吊挂梁有无裂纹	手电筒，笔、笔记本	检查车底时戴好安全帽防止碰伤	
46	检查辅助制动控制阀箱盖板锁扣锁闭是否到位	手电筒，笔、笔记本	检查车底时戴好安全帽防止碰伤	
47	检查各部件紧固件有无松动，防松标记是否清晰无错位	手电筒，笔、笔记本	检查车底时戴好安全帽防止碰伤	
48	网关阀认知： （1）电气插头；（2）气路管；（3）接地线	手电筒，笔、笔记本	检查车底时戴好安全帽防止碰伤	
49	检查网关阀外观有无破损、变形、表面锈蚀	手电筒，笔、笔记本	检查车底时戴好安全帽防止碰伤	
50	检查吊挂梁外观有无裂痕	手电筒，笔、笔记本	检查车底时戴好安全帽防止碰伤	
51	检查接地线有无断股、散股	手电筒，笔、笔记本	检查车底时戴好安全帽防止碰伤	
52	检查网关阀电气插头紧固有无松动（应点点对齐）	手电筒，笔、笔记本	检查车底时戴好安全帽防止碰伤	
53	检查网关阀各气路接头有无松动、漏气声	手电筒，笔、笔记本	检查车底时戴好安全帽防止碰伤	
54	检查各紧固件有无松动，防松标记是否清晰无错位	手电筒，笔、笔记本	检查车底时戴好安全帽防止碰伤	
55	风缸模块认知： （1）排水阀锁闭位； （2）卡箍；（3）橡胶垫	手电筒，笔、笔记本	检查车底时戴好安全帽防止碰伤	
56	检查风缸有无裂纹，风缸卡箍外观有无破损，橡胶垫有无脱出，安装是否牢固	手电筒，笔、笔记本	检查车底时戴好安全帽防止碰伤	
57	检查风缸外观有无破损、变形、表面锈蚀，管接头、螺栓有无漏气声	手电筒，笔、笔记本	检查车底时戴好安全帽防止碰伤	

续表

工序	实训内容	使用工具	安全注意事项	作业结果记录
58	检查排水阀处于锁闭是否到位	手电筒，笔、笔记本	检查车底时戴好安全帽防止碰伤	
59	检查各部件紧固件有无松动，防松标记是否清晰无错位	手电筒，笔、笔记本	检查车底时戴好安全帽防止碰伤	
60	辅助逆变器认知： （1）锁扣；（2）方孔； （3）吊挂梁	手电筒，笔、笔记本	检查车底时戴好安全帽防止碰伤	
61	检查箱体外观有无破损、变形、表面锈蚀	手电筒，笔、笔记本	检查车底时戴好安全帽防止碰伤	
62	检查箱盖安装是否正确，锁扣、方孔锁锁闭是否到位	手电筒，笔、笔记本	检查车底时戴好安全帽防止碰伤	
63	检查各部件紧固件有无松动，防松标记是否清晰无错位	手电筒，笔、笔记本	检查车底时戴好安全帽防止碰伤	
64	电抗器认知： （1）格栅；（2）吊挂梁	手电筒，笔、笔记本	检查车底时戴好安全帽防止碰伤	
65	蓄电池箱认知： （1）吊挂梁；（2）箱盖锁	手电筒，笔、笔记本	检查车底时戴好安全帽防止碰伤	
66	检查箱体有无破损、变形、表面锈蚀	手电筒，笔、笔记本	检查车底时戴好安全帽防止碰伤	
67	检查箱体吊挂梁、支架有无裂痕，螺栓紧固有无松动	手电筒，笔、笔记本	检查车底时戴好安全帽防止碰伤	
68	检查制动电阻格栅有无损坏、异物堵塞	手电筒，笔、笔记本	检查车底时戴好安全帽防止碰伤	
69	检查各部件紧固件有无松动，防松标记物是否错位	手电筒，笔、笔记本	检查车底时戴好安全帽防止碰伤	
70	制动电阻认知： （1）吊挂梁；（2）螺栓； （3）电阻格栅	手电筒，笔、笔记本	检查车底时戴好安全帽防止碰伤	
71	检查箱体有无破损、变形、表面锈蚀	手电筒，笔、笔记本	检查车底时戴好安全帽防止碰伤	
72	检查箱体吊挂梁、支架有无裂痕，螺栓紧固有无松动	手电筒，笔、笔记本	检查车底时戴好安全帽防止碰伤	
73	检查制动电阻格栅有无损坏、异物堵塞	手电筒，笔、笔记本	检查车底时戴好安全帽防止碰伤	
74	检查各部件紧固件有无松动，防松标记清晰是否错位	手电筒，笔、笔记本	检查车底时戴好安全帽防止碰伤	

五、实训考核标准（见表1-3-2）

表 1-3-2　实训考核标准表

项目	标准	配分	得分
整体实训过程考核	能够叙述出车底设备认知的整体实训过程	8	
轮对认知考核	可以在实物设备上识别出对应的部件	8	
一系悬挂认知	可以在实物设备上识别出对应的部件	8	
轴端速度传感器、闸瓦认知	可以在实物设备上识别出对应的部件	8	
空气弹簧、高度阀、起吊装置认知	可以在实物设备上识别出对应的部件	8	
智能阀认知	可以在实物设备上识别出对应的部件	10	
高压箱认知	可以在实物设备上识别出对应的部件	5	
牵引逆变器认知	可以在实物设备上识别出对应的部件	5	
低压箱认知	可以在实物设备上识别出对应的部件	5	
辅助制动单元认知	可以在实物设备上识别出对应的部件	5	
网关阀认知	可以在实物设备上识别出对应的部件	5	
风缸模块认知	可以在实物设备上识别出对应的部件	5	
辅助逆变器认知	可以在实物设备上识别出对应的部件	5	
电抗器认知	可以在实物设备上识别出对应的部件	5	
蓄电池箱认知	可以在实物设备上识别出对应的部件	5	
制动电阻认知	可以在实物设备上识别出对应的部件	5	

六、思考题

（1）一列地铁机车上有几个网关阀、几个智能阀？
（2）风缸模块在地铁机车运行中起到什么作用？

任务四　车门系统认知

一、实训目的

（1）通过实训，让学生整体认知地铁列车车门系统。
（2）通过实训，让学生学习了解车门结构与控制等专业理论知识。

二、理论链接

城轨电动塞拉门特点以及结构原理。

1. 电动塞拉门优点

电动塞拉门是地铁和轻轨列车普遍采用的一种车门系统，该系统较复杂，与传统的内藏式车门和外挂式车门相比较，塞拉门具有以下优点：

（1）采用全数字控制技术的电子门控器，实现对车门的控制、检测、诊断、自学习和网络通信功能。

（2）无刷直流电机驱动，电磁干扰少、寿命长、可靠性高。

（3）国家发明专利无源锁闭装置，安全、可靠，无需外加解锁动力。

（4）由导柱和直线轴承组成的十字运动传动系统，使机构简洁、可靠、运动阻力小，具有质量轻、占用空间小、运行平稳、寿命长等特点。

（5）免维护特制丝杠螺母副传动，寿命长、可靠性高。

（6）铝蜂窝复合结构门板，具有质量轻、强度高，良好的隔音、隔热性能。

（7）密封性能良好，对传入客室内噪声有较好的隔音作用，同时可降低客室空调的能耗。

（8）减小列车在高速运行时的阻力。

（9）列车外观平滑，整体和谐美观。

（10）提高车辆安全性。电动塞拉门具有一套安全、可靠的锁闭系统，既保证列车在运动过程中车门被可靠的锁闭，又保证在车辆出现紧急情况下车门有效地打开。同时，外摆开启有利于车辆出现紧急情况时人员的疏散，加强了车辆的安全性。

2. 电动塞拉门的工作原理

当门完全关闭时，门扇与车辆外表面平齐。开门时，门扇一开始就进行横向+纵向复合运动，然后沿着车体侧面滑动直到完全打开的位置，如图 1-4-1 所示。

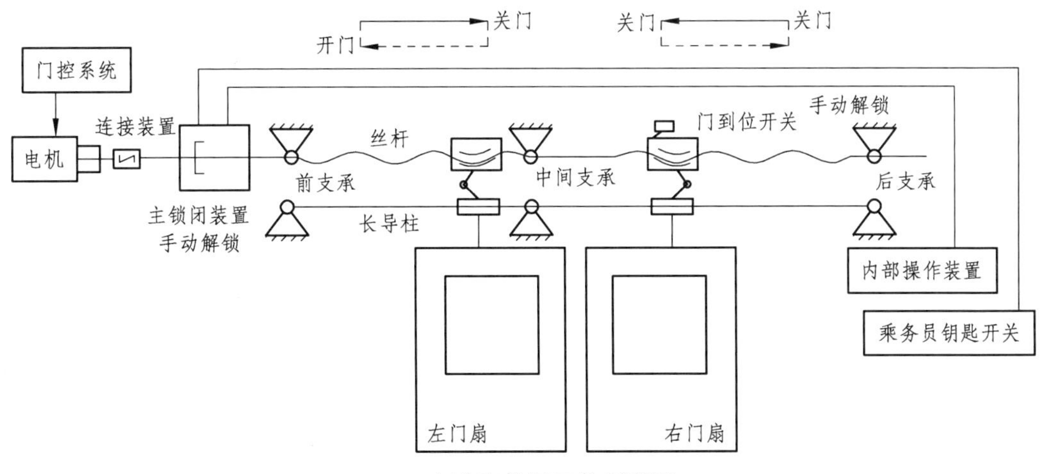

1-4-1 电动塞拉门工作原理图

三、实训要求

1. 实训时间

教学课时为 1 课时。

2. 实训形式

学生每 5 人组成 1 个工作小组，各小组根据实训课程任务制定实训实施方案，每个小组选出 1 名组长，协助老师指导本组学生进行实训。

3. 实训注意事项

（1）未经教师或管理员允许不得擅自操作。

（2）在万用表使用过程中，注意万用表的调节，同时避免用手触碰表笔的金属部分。

（3）须严格按照上电顺序进行。

4. 工器具材料准备

（1）防护用品，包括防滑鞋、绝缘手套、工作服等。

（2）工具，包括手电筒、活口扳手等。

（3）个人用品，包括笔、笔记本等。

四、实训作业步骤

1. 实训操作流程（见图 1-4-2）

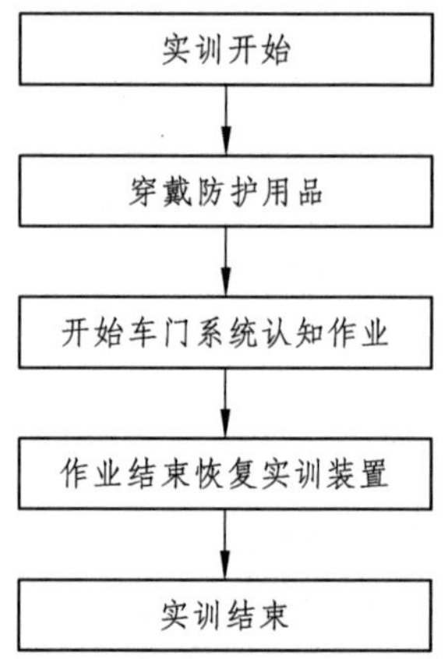

图 1-4-2　实训操作流程

2. 实训作业流程（见表 1-4-1）

表 1-4-1　实训作业流程

工序	实训内容	使用工具	安全注意事项	作业结果记录
1	司机室侧门认知：（1）门页胶条；（2）锁盒；（3）锁闭装置	手电筒、笔、笔记本	检查车门时注意安全，防止夹伤	
2	检查侧墙墙板有无破损	手电筒、笔、笔记本	检查车门时注意安全，防止夹伤	

续表

工序	实训内容	使用工具	安全注意事项	作业结果记录
3	检查司机室侧门门页有无裂纹，门页胶条有无明显破损、上下偏移，门玻璃有无裂痕、破损	手电筒、笔、笔记本	检查车门时注意安全，防止夹伤	
4	司机室侧门锁盒各紧固螺栓安装是否紧固，是否松脱	手电筒、笔、笔记本	检查车门时注意安全，防止夹伤	
5	手动操作门把手，有无卡顿，推拉司机室侧门检查开关门是否顺畅，有无明显阻力	手电筒、笔、笔记本	检查车门时注意安全，防止夹伤	
6	手动锁闭侧门，试拉车门能不能解锁	手电筒、笔、笔记本	检查车门时注意安全，防止夹伤	
7	客室门认知： （1）动态地图； （2）紧急解锁手柄功能； （3）车门隔离功能； （4）车门指示灯； （5）紧急报警装置； （6）门页结构、工作原理	手电筒、笔、笔记本	检查车门时注意安全，防止夹伤	
8	检查门立柱罩板表面有无破损、裂纹	手电筒、笔、笔记本	检查车门时注意安全，防止夹伤	
9	检查紧急解锁手柄外观有无破损，手柄是否处于正常位（与车门平行），安装螺钉紧固有无松动	手电筒、笔、笔记本	检查车门时注意安全，防止夹伤	
10	检查紧急解锁保护罩有无损坏、丢失	手电筒、笔、笔记本	检查车门时注意安全，防止夹伤	
11	检查门柱罩板上标识有无脱落、丢失	手电筒、笔、笔记本	检查车门时注意安全，防止夹伤	
12	检查门柱扶手安装是否牢固，紧固件有无松动	手电筒、笔、笔记本	检查车门时注意安全，防止夹伤	
13	检查下摆臂维护口方孔锁是否锁闭到位	手电筒、笔、笔记本	检查车门时注意安全，防止夹伤	

五、实训作业考核标准（见表1-4-2）

表 1-4-2　实训作业考核标准

项目	标准	配分	得分
整体实训过程考核	能够叙述出车门认知的整体实训过程	40	
司机室侧门认知考核	能够在车门实物上识别出对应的部件	30	
客车室门认知考核	能够在车门实物上识别出对应的部件	30	

六、思考题

（1）为什么要对车门的开关进行时间上的限制?

（2）为什么有些客车门采用气动控制?

塞拉门实训演练

任务一　塞拉门整体认知

一、实训目的

（1）通过实训演练让学生对塞拉门有整体认知。

（2）通过实训演练让学生了解塞拉门结构和基本的运作原理。

二、理论链接

1. 塞拉门动作原理

塞拉门设计成电动方式，门扇的打开和关闭过程中，由 110V 电压供电的电机 M1 提供动力进行驱动。由门控器 DCU 部软件控制电机两端电压正负极性来控制电机的正反转，从而带动门扇的打开和关闭。电机一端安装一个位置传感器 B1，感应门扇运动的位置。电机的转向轴端连接一皮带，通过皮带把电机的动力传给丝杠，根据丝杠原理，丝杠的转动带动导向控制管的水平移动，从而控制导向管通过滚动、触动使门扇沿导向管打开或关闭。

2. 车门部件整体如图 2-1-1 和表 2-1-1 所示。

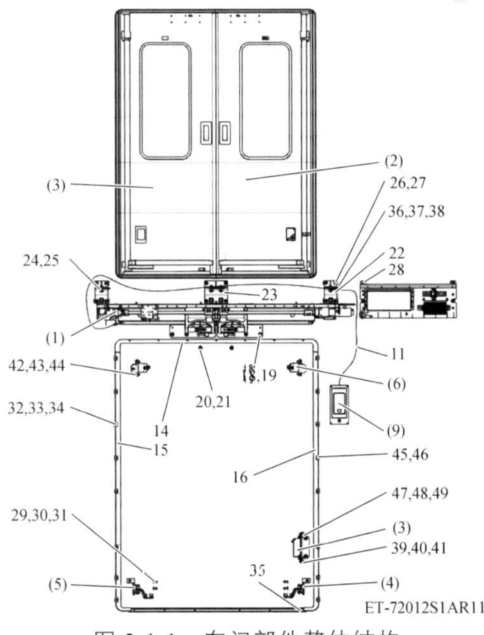

图 2-1-1　车门部件整体结构

表 2-1-1　车门整体介绍

项目	名称	数量	单位	项目	名称	数量	单位
1	驱动	1	个	23	T 型螺柱	4	个
2	右门扇	1	个	24	T 型螺柱	16	个
3	左门扇	1	个	25	弹垫	16	个
4	右下摆臂	1	个	26	螺母	16	个
5	左下摆臂	1	个	27	沉头螺钉	24	个
6	支撑滚轮	2	个	28	弹垫	23	个
7	隔离锁盒	1	个	29	六角螺母	23	个
8	内紧急装置	1	个	30	沉头螺钉	14	个
9	钢丝绳（内）	1	个	31	垫片 2mm	22	个
10	上密封压条	1	个	32	垫片 1mm	11	个
11	左密封压条	1	个	33	垫片 5mm	11	个
12	右密封压条	1	个	34	垫片 2mm	6	个
13	机用螺栓	8	个	35	垫片 1mm	3	个
14	弹垫	32	个	36	垫片 5mm	3	个
15	偏心螺母	2	个	37	垫片 2mm	8	个
16	沉头螺钉	2	个	38	垫片 1mm	4	个
17	挂架	2	个	39	垫片 5mm	4	个
18	挂架	1	个	40	垫片 2mm	23	个
19	大平垫	8	个	41	垫片 1mm	46	个
20	六角螺柱	8	个	42	垫片 2mm	2	个
21	螺母	16	个	43	垫片 1mm	1	个
22	T 型螺柱	13	单位	44	垫片 5mm	1	个

三、实训要求

1. 实训时间

教学课时为 1 课时。

2. 实训形式

学生每 5 人组成 1 个工作小组，各小组根据实训课程任务制定实训实施方案，每个小组选出 1 名组长，协助老师指导本组学生进行实训。

3. 安全注意事项

（1）未经教师或管理员允许不得擅自操作。

（2）在万用表使用过程中，注意万用表挡位的调节，同时避免用手触碰表笔的金属部分。

（3）须严格按照上电顺序进行上电。

4. 工器具材料准备

（1）防护用品，包括防滑鞋、绝缘手套、工作服等。
（2）工具，包括手锤、油壶、套筒、万用表等。
（3）个人用品，包括笔、笔记本等。

四、实训作业步骤

1. 实训流程（见图 2-1-2）

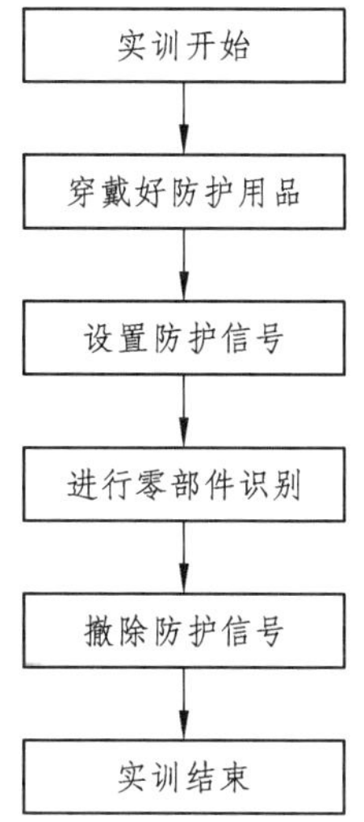

图 2-1-2　实训操作流程

2. 实训作业流程（见表 2-1-2）

表 2-1-2 实训作业流程

工序	实训内容	使用工具	安全注意事项	图片
1	门驱动盖板认知	手电筒、笔、笔记本	戴好安全帽、手套，防止零部件掉落砸伤	
2	车门指示灯认知	手电筒、笔、笔记本	戴好安全帽、手套，防止零部件掉落砸伤	

续表

工序	实训内容	使用工具	安全注意事项	图片
3	盖板锁认知	手电筒、笔、笔记本	戴好安全帽、手套，防止零部件掉落砸伤	
4	车门认知	手电筒、笔、笔记本	戴好安全帽、手套，防止零部件掉落砸伤	
5	侧压条认知	手电筒、笔、笔记本	戴好安全帽、手套，防止零部件掉落砸伤	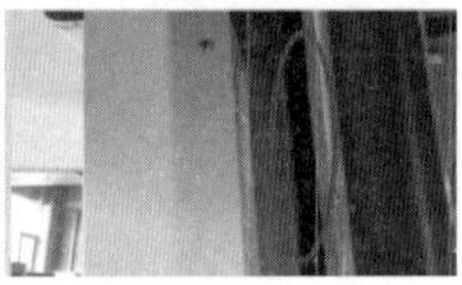
6	蜂鸣器认知	手电筒、笔、笔记本	戴好安全帽、手套，防止零部件掉落砸伤	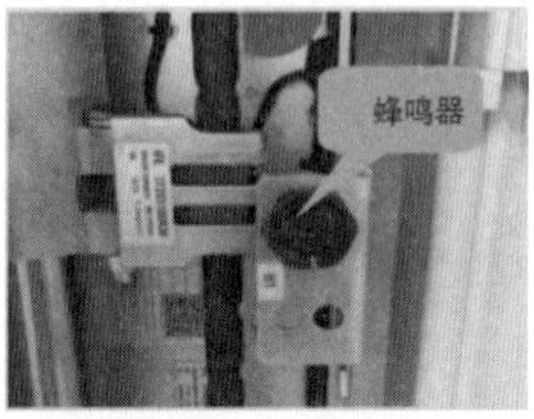
7	上滑道认知	手电筒、笔、笔记本	戴好安全帽、手套，防止零部件掉落砸伤	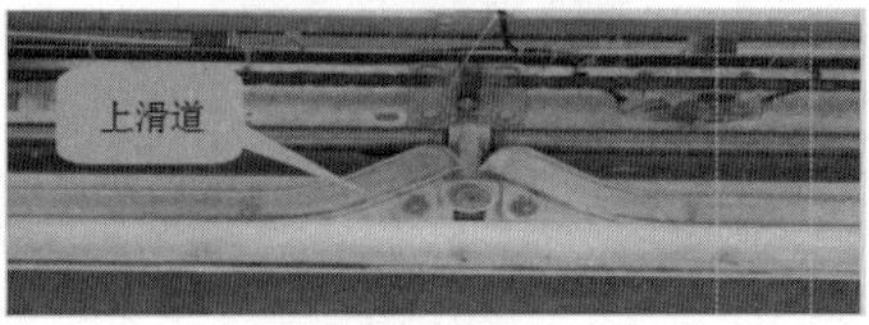
8	门驱动装置认知	手电筒、笔、笔记本	戴好安全帽、手套，防止零部件掉落砸伤	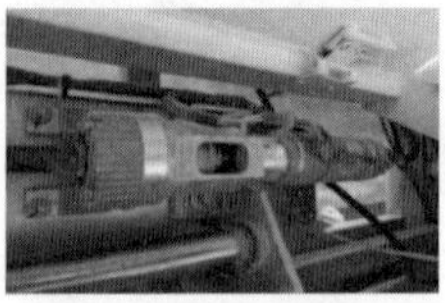

续表

工序	实训内容	使用工具	安全注意事项	图片
9	丝杠及其安装底座认知	手电筒、笔、笔记本	戴好安全帽、手套，防止零部件掉落砸伤	
10	携门架认知	手电筒、笔、笔记本	戴好安全帽、手套，防止零部件掉落砸伤	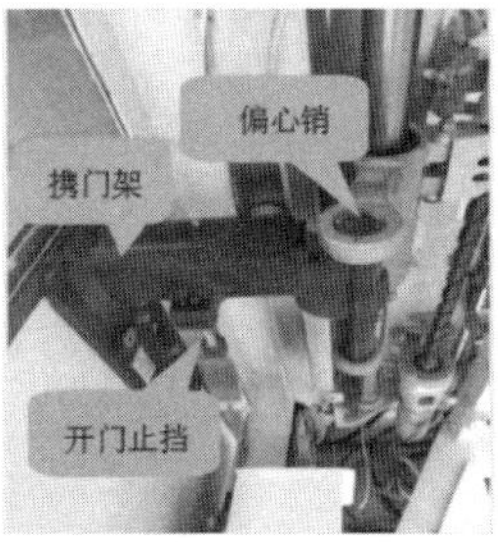
11	平衡轮、门页压板认知	手电筒、笔、笔记本	戴好安全帽、手套，防止零部件掉落砸伤	
12	客车室内紧急解锁装置认知	手电筒、笔、笔记本	戴好安全帽、手套，防止零部件掉落砸伤	
13	下摆臂认知	手电筒、笔、笔记本	戴好安全帽、手套，防止零部件掉落砸伤	

五、实训考核标准（见表2-1-3）

表 2-1-3　实训考核标准

项目	标准	配分	得分
整体实训考核	能够叙述出塞拉门认知的整体实训过程	9	
门驱动盖板认知考核	能够在真实设备上识别出门驱动盖板	7	
车门指示灯认知考核	能够在真实设备上识别出车门指示灯	7	
盖板锁认知考核	能够在真实设备上识别出盖板锁	7	
车门整体认知考核	能够在真实设备上识别出车门部件	7	
侧压条认知考核	能够在真实设备上识别出车门侧压条	7	
蜂鸣器认知考核	能够在真实设备上识别出蜂鸣器	7	
上滑道认知考核	能够在真实设备上识别出上滑道	7	
门驱动装置认知考核	能够在真实设备上识别出门驱动装置	7	
丝杠及其安装底座认知考核	能够在真实设备上识别出丝杠及其安装底座	7	
携门架认知考核	能够在真实设备上识别出携门架	7	
平衡轮、门页压板认知考核	能够在真实设备上识别出平衡轮和门页压板	7	
客车室内紧急解锁装置	能够在真实设备上识别出客车室内紧急解锁装置	7	
下摆臂认知考核	能够在真实设备上识别出下摆臂装置	7	

六、思考题

（1）为什么塞拉门的一些部位需要用胶条进行密封处理?

（2）为塞拉门提供开关门动力的装置是什么?

任务二　塞拉门安装

一、实训目的

（1）通过实训演练让学生们进行塞拉门的拆装，让学生熟悉拆装操作。

（2）通过实训演练让学生进一步了解塞拉门各个部件的结构和运作原理。

二、理论链接

塞拉门结构：主要由驱动机构、机械执行机构、门页、垂直协调杆、制动组件、紧急解锁机构、车门旁路系统以及电子门控单元等组成。塞拉门的动作主要是平移动作，通过电机驱动与门页相连的传动机构，装有导轮的门页沿着门页上的导轨滑移；其关门的塞拉动作可以是导轨的导向，也可以通过摆杆摆动来实现。表 2-2-1 列出了塞拉门的相关技术参数。

表 2-2-1 塞拉门的相关技术参数

开启时间	（3.5±0.5）s
关闭时间	（3.5±0.5）s
供给电压	DC 110 V
关闭和锁紧力	200 N

我国城市轨道交通车辆目前基本都采用电动塞拉门，电动塞拉门驱动装置分为螺杆和齿带传动两种，而传动装置分为有旋转立柱和无旋转立柱两种。

三、实训要求

1. 实训时间

教学课时为 2 课时。

2. 实训形式

学生每 5 人组成 1 个工作小组，各小组根据实训课程任务制定实训实施方案，每个小组选出 1 名组长，协助老师指导本组学生进行实训。

3. 安全注意事项

（1）未经教师或管理员允许不得擅自操作。

（2）在万用表使用过程中，注意万用表挡位的调节，同时避免用手触碰表笔的金属部分。

（3）须严格按照上电顺序进行上电。

4. 工器具材料准备

（1）防护用品，包括防滑鞋，绝缘手套，工作服等。

（2）工具，包括手锤、油壶、套筒、万用表等。

（3）个人用品，包括笔、笔记本等。

四、实训作业步骤

1. 实训流程（见图 2-2-1）

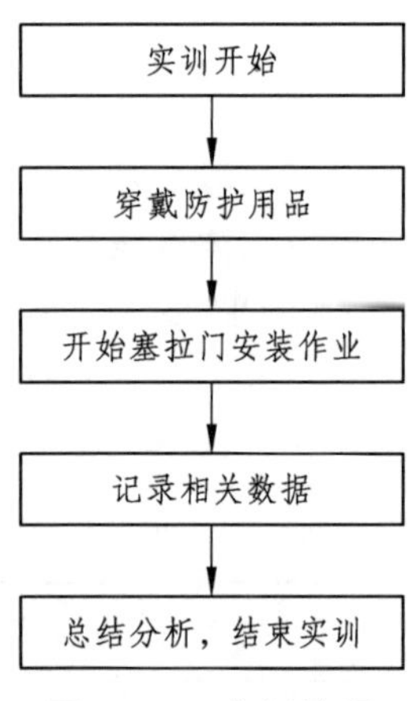

图 2-2-1　实训流程

2. 实训作业流程（见表 2-2-2）

表 2-2-2　实训作业流程

<table>
<tr><th>工序</th><th>项目</th><th>具体步骤</th><th>工具/工装</th></tr>
<tr><td>1</td><td>检查门口尺寸</td><td>1.检查门口高度、门口宽度和对角线尺寸 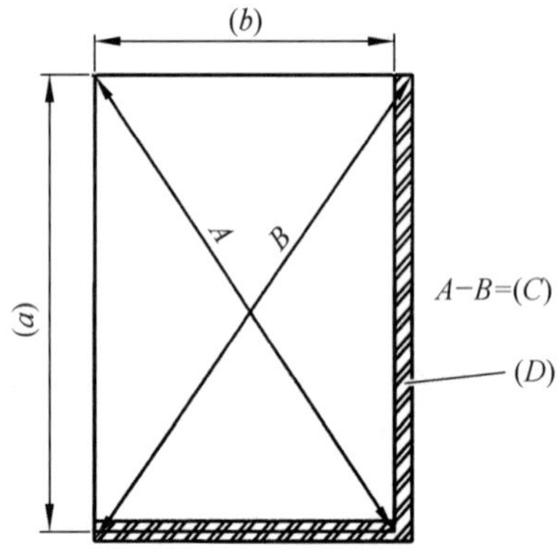
(b)
(a)
A
B
A−B=(C)
(D)
<table>
<tr><td>a</td><td>$2\,090^{+3}_{-4}$ mm</td><td>b</td><td>1610^{+2}_{-3} mm</td></tr>
<tr><td>C</td><td>0^{+6}_{-6} mm</td><td>D</td><td>公差区域</td></tr>
<tr><td>A</td><td>对角线</td><td>B</td><td>对角线</td></tr>
</table>
2. 门口倾斜检查
a
2
1
a
<table>
<tr><td>1</td><td>上部水平门口</td><td>2</td><td>下部水平门口</td></tr>
<tr><td>a</td><td>≤ 4mm</td><td></td><td></td></tr>
</table>
</td><td>卷尺、钢板尺、铅锤线</td></tr>
</table>

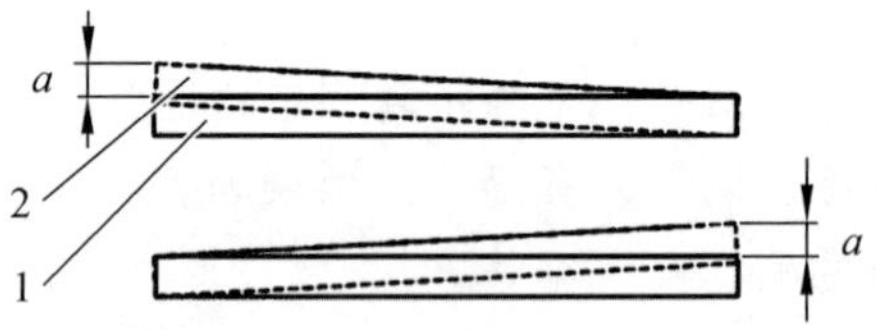

续表

<table>
<tr><th>工序</th><th>项目</th><th>具体步骤</th><th>工具/工装</th></tr>
<tr><td>2</td><td>检查门框密封区域平行度</td><td>1. 使用铅垂线2和基础测量块1检查右侧门口密封区是否与左侧门口密封区对齐，确保未超出允许公差a
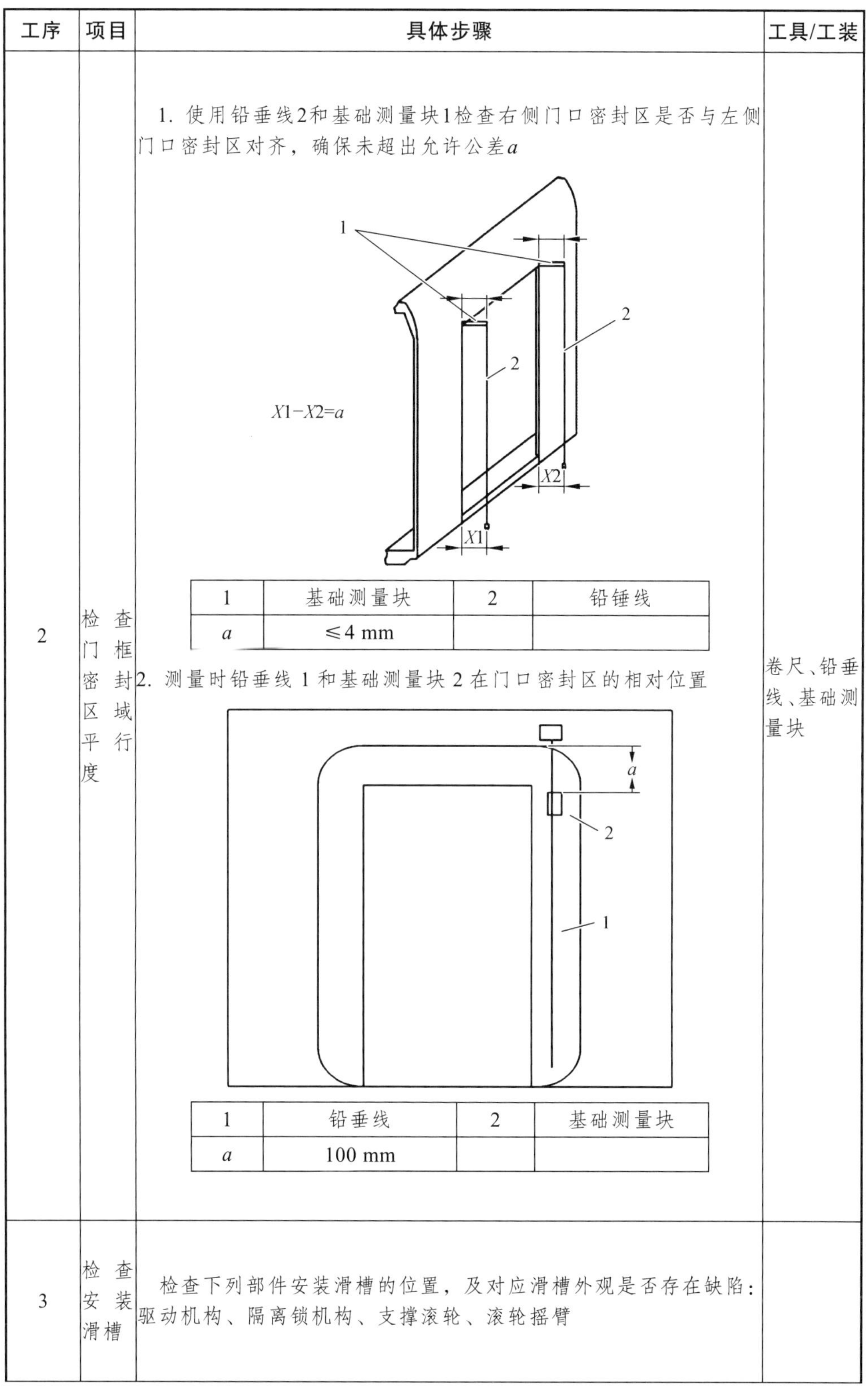

<table><tr><td>1</td><td>基础测量块</td><td>2</td><td>铅锤线</td></tr><tr><td>a</td><td>≤4 mm</td><td></td><td></td></tr></table>
2. 测量时铅垂线 1 和基础测量块 2 在门口密封区的相对位置
<table><tr><td>1</td><td>铅垂线</td><td>2</td><td>基础测量块</td></tr><tr><td>a</td><td>100 mm</td><td></td><td></td></tr></table></td><td>卷尺、铅垂线、基础测量块</td></tr>
<tr><td>3</td><td>检查安装滑槽</td><td>检查下列部件安装滑槽的位置，及对应滑槽外观是否存在缺陷：驱动机构、隔离锁机构、支撑滚轮、滚轮摇臂</td><td></td></tr>
</table>

续表

<table>
<tr><th>工序</th><th>项目</th><th>具体步骤</th><th>工具/工装</th></tr>
<tr><td>4</td><td>安装门框密封条</td><td>
1. 安装角形密封之前，通过钢板尺检查安装面的平面度以及尺寸b。把水平角形密封1装到门框上部。在角形密封整个长度范围内调整尺寸a，必要时通过增加垫片2实现
2. 对于高度位置，参考露出值为c。确保角形密封位于门框中央。使用规定的扭矩上紧螺母 3
<table>
<tr><td>1</td><td>水平角形密封</td><td>2</td><td>垫片，标称2片</td></tr>
<tr><td>3</td><td>垫圈和螺母</td><td>4</td><td>IFE参考点</td></tr>
<tr><td>a</td><td>16.45 ~ 16.55 mm</td><td>b</td><td>25 mm</td></tr>
<tr><td>c</td><td>31.5 mm</td><td>d</td><td>密封区域</td></tr>
</table>
扭矩要求：六角螺母5.1 N · m。
3. 安装角形密封之前，通过钢板尺检查安装面的平面度，表面的弯曲最大为1 mm，用3把垂直角形密封1安装到门框。在角形密封整个长度范围内调整尺寸a和b，必要时通过增减垫片2实现
4. 调整垂直角形密封，确保与水平角形密封的搭接达到d，且与水平角形密封在两个边缘上都齐平。使用规定的扭矩上紧螺栓3
<table>
<tr><td>1</td><td>垂直角密封</td><td>2</td><td>垫片，标称2片</td></tr>
<tr><td>3</td><td>埋头螺栓、垫圈和螺母</td><td>4</td><td>车体</td></tr>
<tr><td>5</td><td>水平角形密封</td><td></td><td></td></tr>
<tr><td>a</td><td>16.45 ~ 16.55 mm</td><td>b</td><td>15 mm</td></tr>
<tr><td>c</td><td>55 mm</td><td>d</td><td>10 mm</td></tr>
</table>
</td><td>安装门框密封条</td></tr>
</table>

续表

<table>
<tr><th>工序</th><th>项目</th><th>具体步骤</th><th>工具/工装</th></tr>
<tr><td>5</td><td>安装门槛</td><td>1. 把门槛安装在底部区域，在整个长度范围内达到尺寸 a。使用规定的扭矩上紧螺栓 3 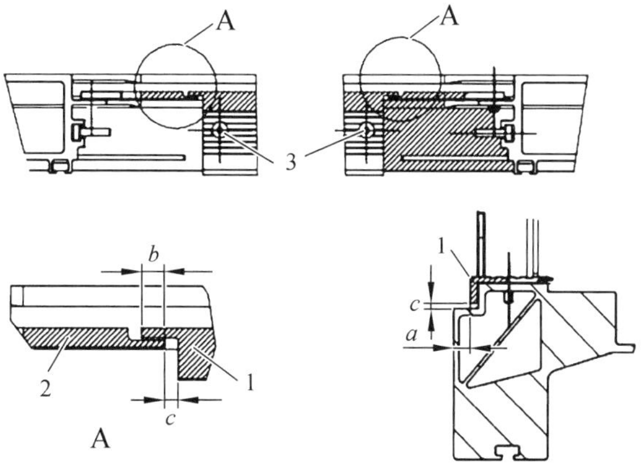
<table>
<tr><td>1</td><td>门槛</td><td>2</td><td>垂直角形密封</td></tr>
<tr><td>3</td><td>沉头螺栓</td><td></td><td></td></tr>
<tr><td>a</td><td>16.45 ~ 16.55 mm</td><td>b</td><td>20 mm</td></tr>
</table>
扭矩要求：埋头螺栓8.4 N · m</td><td>钢板尺、卷尺、棘轮扳手、扭矩扳手、游标卡尺</td></tr>
<tr><td>6</td><td>安装驱动机构</td><td>1. 安装驱动单元之前，把角支架装到安装支架上
<table>
<tr><td>1</td><td>角支架</td><td>2</td><td>角支架</td></tr>
<tr><td>3</td><td>角支架</td><td>4</td><td>T 型螺栓和螺母</td></tr>
<tr><td>5</td><td>门口中心线</td><td>6</td><td>垫片</td></tr>
<tr><td>a</td><td>841 mm</td><td>b</td><td>852 ~ 854 mm</td></tr>
<tr><td>c</td><td>258~260 mm</td><td>d</td><td>133.5 ~ 135.5 mm</td></tr>
<tr><td>e</td><td>114.5~116.5 mm</td><td></td><td></td></tr>
</table>
2. 找出安装支架的中心线 5。装好角支架 2，通过垫片 6、螺母和垫圈 4 实现角支架相对于中心线对称安装。之后以相同的方法安装角支架 1 和 3 至尺寸 a。调整角支架至尺寸 b。调整尺寸 c 和 d，同样检查驱动单元的安装面是否彼此水平，必要时增减垫片 6。使用规定的扭矩上紧螺母④
3. 把调整螺钉拧进门框角形结构中心的螺纹销中</td><td>钢板尺、卷尺、棘轮扳手、扭矩扳手、游标卡尺</td></tr>
</table>

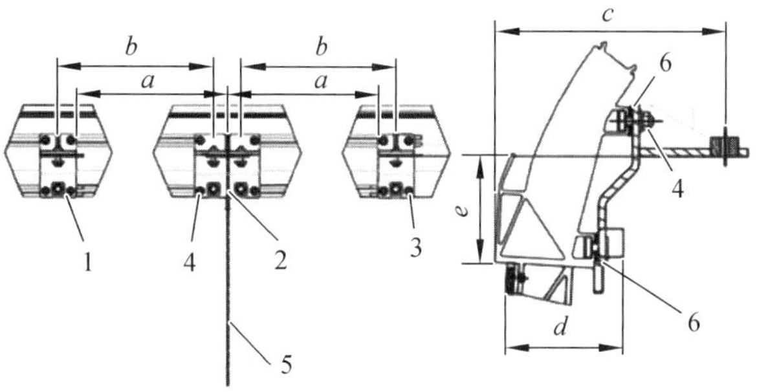

续表

<table>
<tr><th>工序</th><th>项目</th><th>具体步骤</th><th>工具/工装</th></tr>
<tr><td>6</td><td>安装驱动机构</td><td>
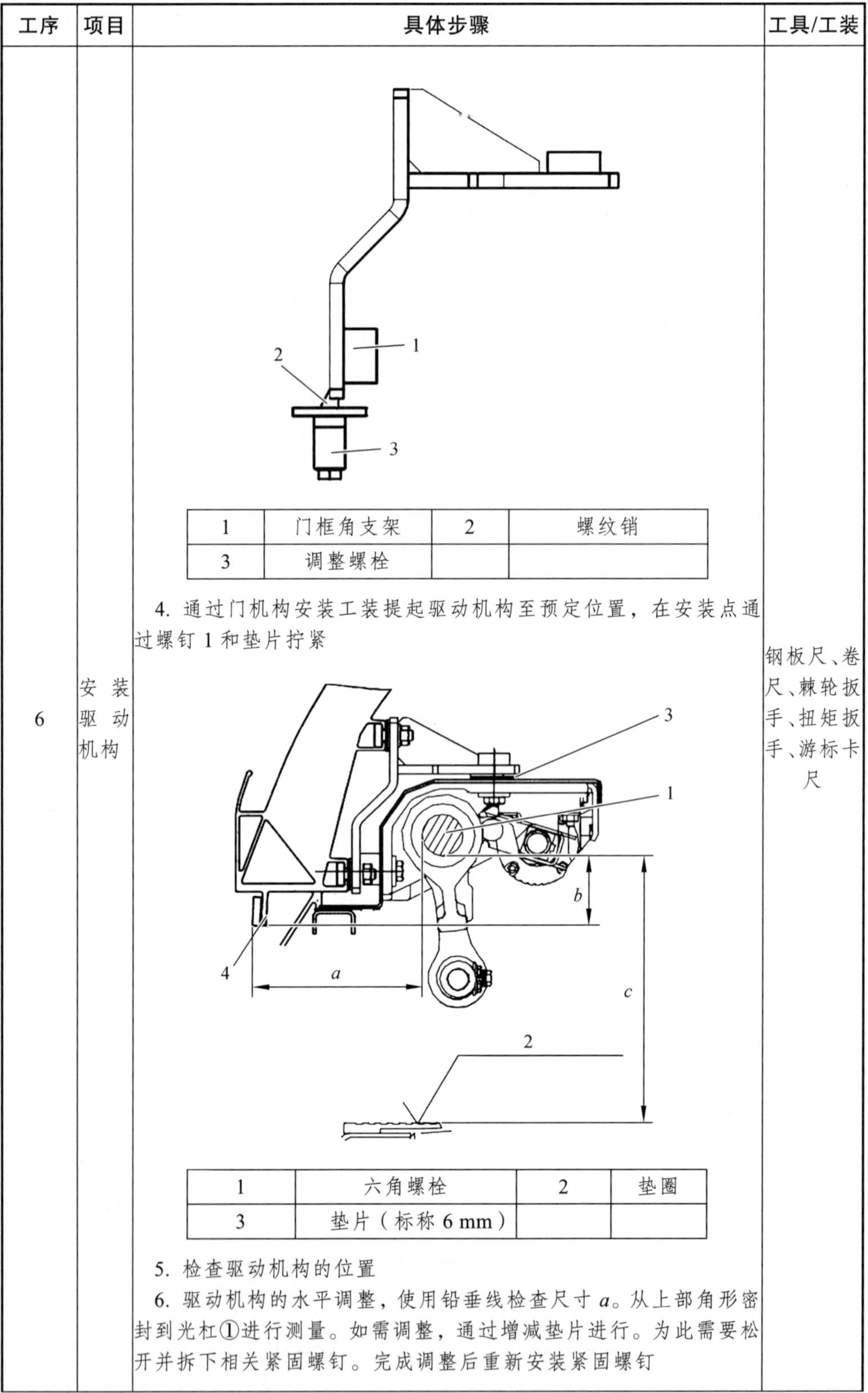

<table>
<tr><td>1</td><td>门框角支架</td><td>2</td><td>螺纹销</td></tr>
<tr><td>3</td><td>调整螺栓</td><td></td><td></td></tr>
</table>
4. 通过门机构安装工装提起驱动机构至预定位置，在安装点通过螺钉 1 和垫片拧紧
<table>
<tr><td>1</td><td>六角螺栓</td><td>2</td><td>垫圈</td></tr>
<tr><td>3</td><td>垫片（标称 6 mm）</td><td></td><td></td></tr>
</table>
5. 检查驱动机构的位置
6. 驱动机构的水平调整，使用铅垂线检查尺寸 a。从上部角形密封到光杠①进行测量。如需调整，通过增减垫片进行。为此需要松开并拆下相关紧固螺钉。完成调整后重新安装紧固螺钉
</td><td>钢板尺、卷尺、棘轮扳手、扭矩扳手、游标卡尺</td></tr>
</table>

续表

工序	项目	具体步骤	工具/工装
6	安装驱动机构	7. 驱动机构的垂直调整，调整水平位置后，通过卷尺检查垂直尺寸。从地板面②到光杠①进行测量，如需调整，通过增减垫片③进行调整。为此需要松开并拆下相关紧固螺钉。完成调整后重新安装紧固螺钉，调整驱动单元后，以规定扭矩拧紧螺钉 8. 将滑车和携门架组件通过滑车支架连接在一起后，使用紧固螺栓紧固 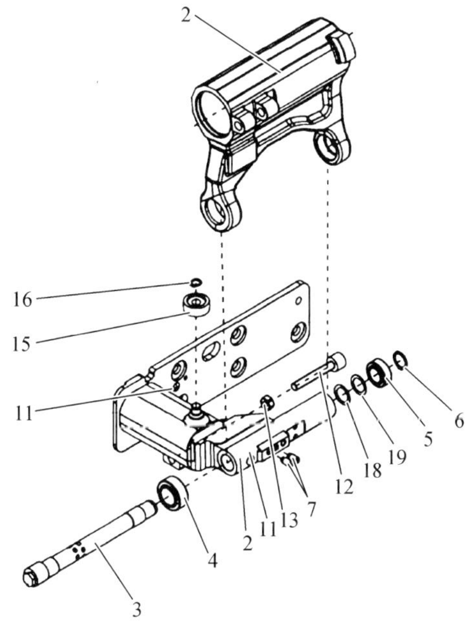 （见下方部件表） 扭矩要求：六角螺栓 42 N·m；六角螺母42 N·m	钢板尺、卷尺、棘轮扳手、扭力扳手、水平尺、卡簧钳、门机构安装工装
7	检查光杠旋转	完成驱动机构调整后，检查左右两侧光杠是否能够在各自两个轴承内自由转动。旋转必须仅通过光杠实现，而不是通过小车，须佩戴手套手动转动。如果光杠卡滞，需要检查驱动机构的紧固面并在必要时重新调整	

2	滑车支架	3	偏心销
4	旋转轴承 1	5	旋转轴承 2
6	卡簧	7	调整螺栓
12	橡胶缓冲	13	六角螺母
15	滚轮	16	扣环
18	垫片 1	19	垫片 2

续表

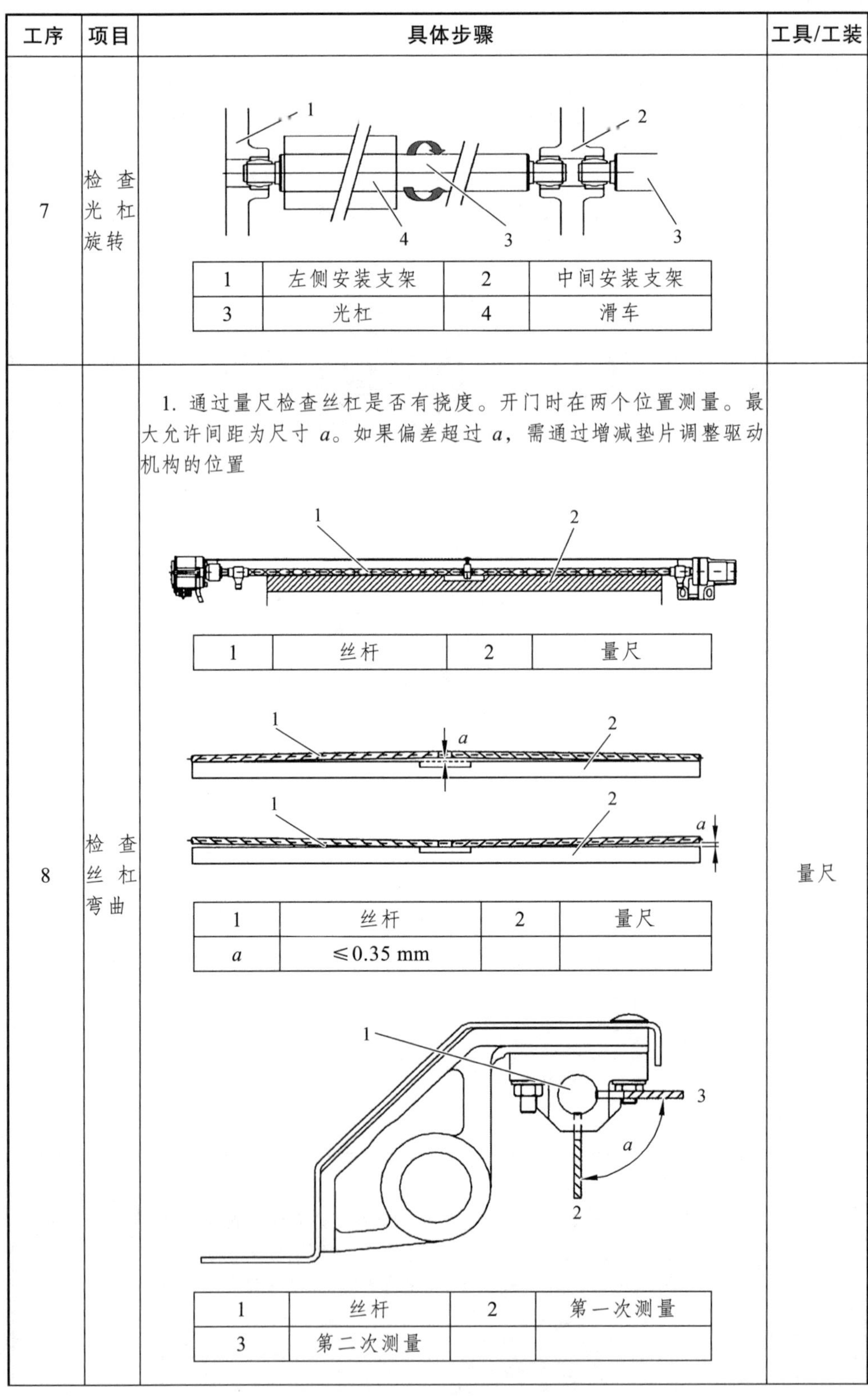

工序	项目	具体步骤	工具/工装
7	检查光杠旋转	1 左侧安装支架；2 中间安装支架 3 光杠；4 滑车	
8	检查丝杠弯曲	1. 通过量尺检查丝杠是否有挠度。开门时在两个位置测量。最大允许间距为尺寸 *a*。如果偏差超过 *a*，需通过增减垫片调整驱动机构的位置 1 丝杆；2 量尺 1 丝杆；2 量尺 *a* ≤0.35 mm 1 丝杆；2 第一次测量 3 第二次测量	量尺

续表

<table>
<tr><th>工序</th><th>项目</th><th>具体步骤</th><th>工具/工装</th></tr>
<tr><td>9</td><td>上紧驱动机构导轨</td><td>1. 预紧安装驱动机构框架上用于固定1顶部导轨的紧固螺钉
2. 调整中部的调整螺栓使其外部圆形压片与机构框架紧密贴合，把垫片2和六角螺母3安装到调整螺栓上
3. 通过调整螺栓和螺母的调整使导轨处于水平位置
4. 紧固螺母，使调整螺栓外部圆形压片与垫片 2 将机构框架夹紧后安装另一个六角螺母进行锁紧 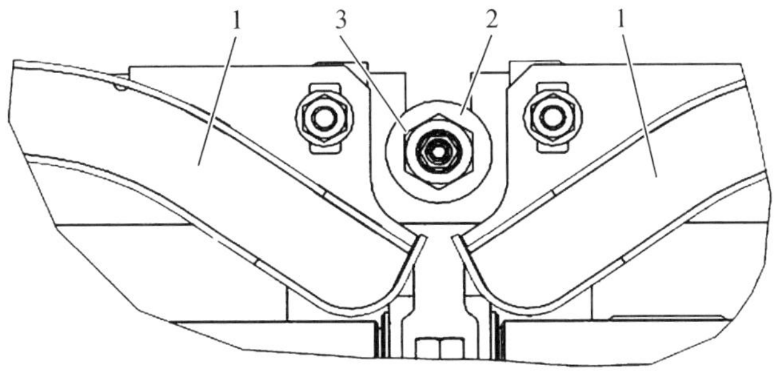
<table><tr><td>1</td><td>顶部导轨</td><td>2</td><td>垫片</td></tr><tr><td>3</td><td>六角螺母</td><td></td><td></td></tr></table></td><td>卷尺、钢板尺、棘轮扳手、开口扳手、水平尺</td></tr>
<tr><td>10</td><td>安装下滚轮摇臂</td><td>1. 通过螺钉、螺母和垫片安装滚轮摇臂支架。
2. 调整滚轮摇臂至尺寸 a、b、c 和 d 需要时通过增减垫片 2 实现
3. 检查两个滚轮摇臂支架是否在门框中对中 → 因此两侧的滚轮摇臂相对于中心线对称。在滚轮摇臂调整完成后再上紧螺母
<table><tr><td>1</td><td>滚轮摇臂</td><td>2</td><td>垫片（标称 5 mm）</td></tr><tr><td>3</td><td>T 型螺栓、垫圈和螺母</td><td>4</td><td>门框</td></tr><tr><td>5</td><td>TOF</td><td>6</td><td>门口中心线</td></tr><tr><td>a</td><td>1564 ± 5 mm</td><td>b</td><td>782 ± 5 mm</td></tr><tr><td>c</td><td>79 ± 5 mm</td><td>d</td><td>104 ± 5 mm</td></tr></table>扭力要求：六角螺母 21.4 N · m</td><td>卷尺、钢板尺、棘轮扳手、扭力扳手、游标卡尺</td></tr>
</table>

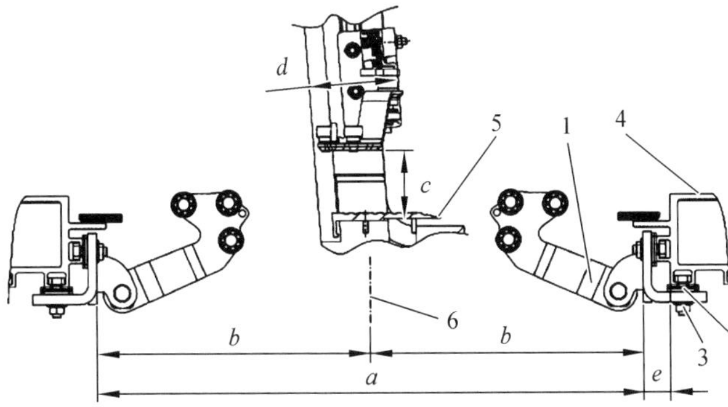

续表

工序	项目	具体步骤	工具/工装
11	安装门页	1. 安装门页前准备好紧固螺栓4、垫圈3、偏心轮2和螺钉1 1 埋头螺钉；2 偏心轮；3 垫圈；4 螺栓 2. 将门页置于门页安装工装上，通过门页安装工装提起门页1，把滚轮摇臂4的滚轮3塞入门页1的底部导轨2 1 门页；2 导轨；3 滚轮；4 滚轮摆臂 3. 然后调整门页，将门页的圆柱销对准门携架上的孔。可用一个塑料锤把门携架敲进门页，小心不要让门携架的底板碰到门页，以免损坏漆面	开口扳手、棘轮扳手、扭力扳手、门页安装工装

续表

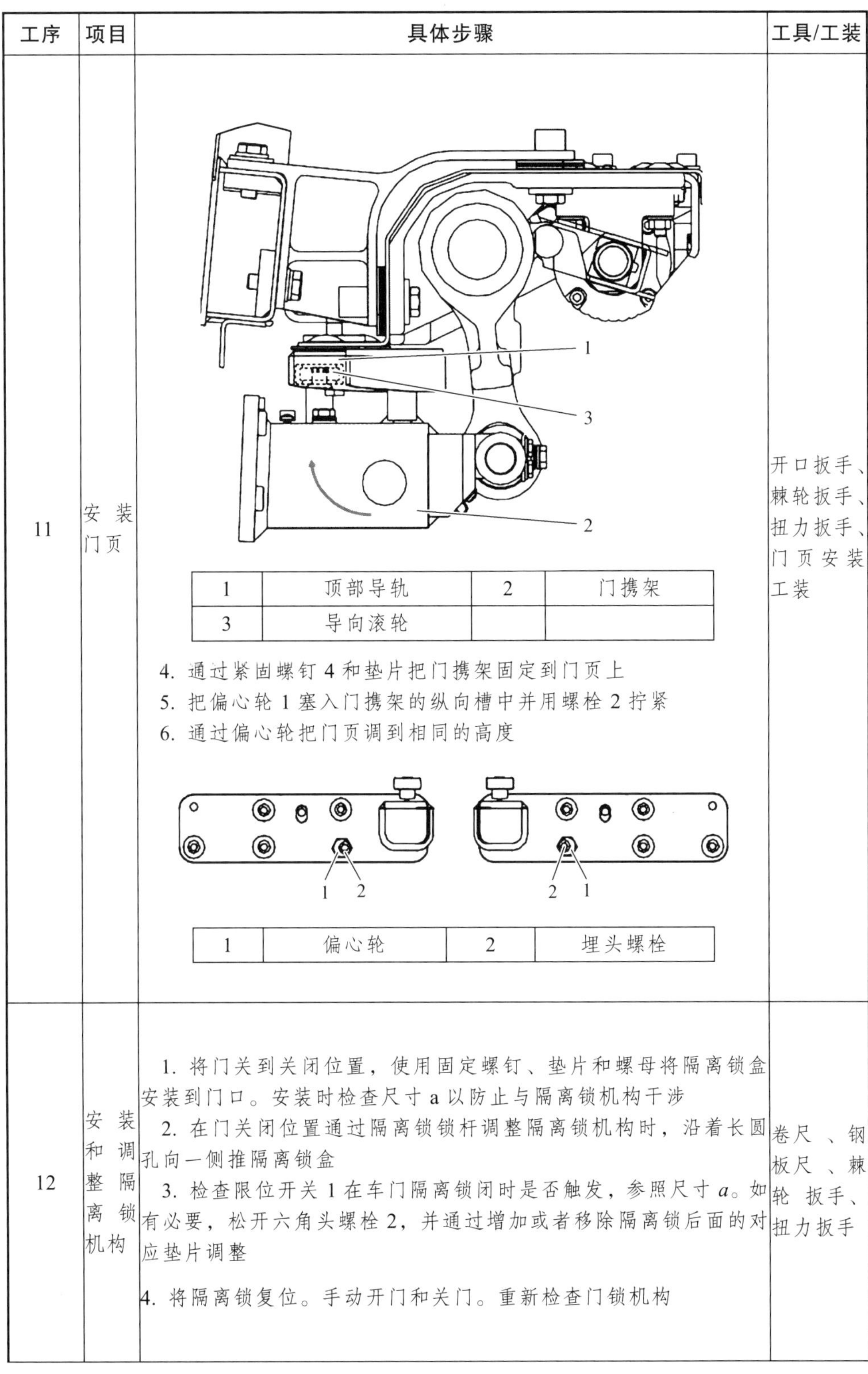

工序	项目	具体步骤	工具/工装
11	安装门页	1 顶部导轨；2 门携架；3 导向滚轮 4. 通过紧固螺钉 4 和垫片把门携架固定到门页上 5. 把偏心轮 1 塞入门携架的纵向槽中并用螺栓 2 拧紧 6. 通过偏心轮把门页调到相同的高度 1 偏心轮；2 埋头螺栓	开口扳手、棘轮扳手、扭力扳手、门页安装工装
12	安装和调整隔离锁机构	1. 将门关到关闭位置，使用固定螺钉、垫片和螺母将隔离锁盒安装到门口。安装时检查尺寸 a 以防止与隔离锁机构干涉 2. 在门关闭位置通过隔离锁锁杆调整隔离锁机构时，沿着长圆孔向一侧推隔离锁盒 3. 检查限位开关 1 在车门隔离锁闭时是否触发，参照尺寸 *a*。如有必要，松开六角头螺栓 2，并通过增加或者移除隔离锁后面的对应垫片调整 4. 将隔离锁复位。手动开门和关门。重新检查门锁机构	卷尺、钢板尺、棘轮扳手、扭力扳手

续表

<table>
<tr><th>工序</th><th>项目</th><th>具体步骤</th><th>工具/工装</th></tr>
<tr><td>12</td><td>安装和调整隔离锁机构</td><td>
<table>
<tr><td>1</td><td>垫片</td><td>2</td><td>T 形螺柱、垫圈和螺母</td></tr>
<tr><td>3</td><td>隔离锁锁芯</td><td>4</td><td>隔离锁锁杆</td></tr>
<tr><td>5</td><td>隔离锁钥匙</td><td>6</td><td>隔离锁盒</td></tr>
<tr><td>a</td><td>1 ~ 2 mm</td><td>b</td><td>（33 ± 5）mm</td></tr>
<tr><td>c</td><td>85 mm</td><td></td><td></td></tr>
</table>
5. 在门关闭位置通过隔离锁锁杆调整隔离锁机构时，沿着长圆孔向一侧推隔离锁盒。检查限位开关 1 在车门隔离锁闭时是否触发，参照尺寸 a。如有必要，松开六角头螺栓 2，并通过增加或者移除隔离锁后面的对应垫片调整。将隔离锁复位。手动开门和关门。重新检查门锁机构
<table>
<tr><td>1</td><td>限位开关“车门隔离”</td><td>2</td><td>六角螺母</td></tr>
<tr><td>a</td><td>12 ~ 18 mm</td><td></td><td></td></tr>
</table>
扭力要求：六角螺母 21.4 N · m
</td><td>卷尺、钢板尺、棘轮扳手、扭力扳手</td></tr>
</table>

续表

<table>
<tr><th>工序</th><th>项目</th><th>具体步骤</th><th>工具/工装</th></tr>
<tr><td>13</td><td>安装和调整紧急解锁装置</td><td>1. 将接头连带钢丝绳安装到紧急装置的拉手中
2. 将钢丝绳从底座的孔中拉出
3. 将塑料保护套和钢丝绳保护套穿在钢丝绳上。注意，将塑料保护套安装到内紧急装置内
4. 使用安装夹将钢丝绳固定到底座上。注意不要将保护套损坏 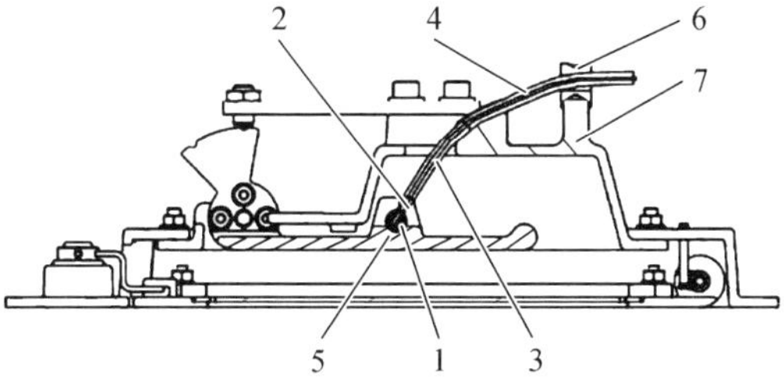
2 4 6 7 5 1 3
<table><tr><td>1</td><td>接头</td><td>2</td><td>钢丝绳</td></tr><tr><td>3</td><td>塑料保护套</td><td>4</td><td>钢丝绳套</td></tr><tr><td>5</td><td>拉手</td><td>6</td><td>安装架和沉头螺栓</td></tr><tr><td>7</td><td>底座</td><td></td><td></td></tr></table>
5. 钢丝绳套将被推入带有黑色衬套的端件中，并将紧固螺母拧紧至尺寸（a）。上紧紧固螺母最多 5 mm 以防止损坏端件。包含接头和保护管的电缆需要从紧急装置一侧（紧急装置手柄未激活状态）通过支架和鼓形螺栓被推进钢丝绳套，并通过方形夹紧头固定。以最大 8.5 N·m 的扭矩拧紧方形夹紧头
1 2 a
<table><tr><td>1</td><td>端件</td><td>2</td><td>钢丝绳套</td></tr><tr><td>a</td><td>≤5 mm</td><td></td><td></td></tr></table>
6. 把端件拧到驱动机构左侧的安装座上，把钢丝绳固定到机构上，钢丝绳套的固定应确保大安装半径（最小 150 mm）
a 2 4 5 1 3</td><td>卷尺、钢板尺、开口扳手、棘轮扳手、扭力扳手</td></tr>
</table>

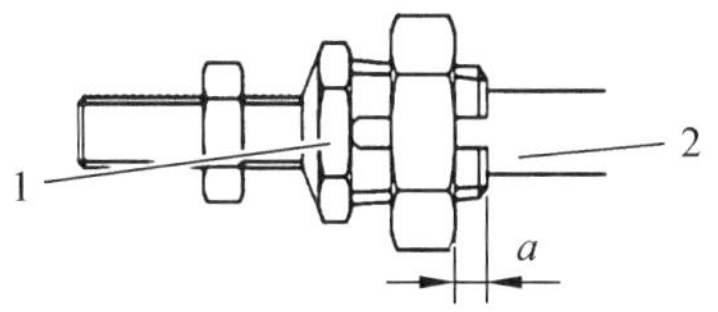

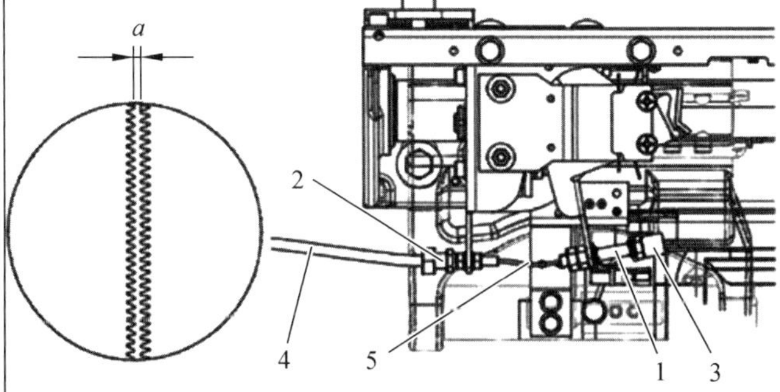

续表

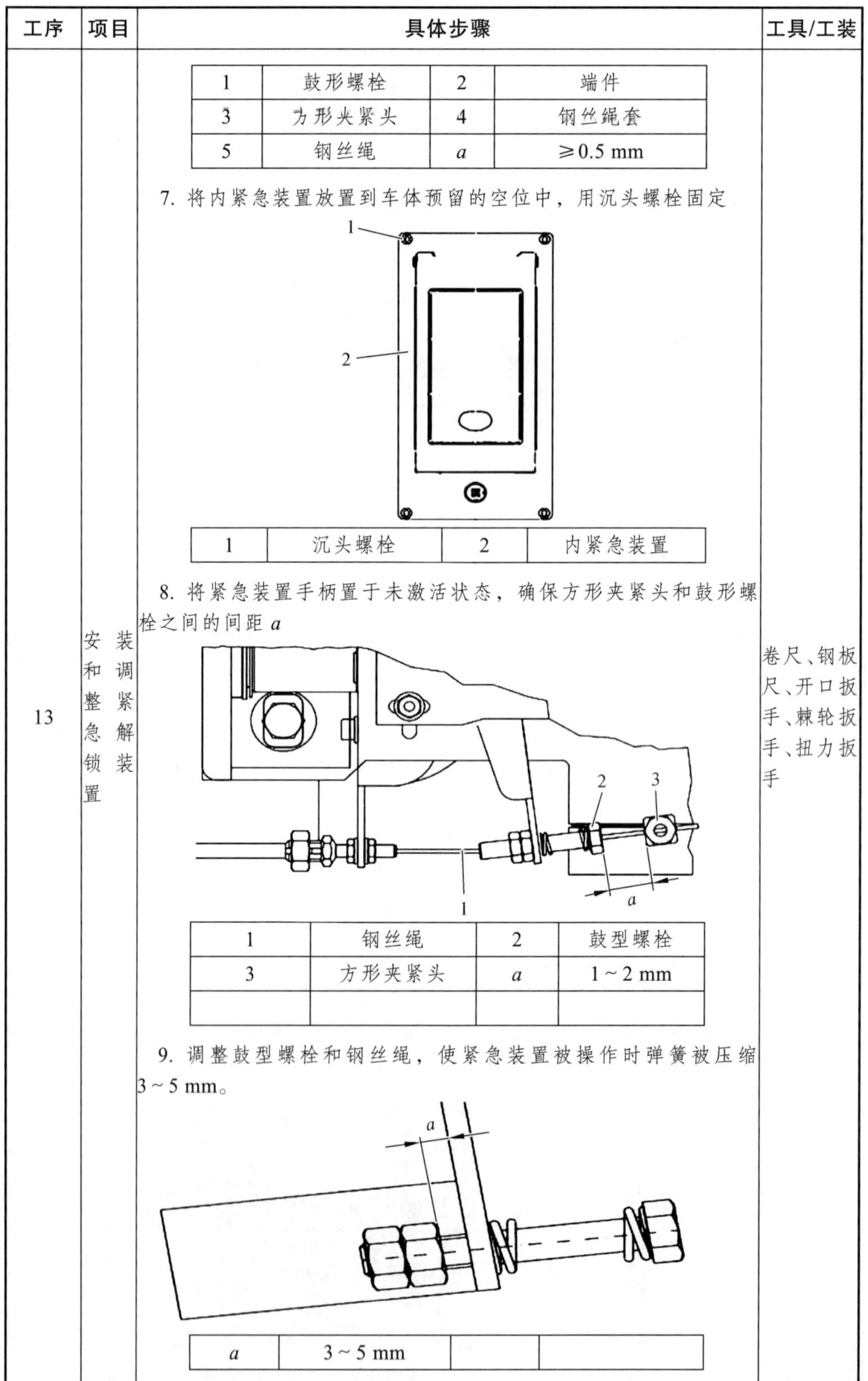

<table>
<tr><th>工序</th><th>项目</th><th>具体步骤</th><th>工具/工装</th></tr>
<tr><td>13</td><td>安装和调整紧急解锁装置</td><td>

1	鼓形螺栓	2	端件
3	方形夹紧头	4	钢丝绳套
5	钢丝绳	a	≥0.5 mm

7. 将内紧急装置放置到车体预留的空位中，用沉头螺栓固定

1	沉头螺栓	2	内紧急装置

8. 将紧急装置手柄置于未激活状态，确保方形夹紧头和鼓形螺栓之间的间距 a

1	钢丝绳	2	鼓型螺栓
3	方形夹紧头	a	1 ~ 2 mm

9. 调整鼓型螺栓和钢丝绳，使紧急装置被操作时弹簧被压缩3 ~ 5 mm。

a	3 ~ 5 mm		

</td><td>卷尺、钢板尺、开口扳手、棘轮扳手、扭力扳手</td></tr>
</table>

续表

<table>
<tr><th>工序</th><th>项目</th><th>具体步骤</th><th>工具/工装</th></tr>
<tr><td>13</td><td>安装和调整紧急解锁装置</td><td>10. 操作紧急装置并检查复位装置是否释放电磁制动造成齿轮之间出现一个最小间隙 a→车门解锁，可以用较小的力手动打开。通过操作紧急装置，限位开关“紧急装置”被激活 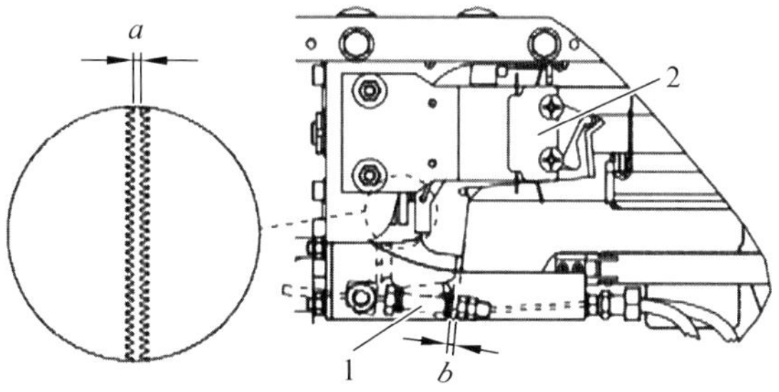

a
2
1 b

| 1 | 鼓形螺栓 | 2 | 限位开关 |
| a | ≥0.5 mm | b | 3～5 mm |

11. 在紧急翻板回到零位置（未操作位置）时，检查齿轮是否完全闭合。调整之后，操作紧急装置几次并在必要时重新调整

扭力要求：方型夹紧头 8.1 N · m；
沉头螺栓1.8 N · m</td><td>卷尺、钢板尺、开口扳手、棘轮扳手、扭力扳手</td></tr>
<tr><td>14</td><td>安装门区域内盖板</td><td>将门机构的盖板和门框两侧的立罩用紧固螺栓安装好</td><td>棘轮扳手</td></tr>
</table>

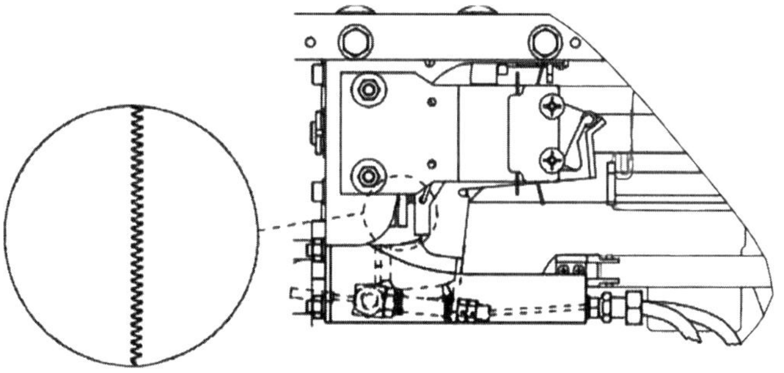

五、实训考核标准（见表2-2-3）

表 2-2-3 实训考核标准

项目	标准	配分	得分
整体实训过程考核	能够叙述出拆装塞拉门的整体实训过程	8	
检查门口尺寸	能够正确测量出门口的尺寸	8	
检查门框密封区域平行度	能够检查和调整门框密封区域平行度	8	
检查安装滑槽	能够按照任务书正确安装滑槽	8	
安装门框密封条	能够按照任务书正确安装门框密封条	8	
安装门槛	能够按照任务书正确安装门槛	6	
安装驱动机构	能够按照任务书正确安装驱动机构	6	
检查光杆旋转	能够按照任务书检查光杆旋转是否达到标准	6	
检查丝杠弯曲	能够按照任务书检查丝杠弯曲是否达到标准	6	
上紧驱动机构导轨	能够按照任务书上紧驱动机构	6	
安装下滚轮摇臂	能够按照任务书标准安装下滚轮摇臂	6	
安装门页	能够按照任务书标准安装门页	6	
安装和调整隔离锁机构	能够按照任务书标准安装和调整隔离锁机构	6	
安装和调整紧急解锁装置	能够按照任务书标准安装和调整紧急解锁装置	6	
安装门区域内盖板	能够按照任务书标准安装门区域内盖板	6	

六、思考题

为什么在安装车门的过程中对力矩有着严格的要求？

任务三　塞拉门调试

一、实训目的

（1）通过实训演练让学生们进行塞拉门的调试，让学生熟悉调试操作。

（2）通过实训演练让学生进一步了解塞拉门各个部件的结构和运作原理。

二、理论链接

塞拉门结构：主要由驱动机构、机械执行机构、门页、垂直协调杆、制动组件、紧急解锁机构、车门旁路系统以及电子门控单元等组成。塞拉门的动作主要是平移动作，通过电机驱动与门页相连的传动机构，装有导轮的门页沿着门页上的导轨滑移；其关门的塞拉动作可以是导轨的导向，也可以通过摆杆摆动来实现。

我国城市轨道交通车辆从上海地铁三号线车辆之后基本都采用电动塞拉门，电动塞拉门驱动装置分为螺杆和齿带传动两种，而传动装置分为有旋转立柱和无旋转立柱两种。

三、实训要求

1. 实训时间

教学课时为 1 课时。

2. 实训形式

学生每 5 人组成 1 个工作小组，各小组根据实训课程任务制定实训实施方案，每个小组选出 1 名组长，协助老师指导本组学生进行实训。

3. 安全注意事项

（1）未经教师或管理员允许不得擅自操作。

（2）在万用表使用过程中，注意万用表挡位的调节，同时避免用手触碰表笔的金属部分。

（3）须严格按照上电顺序进行上电。

4. 工器具材料准备

（1）防护用品，包括防滑鞋、绝缘手套、工作服等。

（2）工具，包括手锤、油壶、套筒、万用表等。

（3）个人用品，包括笔、笔记本等。

四、实训作业步骤

1. 实训流程（见图 2-3-1）

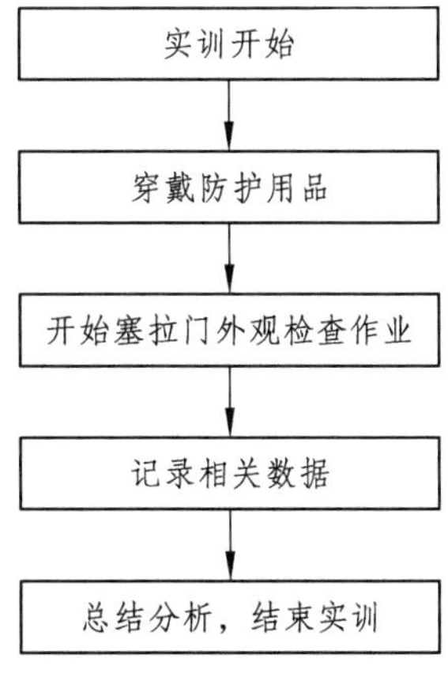

图 2-3-1　实训操作流程

2. 实训作业流程（见表 2-3-1）

表 2-3-1　实训作业流程

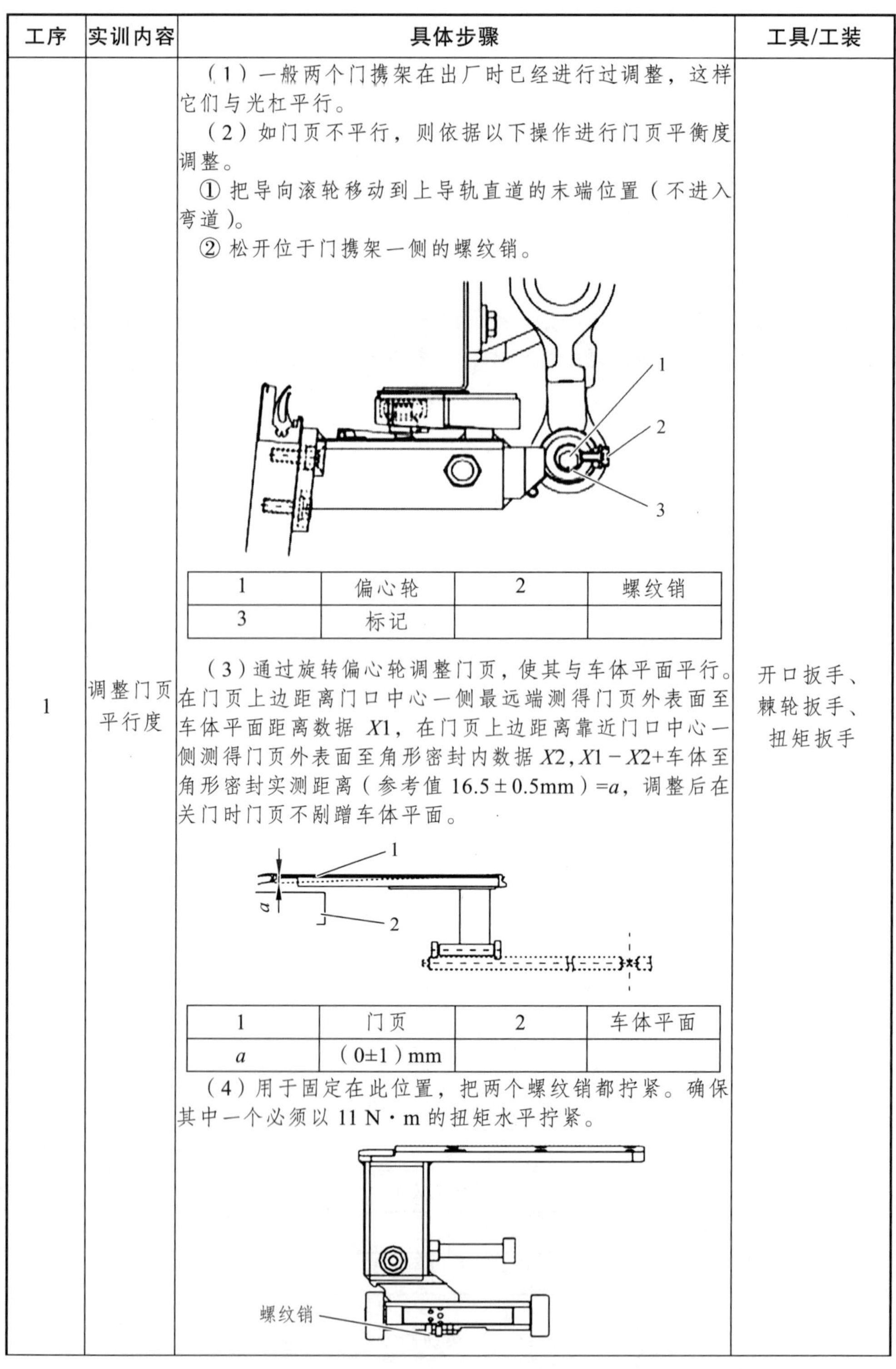

<table>
<tr><th>工序</th><th>实训内容</th><th>具体步骤</th><th>工具/工装</th></tr>
<tr><td>1</td><td>调整门页平行度</td><td>（1）一般两个门携架在出厂时已经进行过调整，这样它们与光杠平行。
（2）如门页不平行，则依据以下操作进行门页平衡度调整。
① 把导向滚轮移动到上导轨直道的末端位置（不进入弯道）。
② 松开位于门携架一侧的螺纹销。
<table><tr><td>1</td><td>偏心轮</td><td>2</td><td>螺纹销</td></tr><tr><td>3</td><td>标记</td><td></td><td></td></tr></table>
（3）通过旋转偏心轮调整门页，使其与车体平面平行。在门页上边距离门口中心一侧最远端测得门页外表面至车体平面距离数据 $X1$，在门页上边距离靠近门口中心一侧测得门页外表面至角形密封内数据 $X2$，$X1-X2$+车体至角形密封实测距离（参考值 16.5±0.5mm）=a，调整后在关门时门页不剐蹭车体平面。
<table><tr><td>1</td><td>门页</td><td>2</td><td>车体平面</td></tr><tr><td>a</td><td>（0±1）mm</td><td></td><td></td></tr></table>
（4）用于固定在此位置，把两个螺纹销都拧紧。确保其中一个必须以 11 N·m 的扭矩水平拧紧。
</td><td>开口扳手、棘轮扳手、扭矩扳手</td></tr>
</table>

续表

<table>
<tr><th>工序</th><th>实训内容</th><th>具体步骤</th><th>工具/工装</th></tr>
<tr><td>2</td><td>调整门页预载</td><td>（1）把导向滚轮移动到上导轨直道的末端位置（不进入弯道），通过旋转每一个门携架偏心轮进行门扇预载调整。
（2）单扇门页预载调整：在距离门槛上方 1 800 mm 处确定上部测量位置，测量此处距离门框的距离数值 $Y1$。在距离门槛上方 150 mm 处确定下部测量位置，测量此处距离门框的距离数值 $Y2$。$Y2-Y1$ 所得数值需为 1～2.5 mm，如果不在此范围内须通过偏心轮进行调节。另一侧门页调整方法相同。
（3）两扇门页预载调整：在单扇门页预载调整完成基础上，测量双扇门时与单扇门测量位置相同，测量上部的预载应为 $X2$，下部的预载应为 $X1$，$X2-X1$ 所得数值需为 2～5 mm，如果不在此范围内须通过偏心轮进行调节，但同时需要满足不超出单扇门页预载调整数值范围。 
（4）通过旋转每一个门携架偏心轮进行调整。调整之后以规定扭矩拧紧门页紧固螺钉和偏心轮。 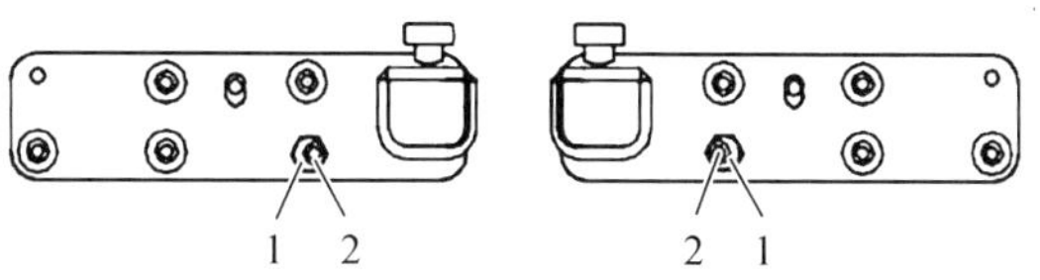
<table><tr><td>1</td><td>偏心轮</td><td>2</td><td>紧固螺钉</td></tr></table>
扭力要求：埋头螺钉 25 N · m；
内六角头螺钉 40 N · m</td><td>开口扳手、
棘轮扳手、
扭矩扳手、
卷尺</td></tr>
</table>

续表

<table>
<tr><th>工序</th><th>实训内容</th><th>具体步骤</th><th>工具/工装</th></tr>
<tr><td>3</td><td>调整门页对中</td><td>（1）检查门页在门框中的居中情况。
（2）门页在门框中的对中示例如下图所示。确保 $b=c$。
（3）如需调整，须整体移动门机构进行调整。 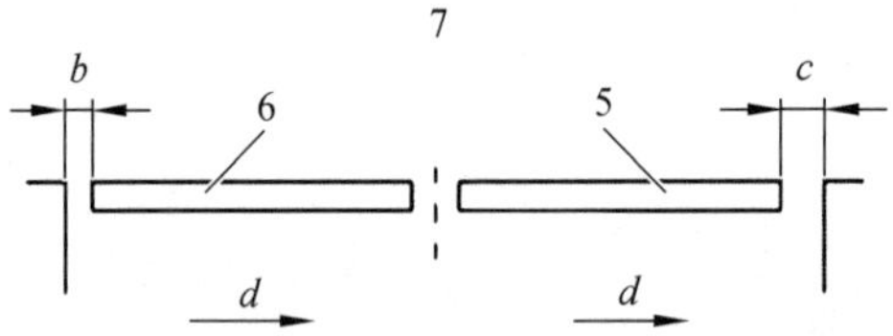
<table><tr><td>7</td><td>基准</td><td>6</td><td>左侧门页</td></tr><tr><td>5</td><td>右侧门页</td><td>d</td><td>$Y/2$ mm</td></tr><tr><td>b</td><td>X mm</td><td>c</td><td>$X+Y$ mm</td></tr></table></td><td>开口扳手、扭矩扳手、卷尺</td></tr>
<tr><td>4</td><td>调整上部塞出动作</td><td>（1）把门页移入开门位置，使用顶部导轨 2 的后部长圆孔 4 调整尺寸 a。因此需要松开顶部导轨中心的长圆孔，尺寸 a 的测量应在门携架下沿高度上进行。
（2）以规定扭矩拧紧上部导轨的紧固螺钉。
<table><tr><td>1</td><td>门页</td><td>2</td><td>上滑道</td></tr><tr><td>4</td><td>长圆孔</td><td>5</td><td>导轨的调整</td></tr><tr><td>a</td><td>（56±5）mm</td><td>6</td><td>左侧门页</td></tr></table>扭力要求：六角螺母 49 N · m</td><td>棘轮扳手、钢板尺、卷尺、扭矩扳手、游标卡尺</td></tr>
<tr><td>5</td><td>检查蜂鸣器状态</td><td>通过滚轮摇臂安装支架上的长圆孔调整尺寸 a，调整通过在车辆内侧增减垫片实现，尺寸 a 的测量应在滚轮的高度上进行。</td><td>棘轮扳手、钢板尺、卷尺、扭矩扳手、游标卡尺</td></tr>
</table>

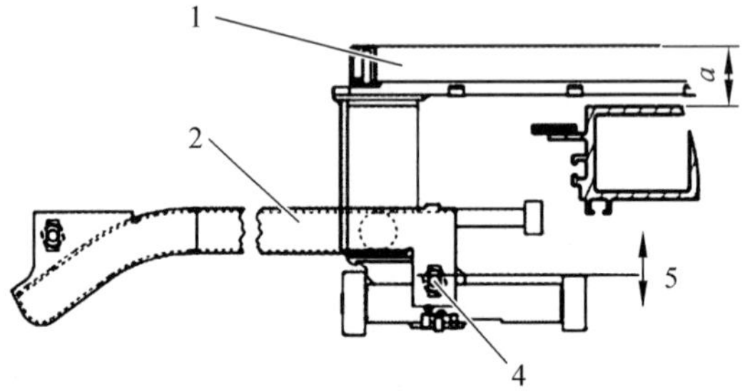

续表

<table>
<tr><th>工序</th><th>实训内容</th><th>具体步骤</th><th>工具/工装</th></tr>
<tr><td>5</td><td>检查蜂鸣器状态</td><td>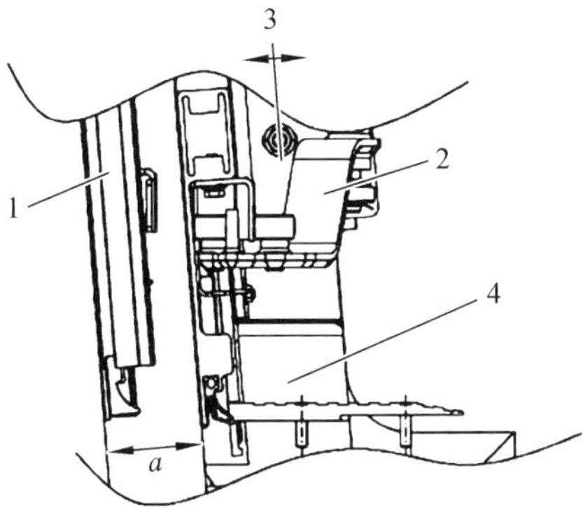

<table>
<tr><td>1</td><td>门页</td><td>2</td><td>滚轮摇臂</td></tr>
<tr><td>3</td><td>滚轮支架的调整</td><td>4</td><td>门框</td></tr>
<tr><td>a</td><td>（56±5）mm</td><td></td><td></td></tr>
</table></td><td>棘轮扳手、钢板尺、卷尺、扭矩扳手、游标卡尺</td></tr>
<tr><td>6</td><td>调整门页高度</td><td>（1）车门处于关闭位置，确保门页密封上部边缘到水平角形密封的底部边缘之间存在间距 a。
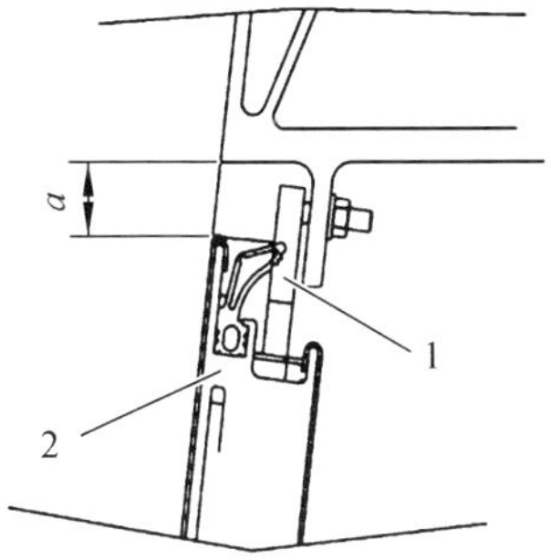

<table>
<tr><td>1</td><td>门框密封角</td><td>2</td><td>门页</td></tr>
<tr><td>a</td><td>21^{+3}_{-3} mm</td><td></td><td></td></tr>
</table>
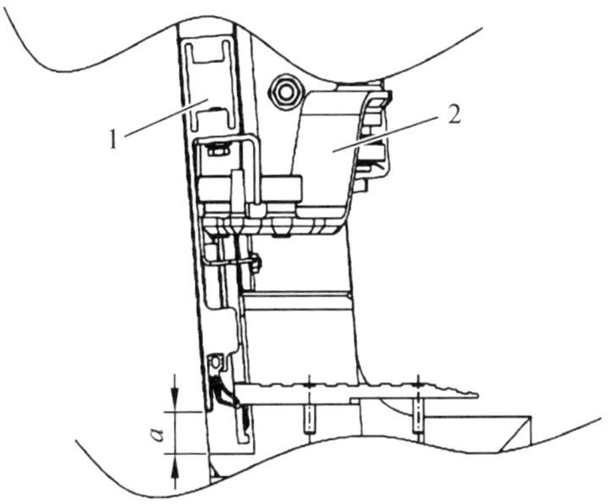

<table>
<tr><td>1</td><td>门页</td><td>2</td><td>滚轮摇臂</td></tr>
<tr><td>a</td><td>19^{+3}_{-3} mm</td><td></td><td></td></tr>
</table></td><td></td></tr>
</table>

续表

工序	实训内容	具体步骤	工具/工装
6	调整门页高度	（2）如需进行调整，可通过在驱动单元上增减垫片实现。因需要松开驱动机构的紧固螺钉，所以在正确调整高度后需重新施加扭矩。 1：光杆；2：地板面；3：垫片（标称 6 mm）；4：门框	扳手
7	调整滚轮摇臂	门携架处于垂直位置时，滚轮摇臂没有碰到导轨或螺钉头，应确保导轨和滚轮之间的最小间距 *c*，在开门位置，滚轮超出导轨底部边缘的距离为 *d*，为了实现这一目的，沿 T 型槽调整滚轮摇臂，调整之后固定滚轮摇臂的紧固螺钉，并以规定扭矩拧紧。 A：门关闭位置；B：门开关位置；1：螺钉头；2：导轨；*c*：≥4 mm；*d*：最大为相同高度	卷尺、棘轮扳手、扭矩扳手
8	调整上部区域密封条压紧	通过沿长圆孔滑动上导轨进行调整，使门页外表面与车体外表面齐平。调整完毕后再调整第二个门页	棘轮扳手、卷尺、钢板尺、游标卡尺

续表

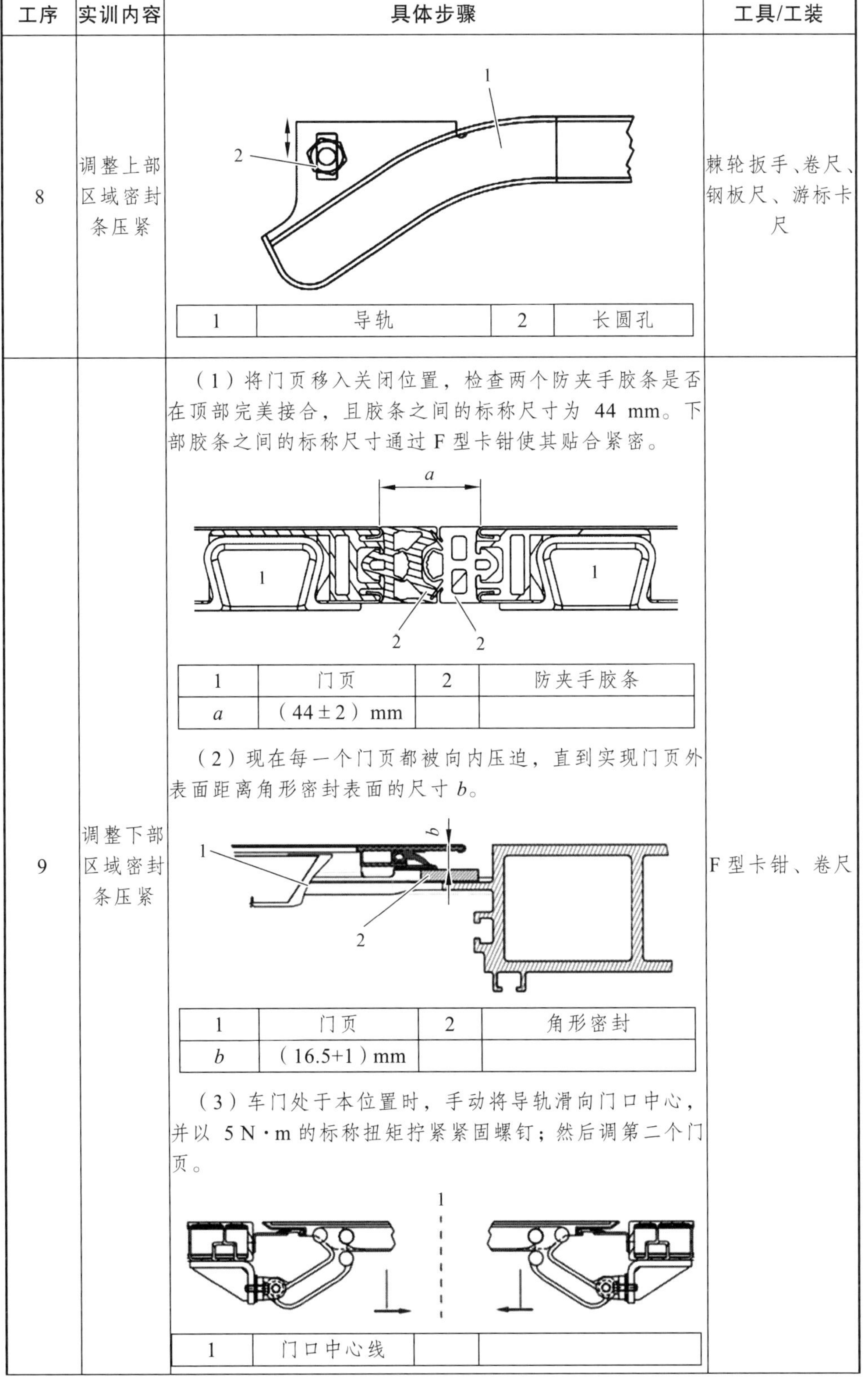

<table>
<tr><th>工序</th><th>实训内容</th><th>具体步骤</th><th>工具/工装</th></tr>
<tr><td>8</td><td>调整上部区域密封条压紧</td><td>1 导轨 2 长圆孔</td><td>棘轮扳手、卷尺、钢板尺、游标卡尺</td></tr>
<tr><td>9</td><td>调整下部区域密封条压紧</td><td>（1）将门页移入关闭位置，检查两个防夹手胶条是否在顶部完美接合，且胶条之间的标称尺寸为 44 mm。下部胶条之间的标称尺寸通过 F 型卡钳使其贴合紧密。
1 门页 2 防夹手胶条
a （44±2）mm
（2）现在每一个门页都被向内压迫，直到实现门页外表面距离角形密封表面的尺寸 b。
1 门页 2 角形密封
b （16.5+1）mm
（3）车门处于本位置时，手动将导轨滑向门口中心，并以 5 N·m 的标称扭矩拧紧紧固螺钉；然后调第二个门页。
1 门口中心线</td><td>F 型卡钳、卷尺</td></tr>
</table>

续表

<table>
<tr><th>工序</th><th>实训内容</th><th>具体步骤</th><th>工具/工装</th></tr>
<tr><td>9</td><td>调整下部区域密封条压紧</td><td>（4）在左侧和右侧进行目测检查，重点查看门口面和门页边缘之间位置。通过量尺（钢板尺）进一步检查门页外表面是否与车体外表面齐平。门框和门页之间的间隙由门框的允差造成。四个门角应无明显超出车体平面现象，大于 1.5 mm 即为不合格。
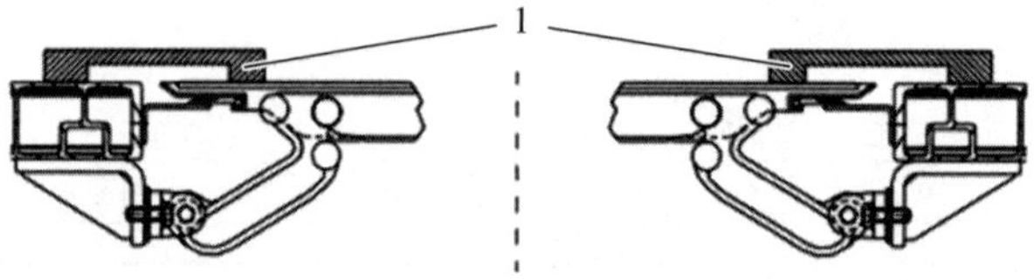

<table><tr><td>1</td><td>量尺</td><td></td><td></td></tr></table></td><td>量尺</td></tr>
<tr><td>10</td><td>安装和调整支撑轮</td><td>（1）通过垫片 2、4 和螺母 3，安装支撑滚轮。
（2）在上一步骤结束门页未打开，下部 F 型卡钳未释放状态下调整支撑滚轮至尺寸 b 和 c 并紧固支撑滚轮 1。
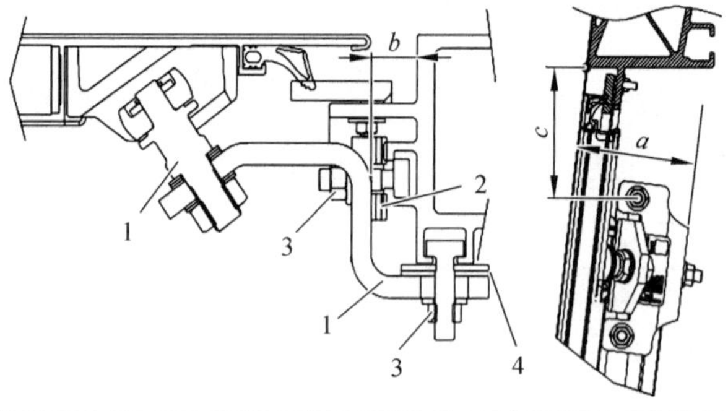

<table><tr><td>1</td><td>支撑滚轮</td><td>2</td><td>垫片（标称5 mm）</td></tr><tr><td>3</td><td>螺母和螺栓</td><td>4</td><td>垫片（标称5 mm）</td></tr><tr><td>a</td><td>（100±5）mm</td><td>b</td><td>（18±5 ）mm</td></tr><tr><td>c</td><td>（174±2）mm</td><td></td><td></td></tr></table>
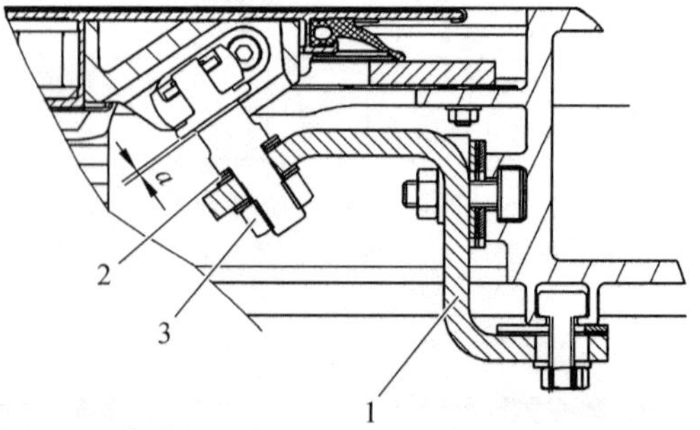

<table><tr><td>1</td><td>支撑滚轮支架</td><td>2</td><td>垫片（标称3 mm）</td></tr><tr><td>a</td><td>（1.5±0.5） mm</td><td>3</td><td>紧固螺母</td></tr></table>
扭力要求：六角螺母 21.4 N•m</td><td>扳手、F 型卡钳</td></tr>
</table>

续表

工序	实训内容	具体步骤	工具/工装
11	调整开门宽度	（1）释放弹簧力加载的制动并将门页移入开启位置。 （2）在门携架上拧紧或拧松橡胶缓冲以调整开门宽度。测量点距离门槛上方 1 800 mm 处，开门宽度为 a。调整开门宽度后使用锁紧螺母固定橡胶缓冲。两个橡胶缓冲需要同时接触门框。 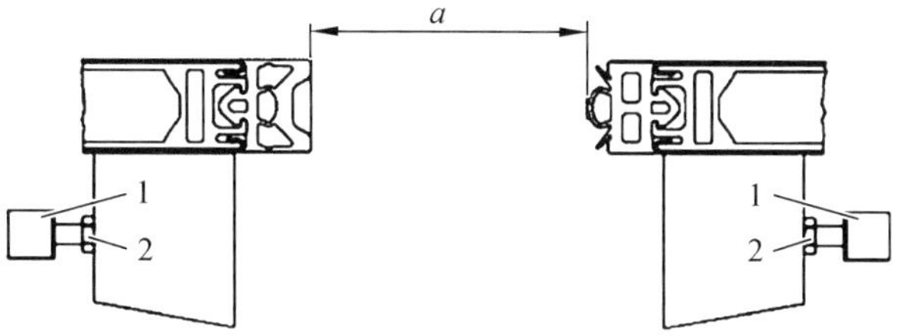 a 1 2 1 2 1 橡胶缓冲 2 锁紧螺母 a （1300±5） mm	

五、实训考核标准（见表2-3-2）

表 2-3-2　实训考核标准

项目	标准	配分	得分
整体实训过程考核	能够叙述出拆装塞拉门的整体实训过程	10	
调整门页平行度	能够按照任务书正确调整门页平行度达到标准要求	10	
调整门页预载	能够按照任务书正确调整门页预载达到标准要求	8	
调整门页对中	能够按照任务书正确调整门页对中	8	
调整上部塞出动作	能够按照任务书正确调整上部塞出动作	8	
调整下部塞出动作	能够按照任务书正确调整下部塞出动作	8	
调整门页高度	能够按照任务书正确调整门页高度	8	
调整滚轮摇臂	能够按照任务书正确调整滚轮摇臂	8	
调整上部区域密封条压紧	能够按照任务书正确调整上部区域密封条压紧	8	
调整下部区域密封条压紧	能够按照任务书正确调整下部区域密封条压紧	8	
安装和调整支撑滚轮	能够按照任务书正确安装和调整支撑滚轮	8	
调整开门宽度	能够按照任务书正确调整开门宽度	8	

六、思考题

为什么要调节上下部塞出动作?

任务四　塞拉门整体外观检查

一、实训目的

（1）通过实训让学生可以认识到地铁列车整体的外观样式。
（2）通过实训让学生学习到地铁列车的外观检查流程。

二、理论链接

塞拉门动态检查方法：

（1）防挤压性能测试：塞拉门密封橡胶条（门板关闭侧）内设有气囊，当电控气动关门遇到障碍物时，胶条受到突然的冲击挤压，气囊内将产生突变压力，该突变压力将使相应开关动作，从而向门控单元发出挤压信号，也有的塞拉门利用关门时门气缸工作压力的变化作为挤压信号，当气缸工作压力超过设定值时，相应的压力感应装置将向门控单元发出信号。门控单元收到挤压信号后，将门转换为自动开启状态，然后延时 2~5 s，再将门重新自动关闭。

为防止因挤压导致车门关闭后重新开启，特设屏蔽开关。当车门运行至全行程 90% ~ 98%的位置时该开关将向门控单元发出屏蔽防挤压信号，从而保证当车门关闭到位时不会重新开启。

（2）锁闭机构调整：门锁采用气动锁闭/气动解锁装置和手动解锁装置，门锁可在任何情况下解锁，安全可靠。在有电有气的情况下，开锁气缸动作实现门锁解锁。在有电有气的情况下，闭锁气缸动作实现门锁二级锁闭。通过调整内六角螺栓调整锁闭机构与凹槽的位置，如图 2-4-1 所示。

图 2-4-1　锁闭机构

（3）隔离锁性能测试：每侧门板都提供一个机械故障锁，可用三角钥匙从车辆内部将门锁定，操作时，门必须处在完全关闭位。在车门外面有一个显示孔，通过这个孔可以看到，当轴头上的凹槽垂直时，故障锁是开启的，当水平位时，表示锁是关闭的，此时外面无法打开车门。

当将故障锁锁闭后，紧急装置对于此门无效，只有将故障锁打开才能进行紧急操作或正常打开车门。为安全起见，在列车运行中，乘务人员应将故障锁锁闭，到站后，在车停稳后再打开。

（4）紧急解锁性能测试：为方便乘务员和维修人员，每扇门都装有紧急开门装置，用三角钥匙操作。在紧急情况下，不管列车静止或运行、是否存在气动压力或电压都能用三角钥匙操作而打开车门。当操作紧急装置时，会发出相应的电子信号给门控器，门控器将关闭所有的自动功能，关门蜂鸣警报立即启动，用三角钥匙开锁即通过钢丝绳将门打开。该装置利用弹簧，能够复位到中间位置。当复位紧急装置后，蜂鸣报警器关闭，门系统自动按现在控制信号操作，发挥其正常功能。

三、实训要求

1. 实训时间

教学课时为 1 课时。

2. 实训形式

学生每 5 人组成 1 个工作小组，各小组根据实训课程任务制定实训实施方案，每个小组选出 1 名组长，协助老师指导本组学生进行实训。

3. 安全注意事项

（1）未经教师或管理员允许不得擅自操作。

（2）在万用表使用过程中，注意万用表挡位的调节，同时避免用手触碰表笔的金属部分。

（3）须严格按照上电顺序进行上电。

（4）进行整体认知前需要切断电源。

（5）在进行车门检查认知时需要佩戴好安全帽，防止零部件掉落砸伤。

4. 工器具材料准备

（1）防护用品，包括防滑鞋、绝缘手套、工作服等。

（2）工具，包括手锤、油壶、套筒、万用表等。

（3）个人用品，包括笔、笔记本等。

四、实训作业步骤

1. 实训流程（见图 2-4-2）

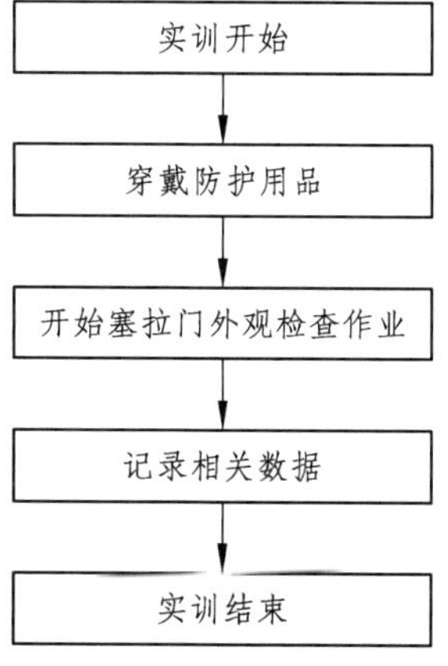

图 2-4-2　实训操作流程

2. 实训作业流程（见表 2-4-1）

表 2-4-1　实训作业流程

工序	实训内容	检查标准	使用工具	安全注意事项	作业结果记录
1	检查门驱盖板、盖板锁指示灯状态	（1）检查门驱盖板外观，要求盖板表面无裂纹，漆膜完好。 （2）锁芯和锁舌转动灵活，固定螺母紧固无松动。 （3）指示灯安装良好	手电筒、笔记本、笔	进行检查时戴好安全帽，防止受伤	
2	检查客室车门门页、玻璃、护指胶条、密封橡胶外观及玻璃黏接状态	（1）门页及玻璃表面无裂纹、破损，划痕不超过 50 mm。 （2）胶条间隙无漏光、无破损、无脱落，横向裂损、纵向裂损长度不超过 50 mm。 （3）车门玻璃黏接胶条无脱出	手电筒、笔记本、笔	进行检查时戴好安全帽，防止受伤	
3	检查上压条、侧压条状态	压条外观良好，安装紧固	手电筒、笔记本、笔	进行检查时戴好安全帽，防止受伤	
4	检查机构安装架状态	（1）机构安装架表面无裂纹。 （2）安装螺栓紧固无松动	手电筒、笔记本、笔	进行检查时戴好安全帽，防止受伤	
5	检查蜂鸣器状态	（1）蜂鸣器安装牢固、防松线无错位。 （2）蜂鸣器表面无裂纹。 （3）车门运动时蜂鸣器与门驱机构无干涉	—	进行检查时戴好安全帽，防止受伤	
6	检查锁到位开关S1状态	（1）行程开关组件安装牢固，表面状态良好，部件无缺损，固定夹无丢失。 （2）车门锁闭时，S1行程开关处于触发状态，用手按压行程开关，有一定下压幅度。 （3）行程开关接线端子插接牢固，线缆无破损。 （4）车门锁闭时，携门架凸台边缘线与白色滚轮刚刚接触。 （5）调整后的S1 搭接量在该标准临界位置时，应确保车门防夹功能运行	手电筒、笔记本、笔	进行检查时戴好安全帽，防止受伤	

续表

工序	实训内容	检查标准	使用工具	安全注意事项	作业结果记录
7	检查上滑道、上滑道滚轮状态	（1）滑道无变形，紧固螺栓紧固无松动。 （2）滚轮转动灵活，无破损、裂纹、缺块。 （3）车门完全打开时，滚轮下边缘高于滑道下边缘	手电筒、笔记本、笔	进行检查时戴好安全帽，防止受伤	
8	检查门驱电机、安装座、电缆状态	（1）电机外观无损伤，固定螺栓紧固无松动。 （2）电机安装座无裂纹、损坏，紧固螺栓紧固无松动。 （3）电机电缆绑扎无松动，连接插头无损坏，线缆在车门运动时与其他部件无干涉	手电筒、笔记本、笔	进行检查时戴好安全帽，防止受伤	
9	检查丝杠、丝杠安装座状态	（1）丝杠表面无异物，推拉门页时转动灵活。 （2）丝杠安装座紧固螺栓齐全，防松线清晰无错位，安装座表面无裂纹	手电筒、笔记本、笔	进行检查时戴好安全帽，防止受伤	
10	检查丝杠螺母（2个）状态	（1）锁紧螺栓紧固，防松线清晰无错位。 （2）丝杠螺母表面无裂纹	手电筒、笔记本、笔	进行检查时戴好安全帽，防止受伤	
11	检查端部解锁装置、解锁开关S3状态	（1）操作紧急解锁装置时，齿轮盘与飞轮分离，车门可手动打开。 （2）恢复紧急解锁装置，齿轮完全啮合。 （3）解锁装置安装座紧固螺栓齐全，防松线清晰无错位。 （4）解锁钢丝绳端部接头处无错位，钢丝绳可视部分无断股。 （5）S3 开关安装及外观良好，固定夹无丢失，接线端子插接牢固，线缆无破损	手电筒、笔记本、笔	进行检查时戴好安全帽防止受伤	

续表

工序	实训内容	检查标准	使用工具	安全注意事项	作业结果记录
12	检查直线轴承状态	（1）表面无擦伤、脱漆，注油嘴外观良好、无损坏。 （2）孔用挡圈（卡簧）未脱出、缺失	手电筒、笔记本、笔	进行检查时戴好安全帽，防止受伤	
13	检查光杠状态	（1）光杠表面无异物、划痕、锈迹。 （2）光杠两端端盖无脱出、无缺失	手电筒、笔记本、笔	进行检查时戴好安全帽，防止受伤	
14	检查携门架状态	（1）表面无开裂、无脱漆。 （2）携门架和门页的连接螺栓及偏心轮紧固无松动。 （3）偏心销表面无裂纹，卡簧无丢失。螺纹销紧固，防松线清晰无错位。 （4）开门止挡外观良好，无破损	手电筒、笔记本、笔	进行检查时戴好安全帽，防止受伤	
15	检查平衡轮、门页压板状态	（1）门页与平衡轮压板无碰伤、松动、变形。 （2）安装座固定螺栓紧固无松动，压轮无破损、裂纹、松动，卡簧无丢失。 （3）在关门位置拨动压轮，要求有明显阻力，在两门页缝隙约为 1 cm时，转动灵活。 （4）压轮轮缘与门页无干涉。 （5）门页上的压板无松动	手电筒、笔记本、笔	进行检查时戴好安全帽，防止受伤	
16	检查客内紧急解锁装置状态	（1）紧急解锁装置紧固螺栓齐全。 （2）紧急解锁装置透明罩无缺失、无损坏		进行检查时戴好安全帽，防止受伤	
17	检查下滑道、下摆臂状态	（1）下滑道紧固螺栓齐全、无松动，表面无变形。 （2）下摆臂表面无裂纹、防脱销无丢失。 （3）下滑道与摆臂滚轮配合良好。 （4）下摆臂安装螺栓齐全，防松线清晰无错位，卡簧无丢失。 （5）车门开到位时，滚轮下边缘不低于滑道下边缘；车门关到位时，下摆臂与滑道间隙不小于4 mm；摆臂滚轮与门页无干涉	手电筒、笔记本、笔	进行检查时戴好安全帽，防止受伤	

续表

工序	实训内容	检查标准	使用工具	安全注意事项	作业结果记录
18	检查门页门槛状态	部件表面无变形、裂纹，紧固螺栓齐全、紧固无脱出	手电筒、笔记本、笔	进行检查时戴好安全帽，防止受伤	
19	检查门控器及端子排状态	（1）检查门控器安装螺栓齐全，防松线清晰无错位。 （2）检查门控器各连接插头外观良好，目视检查插头无脱出。 （3）端子排接线整齐，无破损、松脱	手电筒、笔记本、笔	进行检查时戴好安全帽，防止受伤	
20	部件清洁	（1）清洁上滑道圆弧及直线段、尼龙滚轮表面的润滑油及灰尘。 （2）清洁光杠的非运动区域及直线轴承两端的润滑油。 （3）清洁丝杠螺旋槽、中部支撑轴承内侧、丝杠螺母两侧的润滑油。 （4）清洁压轮表面润滑油。 （5）清洁下滑道圆弧及直线段的润滑油和灰尘。 （6）清洁下摆臂体表面及滚轮表面的灰尘。 （7）清洁门页密封胶条和护指胶条。 （8）清洁门驱电机表面的灰尘。 （9）清洁内紧急解锁装置透明罩及解锁手柄	手电筒、笔记本、笔	进行检查时戴好安全帽，防止受伤	
21	检查手动开关门及车门锁闭功能	（1）门页运动时无卡滞、干涉、异声、异常晃动。 （2）车门锁闭功能良好	手电筒、笔记本、笔	进行检查时戴好安全帽，防止受伤	

五、实训考核标准（见表2-4-2）

表 2-4-2　实训考核标准

项目	标准	配分	得分
整体实训过程考核	能够叙述出塞拉门外观检查的整体实训过程	10	
检查门驱动盖板，盖板锁、指示灯状态	能够按照任务书检查门驱动盖板外观是否达到要求	5	
检查客车门页、玻璃、护指胶条、密封橡胶外观及玻璃黏接状态考核	能够按照任务书检查客车门页、玻璃、护指胶条、密封橡胶外观及玻璃黏接状态是否达到要求并进行准确记录	5	
检查上压条、侧压条状态	能够按照任务书正确连接门指示灯与门控器	5	
检查机构安装架状态	能够按照任务书检查机构安装架状态并准确记录	5	
检查蜂鸣器状态	能够按照任务书正确安装启动机构	5	
检查锁到位开关 S1 状态	能够按照任务书检查锁到位开关 S1 状态并进行准确记录	5	
检查上滑道、上滑道滚轮状态	能够按照任务书检查上滑道、上滑道滚轮状态并准确记录	5	
检查门驱电机、安装座、电缆状态考核	能够按照任务书检查门驱电机、安装座、电缆状态并准确记录	5	
检查丝杠、丝杠安装座状态	能够按照任务书标准检查丝杠、丝杠安装座状态并准确记录	5	
检查丝杠螺母（2 个）状态	能够按照任务书标准检查丝杠螺母（2 个）状态并进行准确记录	5	
检查端部解锁装置、解锁开关 S3 状态	能够按照任务书标准检查端部解锁装置、解锁开关 S3 状态	5	
检查直线轴承状态	能够按照任务书标准检查直线轴承状态并进行记录	5	
检查光杠状态	能够按照任务书标准检查光杠状态	5	
检查客内紧急解锁装置状态	能够按照任务书检查客内紧急解锁装置状态并进行记录	5	
检查门页门槛状态	能够按照任务书正检查门页门槛状态	5	
检查门控器及端子排状态	能够按照任务书正确调整门页对中	5	
部件清洁	能够按照任务书对部件进行清洁	5	
检查手动开关门及车门锁闭功能	能够按照任务书检查手动开关门锁闭功能	5	

六、思考题

（1）列车车门平衡轮在开关门中的作用是什么?
（2）检查上压条、侧压条的目的是什么?

任务五　塞拉门电气系统拆装

一、实训目的

（1）通过实训演练让学生们进行塞拉门的电气系统认识，进行塞拉门电气系统的拆装。
（2）通过实训演练让学生进一步了解塞拉门的电气原理，打下理论基础。

二、理论链接

塞拉门电气控制系统原理。

虽然塞拉门的种类有所不同，但是在性能参数以及工作原理方面相差无几，所以电气控制系统的控制原理也基本相同。具体而言，电气控制系统的控制原理如下：使用支架将门板支撑于导轨上，然后将导轨和驱动装置连接在一起，驱动装置的运动会带动导轨运动，导轨的运动会带动门板的运动，而实现塞拉门的控制。其中，气动门主要将驱动气缸作为驱动装置；电动门主要将一组电机组件作为驱动装置。需要注意的是，无论何种塞拉门，都需要安装锁闭机构，当门板闭合到位时，锁闭机构会将门板机械锁闭，避免门板在动车组运行的过程中开启，保障乘客及动车组的运行安全。

在新型动车组的塞拉门控制中，电气控制系统主要通过集控模式进行控制，该模式主要包括以下几种功能：

（1）门侧选择功能，为了避免司机出现误操作，提升塞拉门的安全性，控制系统中添加了门侧选择开关，当动车组进站的时候，驾驶人员会按照车站的调度命令，合理选择开门侧。

（2）塞拉门的缓解功能，当动车组进站，驾驶人员启动门侧选择开关之后，会通过相对应的门缓解按钮，激活动车组的门缓解指令，使整个动车组塞拉门相应的 DCU 接收到指令。

（3）塞拉门的开门控制功能，当塞拉门的 DCU（门控制器）接收到指令之后，驾驶人员需要按下开门按钮，使整个动车组塞拉门接收到开门的指令，从而实现对塞拉门开门的有效控制。

（4）塞拉门的关门控制功能，当动车组的速度小于 5 km/h，驾驶人员在按下门缓解开关之后，会通过关门开关实现塞拉门的关门控制。另外，电气控制系统还具备锁闭功能，在关门开关命令执行之后，电气控制系统的 DCU 会将塞拉门的闭合状态反馈给 MDCU（主门控器）。具体而言，在每一节车相内，含有预线环路。负责塞拉门锁闭状态的检测，当动车组的所有车门锁闭完成之后，硬线环路才能连接，并将相关信息反馈给 TCMS（控制与监测系统），确保列车在运行过程中能始终保持闭合状态。

三、实训要求

1. 实训时间

教学课时为 1 课时。

2. 实训形式

学生每 5 人组成 1 个工作小组，各小组根据实训课程任务制定实训实施方案，每个小组选出 1 名组长，协助老师指导本组学生进行实训。

3. 安全注意事项

（1）未经教师或管理员允许不得擅自操作。

（2）在万用表使用过程中，注意万用表挡位的调节，同时避免用手触碰表笔的金属部分。

（3）须严格按照上电顺序进行上电。

（4）进行整体认知前需要切断电源。

（5）在进行车门检查认知时需要佩戴好安全帽，防止零部件掉落砸伤。

4. 工器具材料准备

（1）防护用品，包括防滑鞋、绝缘手套、工作服等。

（2）工具，包括手锤、油壶、套筒、万用表等。

（3）个人用品，包括笔、笔记本等。

四、实训作业步骤

1. 实训流程（见图 2-5-1）

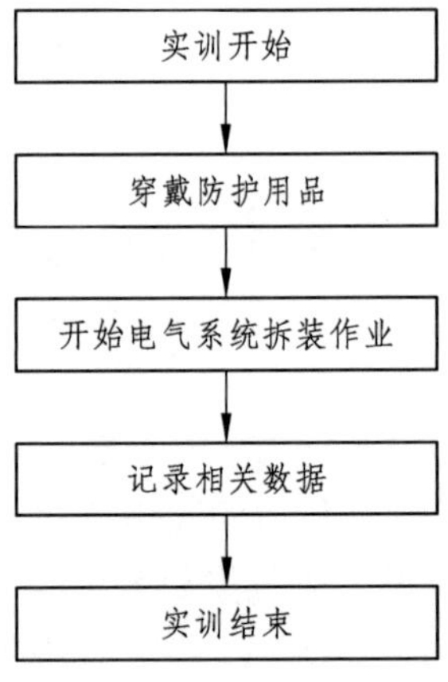

图 2-5-1　实训操作流程

2. 实训作业流程（见表 2-5-1）

表 2-5-1 实训作业流程

<table>
<tr><th>工序</th><th>实训内容</th><th>具体步骤</th></tr>
<tr><td>1</td><td>门机构与门控器的电气连接</td><td>（1）门机构安装完成前，将 A（门机构航空插头）与 C（门控器航空插头）连接；
（2）将 B（门机构接地线）与 D（门控器接地线安装螺栓）连接；
（3）规整、捆扎线束。
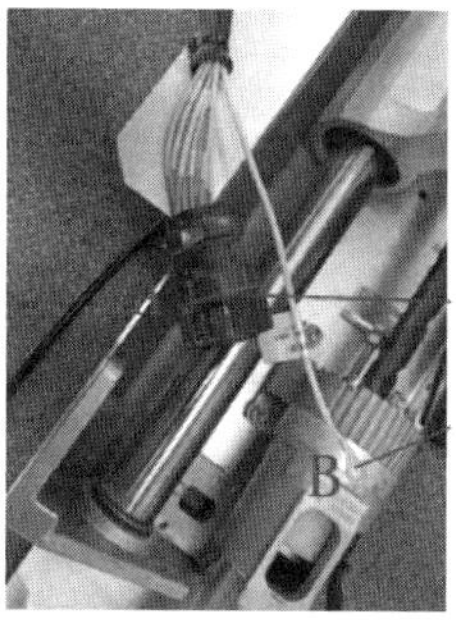

</td></tr>
<tr><td>2</td><td>隔离锁与门控器的电气连接</td><td>（1）门隔离锁安装完成之后，将 A（门隔离锁的 4 根连接线）压接到 B（门控器端子排）上；

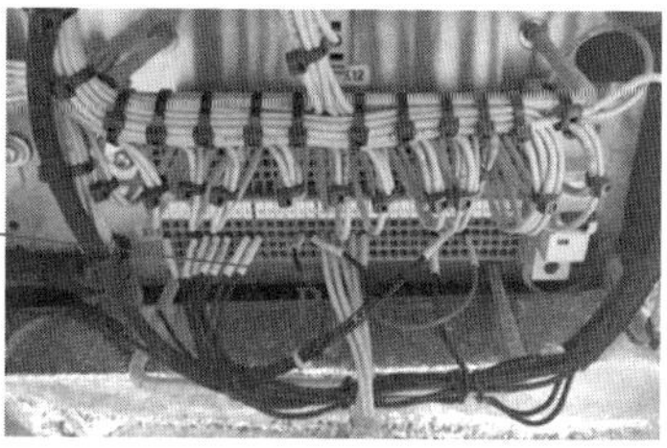

<table><tr><th>线号</th><th>端子号</th></tr><tr><td>191</td><td>XT1.16</td></tr><tr><td>192</td><td>XT1.17</td></tr><tr><td>193</td><td>XT1.18</td></tr><tr><td>194</td><td>XT1.19</td></tr></table>
（2）规整、捆扎线束</td></tr>
<tr><td>3</td><td>门指示灯与门控器的电气连接</td><td>（1）门机构盖板安装好后，将 A（与门控器连接的电气插头）与 B（与门指示灯连接的电气插头）插接好；
（2）规整线束。
注释：B 与车门指示灯均安装在门机构盖板上，A 通过线束与门机构连接，悬挂在门框架正上方（不影响门机构安装）。
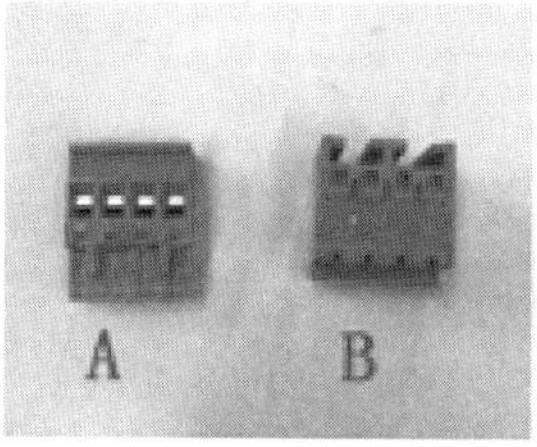
</td></tr>
</table>

五、实训考核标准（见表2-5-1）

表 2-5-1 实训考核标准

项目	标准	配分	得分
塞拉门电气系统拆装整体实训考核	能够简单叙述出塞拉门电气系统拆装的整体实训考核流程	25	
门机构与门控器的电气连接考核	能够按照任务书正确拆装塞拉门的电气系统	25	
隔离锁机构与门控器的电气连接考核	能够按照任务书正确连接隔离锁机构和门控器	25	
门指示灯与门控器的电气连接考核	能够按照任务书正确连接门指示灯与门控器	25	

六、思考题

（1）在布线工艺中一个接线点最多可以接几根导线?

（2）接线时是否允许悬空接头?

任务六 塞拉门功能测试

一、实训目的

（1）通过实训演练让学生们进一步认识塞拉门的机械和电气功能。

（2）通过实训演练让学生掌握塞拉门的机械构造和理论知识。

二、理论链接

塞拉门在开启状态时，车门移动到侧墙的外侧；在关闭状态时，车门外表面与车体外墙成一平面，这不仅使车辆外观美观，而且有利于减小列车在高速行驶时的空气阻力和降低空气涡流产生的噪声。

塞拉门系统具有如下优点：

（1）由于车门在关闭状态时，门页外表面与车体侧墙成同一平面，所以使列车外观平滑，整体和谐美观，列车在高速运行时空气阻力小，也不会产生空气涡流而产生噪声。

（2）具有良好的密封性能，对传入客室内噪声有较好的屏蔽作用，同时可降低客室空调的能耗。

（3）采用塞拉门能使车内有效宽度增加，载客量也会增加。

缺点：由于塞拉门多了一个塞紧动作，结构比较复杂，价格比外挂门约高 20%，而且故障率相对较高。

三、实训要求

1. 实训时间

教学课时为 1 课时。

2. 实训形式

学生每 5 人组成 1 个工作小组，各小组根据实训课程任务制定实训实施方案，每个小组选出 1 名组长，组长协助老师指导本组学生进行实训。

3. 安全注意事项

（1）未经教师或管理员允许不得擅自操作。

（2）在万用表使用过程中，注意万用表挡位的调节，同时避免用手触碰表笔的金属部分。

（3）须严格按照上电顺序进行上电。

（4）进行整体认知前需要切断电源。

（5）在进行车门检查认知时需要佩戴好安全帽，防止零部件掉落砸伤

4. 工器具材料准备

（1）防护用品，包括防滑鞋、绝缘手套、工作服等。

（2）工具，包括手锤、油壶、套筒、万用表等。

（3）个人用品，包括笔、笔记本等。

四、实训作业步骤

1. 实训流程（见图 2-6-1）

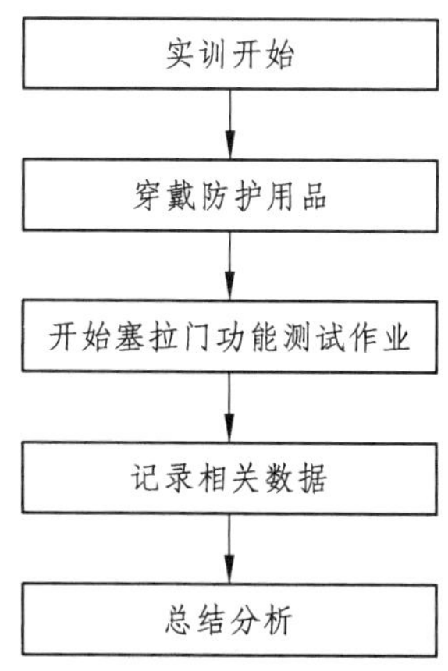

图 2-6-1　实训操作流程

2. 实训作业流程

（1）作业过程严格做好用电安全防护。

（2）上电前需向裁判申请送电，得到实训指导教师同意后方可上电。

（3）所有自复按钮按压时，要求按压到位且持续时长不少于 0.5 s。

（4）测试过程中，如发现有电气故障，需结合控制电路原理图，使用电气工具进行分析、排查与处理（注：电气故障均在继电器柜内，不涉及调试台和车门）。

（5）选手如需调整线路或元器件，须向裁判申请调整线路或元器件，得到裁判同意后方可进行操作。

（6）每次调整线路或元器件前，须断开“继电器柜内电源开关”并挂“禁合牌”；调整线路或元器件后的第一次上电前，须进行短路测试。

功能测试操作流程见表 2-6-1。

表 2-6-1　功能测试操作流程

工序	作业项	操作步骤	测试现象
1	测试前准备	（1）检查调试台、继电器柜、车门的物理状况	外观良好，设备无缺失、无损坏
		（2）闭合“配电箱内电源断路器”	供电正常、无异常情况
		（3）对“继电器柜内 DC 110 V 电源开关”的输出端进行短路测试； （4）确认无短路情况后，闭合“继电器柜内电源开关”	无短路情况，开关闭合后供电正常、无异常情况
		（5）确认继电器柜前面板所有断路器处于闭合状态； （6）将“列车激活”开关打至闭合位，确认列车激活； （7）闭合调试台“钥匙开关”，确认调试台占用	激活正常、调试台占用正常
		（8）“门模式”开关打至“MM”位； （9）“ATP 切除”与“ATC 车门旁路”旋钮打至合位	—
2	开、关门基本功能测试	（1）按压调试台“开左门”按钮，打开车门； （2）车门完全打开后，按压调试台“关左门”按钮，关闭车门	（1）车门能正常打开/关闭； （2）门页运动时无卡滞、干涉现象； （3）门页运动时无异常声音、晃动现象
		（3）检查门零速保护功能	在 ATP 切除、车门打开的情况下，断开“车门控制”断路器，车门关闭
		（4）闭合“车门控制”断路器，检查指示灯状态及报警功能	（1）开门时，黄色指示灯亮； （2）关门时，黄色指示灯闪烁，有蜂鸣器报警声

续表

工序	作业项	操作步骤	测试现象
2	开、关门基本功能测试	（5）检查车门防夹功能	关门时，在两个门页间放置防夹检测障碍物（上、中、下轮流放置），车门碰到障碍物时将会自动开门，循环 3 次后，车门完全打开。  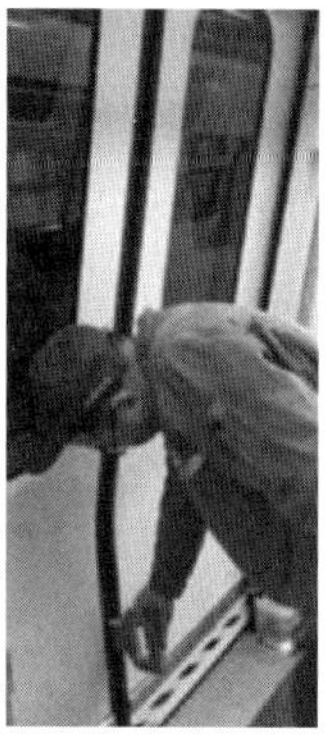
		（6）检查再关门功能	车门因防夹打开后，再次按压关门按钮，打开的车门关闭
		（7）检查车门切除功能	（1）车门在关闭并处于锁闭状态时，将门切除，车门红色指示灯亮； （2）按压开门按钮，车门不能打开； （3）恢复门切除装置，车门接收开关门指令时，能进行开、关门动作

续表

工序	作业项	操作步骤	测试现象
3	开关门时间测试	（1）门处于关闭状态，按下调试台“开左门”按钮	（1）从客室车门动作开始计时； （2）在车门直至打开到位时停止计时； （3）开门时间应在 2.5～3.5 s
		（2）门处于打开状态，按下调试台“关左门”按钮	（1）从客室车门动作开始计时； （2）在车门直至关闭到位时停止计时； （3）关门时间在 2.5～3.5 s
4	门允许功能测试	（1）在车门关闭时，确认调试台“开左门”按钮红灯亮； （2）“ATC 车门旁路”旋钮打至分位	（1）调试台“开左门”按钮红灯灭，无开门允许； （2）按下“开左门”按钮，车门不能打开
		（3）“ATC 车门旁路”旋钮打至合位； （4）“ATP 切除”旋钮打至分位； （5）按压 RM 按钮，激活 RM 模式 （6）“ATP切除”旋钮打至合位	（1）调试台“开左门”按钮红灯灭，无开门允许； （2）按下“开左门”按钮，车门不能打开，调试台“开左门”按钮红灯亮，有开门允许
5	司机室占有功能测试	（1）断开调试台电钥匙； （2）按下“开左门”按钮	（1）调试台“开左门”按钮红灯灭，无开门允许； （2）按下“开左门”按钮，车门不能打开； （3）调试台“关左门”按钮绿灯灭
6	门模式功能测试	（1）闭合调试台电钥匙； （2）门模式开关打至 AA/AM 位； （3）按下“开左门”按钮	（1）调试台“关左门”按钮绿灯亮； （2）车门不能打开
		（4）门模式开关打至 MM 位； （5）按下“开左门”按钮	（1）调试台“关左门”按钮绿灯灭； （2）车门正常打开
		（6）门模式开关打至 AM 位； （7）按下“关左门”按钮	（1）调试台“关左门”按钮绿灯亮； （2）车门正常关闭
		门模式开关打至 MM 位	—

续表

工序	作业项	操作步骤	测试现象
7	车门解锁测试	车门在关闭和锁定状态，拉下内部紧急解锁手柄	（1）内部紧急解锁后，车门黄色指示灯亮； （2）解锁后，车门能手动打开； （3）在调试台发出一个开门或关门指令后，车门不能根据指令打开或关闭
8	复位	（1）恢复紧急解锁手柄，关闭车门； （2）所有开关、旋钮复位至初始状态	—

五、实训考核标准（见2-6-2）

表 2-6-2　实训考核标准

项目	标准	配分	得分
塞拉门功能测试整体实训考核	能够简单叙述出塞拉门电气系统拆装的整体实训考核流程	20	
开关门基本功能测试	能够按照任务书正确操作测试开关门基本功能	15	
开关门时间测试	能够按照任务书正确操作测试开关门时间	15	
门允许功能测试	能够按照任务书正确操作测试门允许功能	15	
司机室占有功能测试	能够按照任务书正确操作测试司机室占有功能	15	
门模式功能测试	能够按照任务书正确操作测试门模式功能	15	
车门解锁功能测试	能够按照任务书正确操作测试车门解锁功能	15	

六、思考题

（1）车门功能测试是否可以跳过？

（2）门模式中的 AM、MM 分别是什么意思？

转向架实训演练

任务一　转向架整体认知

一、实训目的

（1）通过实训演练让学生们进行转向架的整体认知。
（2）通过实训演练让学生了解转向架结构和基本运作原理。

二、理论链接

转向架分为动车转向架和拖车转向架。动车转向架上有牵引装置（牵引电机、齿轮传动装置、联轴节），动车构架带有电机吊座、齿轮箱吊座等。拖车转向架上没有牵引传动装置，其他结构基本相同。表 3-1-1 列出了转向架的基本参数。

表 3-1-1　转向架基本参数

项目	转向架型式	
	M车	Tc车
转向架质量	约7 600 kg	约5 400 kg
最高运行速度	140 km/h	
轨距	1 435km/h	
轴距	2 300 km/h	
车轮直径	840 mm（新）；770 mm（全磨耗）	
车轮内侧距	（1 353±2） mm	
空气簧有效直径	505 mm	
基础制动装置	盘形制动	
轴重	≤15 t	
运行平稳性	<2.5	
脱轨系数	<0.8	
车轮减载率	≤0.6	
最小曲线半径	110 m	

三、实训要求

1. 实训时间

教学课时为 1 课时。

2. 实训形式

学生每 5 人组成 1 个工作小组，各小组根据实训课程任务制定实训实施方案，每个小组选出 1 名组长，协助老师指导本组学生进行实训。

3. 安全注意事项

（1）未经教师或管理员允许不得擅自操作。

（2）在万用表使用过程中，注意万用表挡位的调节，同时避免用手触碰表笔的金属部分。

（3）须严格按照上电顺序进行上电。

4. 工器具材料准备

（1）防护用品，包括防滑鞋、绝缘手套、工作服等。

（2）工具，包括手锤、油壶、套筒、万用表等。

（3）个人用品，包括笔、笔记本等。

四、实训作业步骤

1. 实训流程（见图 3-1-1）

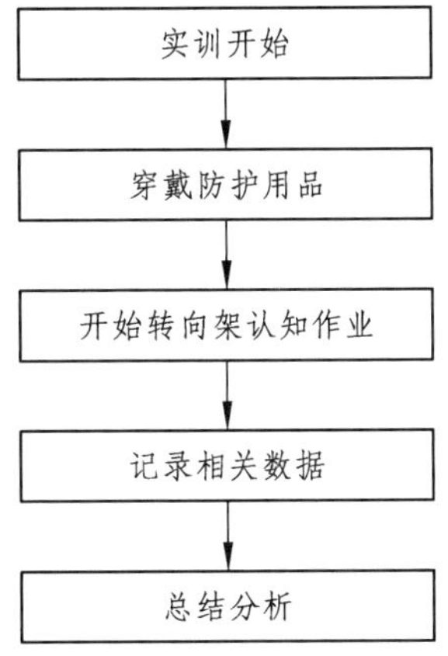

图 3-1-1　实训操作流程

2. 实训作业流程（见表 3-1-2）

表 3-1-2　实训作业流程

工序	实训内容	使用工具	安全注意事项	作业结果记录
1	转向架结构认知： （1）构架；（2）轮对轴箱装置；（3）二系悬挂；（4）基础制动装置；（5）驱动装置；（6）牵引装置	手电筒、笔、笔记本	进行结构认知时注意安全，戴好安全帽、手套，防止受伤	

续表

工序	实训内容	使用工具	安全注意事项	作业结果记录
1	注： 转向架位置定义：每辆车的转向架按照其位置可以分为一位端转向架和二位端转向架。每辆车的四个轴编号，它们从最前面1位端轴1开始，连续编号到2位端轴1开始，连续编号到2位端的轴4	手电筒、笔、笔记本	进行结构认知时注意安全，戴好安全帽、手套，防止受伤	
2	构架认知： （1）侧梁组成；（2）横梁；（3）纵梁组成；（4）电机吊；（5）齿轮箱吊座；（6）托板组成；（7）牵引拉杆座；（8）安全钢索座	手电筒、笔、笔记本	进行结构认知时注意安全，戴好安全帽、手套，防止受伤	

续表

工序	实训内容	使用工具	安全注意事项	作业结果记录
2	上图中所展示的转向架属于H型构架，采用钢板焊接结构的箱型侧梁以及与侧梁相贯通的无缝钢管横梁。侧梁采用“四块板”焊接结构，而没有采用原来的“轧型”结构，避免了由于“轧型”引起的钢板裂纹等问题，侧梁的下部焊接有托板，用于安装制动缸。横梁上对角焊接有电机吊座、齿轮箱吊座和牵引拉杆座，分别用于安装牵引电机、齿轮箱吊杆和牵引拉杆。箱形纵梁的内面上用于安装横向挡	手电筒、笔、笔记本	进行结构认知时注意安全，戴好安全帽、手套，防止受伤	
3	轴箱功能认知： （1）将轮对和构架连在一起，使轮对沿钢轨的滚动转化为车体沿线路的平动，支撑转向架承受车体载荷、横向载荷，并传递车引力和制动力。 （2）显著地降低了车辆的起动阻力和运行阻力，改善了车辆走行部的工作条件，减少了燃轴的惯性事故，减轻了维护和检修工作，降低了运营成本。 （3）动车转向架和拖车转向架的轴箱结构完全相同。地铁车辆转向架结构相同	手电筒、笔、笔记本	进行结构认知时注意安全，戴好安全帽、手套，防止受伤	
4	轮对认知： （1）车轮；（2）车轴；（3）降噪阻尼器 	手电筒、笔、笔记本	进行结构认知时注意安全，戴好安全帽、手套，防止受伤	
5	一系悬挂认知： 功能：使列车在运行过程中产生的振动减小，以减小振动对车体造成的伤害。 	手电筒、笔、笔记本	进行结构认知时注意安全，戴好安全帽、手套，防止受伤	

续表

工序	实训内容	使用工具	安全注意事项	作业结果记录
6	二系悬挂认知： 组成： （1）二系悬挂系统；（2）二个空气弹簧；（3）自动高度调整阀；（4）压差阀；（5）调整垫。 其中，空气弹簧由空气囊和一个附加应急叠层弹簧组成。 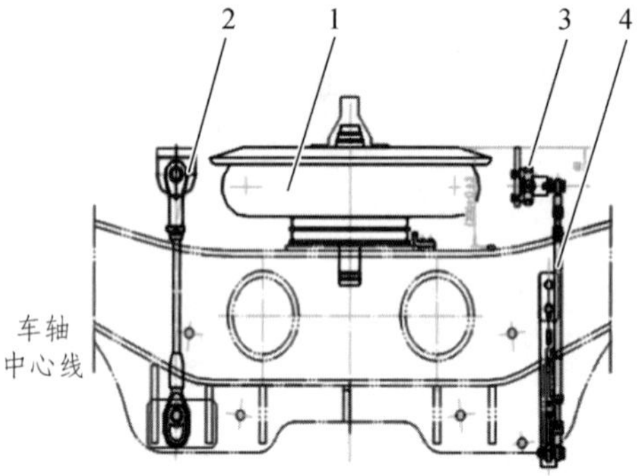 功能： 保证乘客和车体具有较高的舒适度，确保车辆在动态条件下车辆的轮廓在规定的动态限界内	手电筒、笔、笔记本	进行结构认知时注意安全，戴好安全帽、手套，防止受伤	
7	基础制动装置： 地铁车辆制动装置转向架每轴配备了一套常用/停放制动单元和一套只有常用制动的制动单元。 功能：对超员载荷（AW3）的列车，停放制动能够满足在最大坡道上停车。制动闸瓦间隙控制在（10±2 m）m。 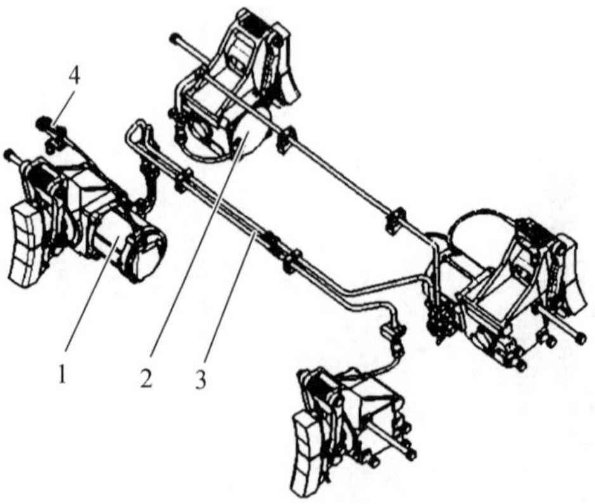 	手电筒、笔、笔记本	进行结构认知时注意安全，戴好安全帽、手套，防止受伤	

续表

工序	实训内容	使用工具	安全注意事项	作业结果记录
8	牵引装置认知： 功能：使牵引电机的扭矩转化为轮对上的转矩，利用轮轨之间的黏着作用，驱动车辆沿着钢轨运行。牵引电机在列车运行中起着产生牵引力和电制动力的作用，牵引电机安装在动车转向架上，一个动车转向架配有两个牵引电机。每个牵引电机控制一根轴。 	手电筒、笔、笔记本	进行结构认知时注意安全，戴好安全帽、手套，防止受伤	
9	驱动装置认识： 功能：带有联动轴节的齿轮箱传动装置具有传递牵引力矩和传动制动力的作用。齿轮箱悬挂装置固定在转向架构架上，具有支撑齿轮传动装置和调节齿轮箱的作用。 	手电筒、笔、笔记本	进行结构认知时注意安全，戴好安全帽、手套，防止受伤	

五、实训考核标准（见表3-1-3）

表 3-1-3 实训考核标准

项目	标准	配分	得分
转向架整体认知实训考核	能够叙述出转向架认知的整体实训过程	10	
构架认知考核	能够在真实设备上识别出构架	10	
轴箱认知考核	能够在真实设备上识别出轴箱	10	
轮对认知考核	能够在真实设备上识别出轮对	10	
车门整体认知考核	能够在真实设备上识别出车门部件	10	
一系悬挂认知考核	能够在真实设备上识别出一系悬挂	10	
二系悬挂认知考核	能够在真实设备上识别出二系悬挂	10	
基础制动装置认知考核	能够在真实设备上识别出上基础制动装置	10	
牵引装置认知考核	能够在真实设备上识别出牵引装置	10	
驱动装置认知考核	能够在真实设备上识别出驱动装置	10	

六、思考题

（1）在转向架中控制列车运行速度的装置是什么？

（2）转向架中的一系悬挂和二系悬挂的区别和各自的作用是什么？

任务二　转向架日常检查

一、实训目的

（1）通过实训演练让学生们进行转向架的日常检查。

（2）通过实训演练让学生进一步了解转向架的各个部件的结构和运作原理。

二、理论链接

转向架又称走行部，位于车体底架和钢轨之间，它是支承车体垂直载荷，产生并传递牵引力和制动力，引导车辆沿着轨道运行的走行装置。每一车辆的两端设有一台两轴转向架，其结构是否合理将直接影响车辆的运行品质、动力性能和行车安全，所以转向架是车辆最重要的部件之一。

转向架分类：

（1）从转向架结构形式分，有构架式和侧架式。

（2）从二系悬挂结构分，包括有摇动台、无摇动台及无摇枕结构转向架等。

（3）从二系悬挂弹簧形式分，有椭圆弹簧、圆弹簧及空气弹簧悬挂转向架等。

（4）从车轴的数目分，有 2 轴、3 轴和多轴转向架。

（5）从车轴的轴型分，有 B、C、D、E 四种轴型转向架。

（6）从轴箱定位结构分，有导柱式、拉板式、拉杆式、转臂式和橡胶弹簧式轴箱定位转向架等。

三、实训要求

1. 实训时间

教学课时为 2 课时。

2. 实训形式

学生每 5 人组成 1 个工作小组，各小组根据实训课程任务制定实训实施方案，每个小组选出 1 名组长，协助老师指导本组学生进行实训。

3. 安全注意事项

（1）未经教师或管理员允许不得擅自操作。

（2）在万用表使用过程中，注意万用表挡位的调节，同时避免用手触碰表笔的金属部分。

（3）须严格按照上电顺序进行上电。

4. 工器具材料准备

（1）防护用品，包括防滑鞋、绝缘手套、工作服等。

（2）工具，包括手锤、油壶、套筒、万用表等。

（3）个人用品，包括笔、笔记本等。

四、实训作业步骤

1. 实训流程（见图 3-2-1）

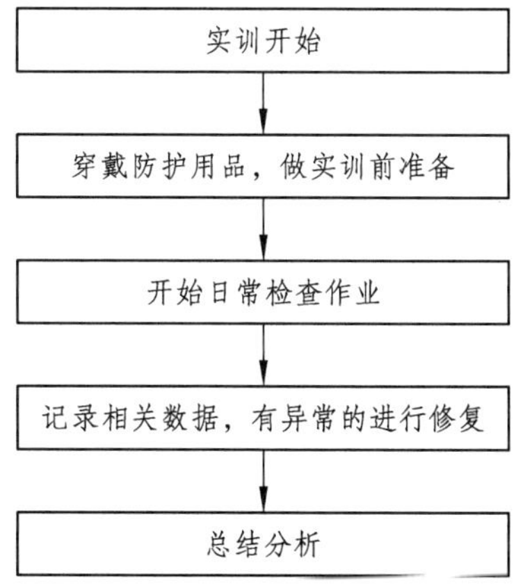

图 3-2-1　实训操作流程

2. 实训作业流程（见表 3-2-1）

表 3-2-1　实训作业流程

工序	实训内容	检查标准	使用工具	安全注意事项	作业结果记录
1	构架检查	（1）构架组成表面无划伤、磕碰伤，焊接无裂纹，表面油漆无脱落，如有脱落需要找补油漆。 （2）记录异常点状态（详细描述异常点所在零部件名称、相对位置、状态）。 （3）目视检查构架内外侧、电机安装、齿轮箱安装吊杆、牵引拉杆座等，各螺纹连接件防松标记是否清晰、明显，无错位、漏涂；防松标记模糊的，清除原有防松标记，重新涂打	油漆笔、酒精、擦拭布、手电筒	戴好安全帽、手套，防止受伤	
2	车轮检查	踏面擦伤、剥离、硌伤不超限。 （1）擦伤：长度≤30 mm 并不多于两处。 （2）剥离长度：一处≤50 mm；两处≤40 mm。 （3）硌伤：长度≤25 mm	车轮第四种检查器、钢直尺	戴好安全帽、手套，防止受伤	
3	车轴检查	车轴涂层应无底漆脱落或漏出金属层。 如有需补漆，修复涂层	—	戴好安全帽、手套，防止受伤	
4	轮对轴箱检查	（1）检查轮对轴箱定位装置各部件安装螺栓的止动垫片状态是否良好。 （2）防松标记模糊的，清除原有防松标记，重新涂打防松标记（详细描述异常点所在零部件名称、相对位置、状态）。 （3）轴箱前盖表面目视检查是否存在裂纹、油漆脱落异常	油漆笔、油污清洗剂、擦拭布、手电筒	戴好安全帽、手套，防止受伤	

续表

工序	实训内容	检查标准	使用工具	安全注意事项	作业结果记录
5	轴箱弹簧/垂向液压减振器检查	（1）垂向减振器外观应无油漆脱落、渗油、漏油。 （2）橡胶节点应无开裂、变形等缺陷。 （3）螺栓处于紧固状态。 （4）防松标记模糊的，清除原有标记，重新涂打防松标记	—	戴好安全帽	
6	空气弹簧检查	（1）目视检查空气弹簧防护盖，空气弹簧橡胶气囊的表面是否有划伤、裂纹、磨损、鼓包、脱胶等缺陷。如有上述状态更换空簧（详细描述异常点所在零部件名称、相对位置、状态）。 （2）目视检查气囊与上面板、橡胶座之间是否有尘垢；如有清除各部位，尤其是气囊与上面板、橡胶座之间的尘垢	擦拭布	戴好安全帽、手套，防止受伤	
7	高度阀/差压阀检查	外观检查	—	戴好安全帽、手套，防止受伤	
8	横向止挡检查	（1）高度阀调整杆外观检查、调整杆手动活动是否顺畅。 （2）检查横向橡胶止挡的完整性和损坏情况（详细描述异常点所在零部件名称、相对位置、状态）。 （3）检查橡胶件是否有深度裂纹、切口、老化和与金属表面分离。如有必要，应更换橡胶止挡。 （4）检查底板和垫片的安装位置是否正确，无损坏。 （5）检查横向橡胶止挡上安装螺栓状态良好，无松动。防松标记模糊的，清除原有防松标记，重新涂打防松标记	油漆笔、油污清洗剂、擦拭布、塞尺	戴好安全帽、手套，防止受伤	

续表

工序	实训内容	检查标准	使用工具	安全注意事项	作业结果记录
8	横向止挡检查	（6）检查构架上横向止挡与牵引销两侧面的横向间隙并安装调整垫，应满足塞尺测量单侧间隙（10±1）mm的要求，可通过调整垫进行调整，符合要求后紧固安装螺栓	油漆笔、油污清洗剂、擦拭布、塞尺	戴好安全帽、手套，防止受伤	
9	牵引电机与齿轮箱检查	（1）检查牵引电机安装螺栓紧固良好，无遗落；防松标记模糊的，清除原有防松标记，重新涂打防松标记（详细描述异常点所在零部件名称、相对位置、状态）。 （2）检查齿轮箱及联轴节安装状态良好，无异常；防松标记模糊的，清除原有防松标记，重新涂打防松标记（详细描述异常点所在零部件名称、相对位置、状态）。 （3）检查齿轮箱悬挂托架外观状态。 （4）齿轮箱润滑油无泄漏现象、齿轮箱箱体等部位无异常变色。透过油位观察窗查看油位是否正常；齿轮箱润滑油有色无发黑或乳化现象	油漆笔、油污清洗剂、擦拭布	戴好安全帽、手套，防止受伤	
10	转向架配管检查	（1）管接头、钢管等无损伤、无变形，接头螺纹完好。 （2）防松标记模糊的需重新涂打防松标记	油漆笔、油污清洗剂、擦拭布	戴好安全帽、手套，防止受伤	

五、实训考核标准（见表3-2-2）

表 3-2-2　实训考核标准

项目	标准	配分	得分
整体实训过程考核	能够叙述出转向架日常检查的整体实训过程	10	
构架检查	能够按照任务书进行构架检查并记录其真实状态	9	
车轮检查	能够按照任务书进行车轮检查并记录其真实状态	9	
车轴检查	能够按照任务书进行车轴检查并记录其真实状态	9	

续表

项目	标准	配分	得分
轮对箱检查	能够按照任务书进行轮对箱检查并记录其真实状态	9	
轴箱弹簧/垂向液压减振器检查	能够按照任务书进行轴箱弹簧/垂向液压减振器检查并记录其真实状态	9	
空气弹簧检查	能够按照任务书进行空气弹簧检查并记录其真实状态	9	
高度阀/差压阀检查	能够按照任务书检查高度阀/差压阀并记录其真实状态	9	
横向止挡检查	能够按照任务书进行横向止挡检查并记录其真实状态	9	
牵引电机与齿轮箱检查	能够按照任务书进行牵引电机与齿轮箱检查并记录其真实状态	9	
转向架配管检查	能够按照任务书进行转向架配管检查并记录其真实状态	9	

六、思考题

为什么要调节上下部塞出动作?

任务三　转向架零部件测量

一、实训目的

（1）通过实训让学生可以学习转向架零部件的测量流程。
（2）通过实训让学生进一步了解转向架的组成结构和零部件的各个参数。

二、理论链接

地铁转向架应该满足以下要求：

（1）悬挂装置可以根据客流的变化调整其刚度，以保证车辆客地板面与站台面的高度相协调，方便旅客的乘降，这对城轨列车尤为重要。

（2）转向架的结构便于弹簧减振装置的安装，以使其具有良好的减振特性，缓和车辆和线路之间的相互作用，减小振动和冲击，提升车辆运行的平稳性和安全性。

（3）对动力转向架来说，还要便于安装牵引电机及传动装置，以提高车辆的动力。

（4）转向架是车辆的一个独立部件。在转向架与车体之间的连接件少，结构简单，装拆方便，便于转向架独立制造和维护。

铁道车辆车轮第四种检查器：具有测量车轮踏面圆周磨耗，轮缘厚度，踏面擦伤、剥离、凹陷长度和宽度，轮辋厚度，轮辋宽度，踏面碾宽超限，轮缘垂直磨耗超限等功能，详细如图 3-3-1 所示。

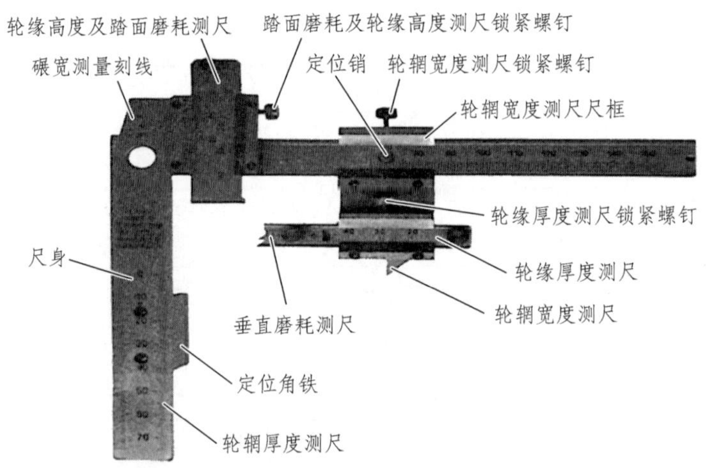

图 3-3-1　铁道车辆车轮第四种检查器

地铁转向架的牵引装置主要是用来传递牵引力与制动力。其中，对其性能影响最重要的两大因素是结构形式和布置方式。若想提高地铁的运行性能，事实上就是要尽量降低轴重转移。地铁的轴重转移是指在牵引工况的时候产生了轴荷重的改变。产生这种改变的主要原因是由于作用在地铁上的外力——轮固牵引力与车钩牵引力不在一个作用面高度，这就导致产生了力偶。最终造成了前后转向架各轴的荷载不同。此外，因为在机车起动的时候以及上坡的时候，机车的载荷量要比平路以及下坡的时候大很多，所以轴重转移在地铁起动的时候以及上坡的时候产生的影响更大。车辆最大的轴重转移量计算公式如下：

$$\Delta G=(H\times 1+(L-1)\times \mathrm{h})\times F/L\times 1$$

由公式可知，要想减少 ΔG，就要使 L 或者 h 尽量降低，尽量减少车辆中心距与牵引点的高度。因此，在改善地铁性能的时候，应当从这方面入手。

三、实训要求

1. 实训时间

教学课时为 1 课时。

2. 实训形式

学生每 5 人组成 1 个工作小组，各小组根据实训课程任务制定实训实施方案，每个小组选出 1 名组长，协助老师指导本组学生进行实训。

3. 安全注意事项

（1）未经教师或管理员允许不得擅自操作。

（2）在万用表使用过程中，注意万用表挡位的调节，同时避免用手触碰表笔的金属部分。

（3）须严格按照上电顺序进行上电。

（4）进行整体认知前需要切断电源。

（5）在进行转向架零部件测量时需要佩戴好安全帽，防止零部件掉落砸伤。

4. 工器具材料准备

（1）防护用品，包括防滑鞋、绝缘手套、工作服等。

（2）工具，包括手锤、油壶、套筒、万用表等。

（3）个人用品，包括笔、笔记本等。

四、实训作业步骤

1. 实训流程（见图 3-3-2）

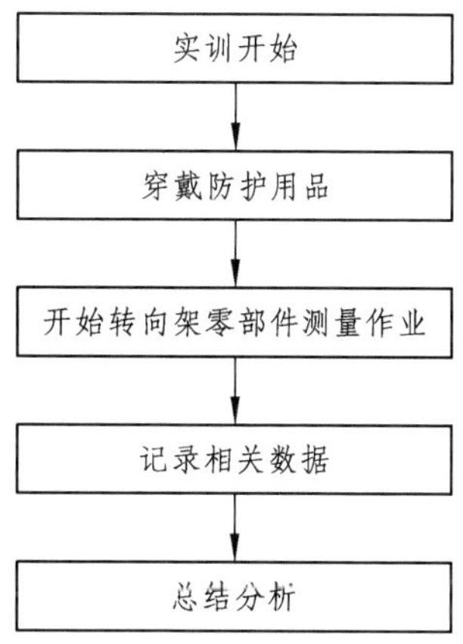

图 3-3-2　实训操作流程

2. 实训作业流程（见表 3-3-1）

表 3-3-1　实训作业流程

工序	实训内容	检查标准	使用工具	安全注意事项
1	车轮检查测量	（1）目视检查轮对是否达到了使用限度，轮径大于 770 mm 刻度线。 （2）轮缘厚度（32±0.5）mm 与轮缘垂直磨耗（>0 mm），按车轮圆周任意三等分位置测量三处取平均值。 测量方法：移动轮辋宽度测尺尺框，使定位销落入；将定位角铁与车轮轮辋内侧面密贴，并使轮辋宽度测头与车轮踏面接触。推动轮缘厚度测尺使其测量头与轮缘接触，从游标中读取轮缘厚度值。推动垂直磨耗测尺与轮缘接触，只要轮缘厚度尺的 0 刻线与垂直磨耗尺的 0 刻线不对齐，即为合格。 （3）轮缘高度（27±0.5）mm 和轮缘磨耗值 0~7 mm，按车轮圆周任意三等分位置测量三处取平均值。	车轮第四种检查器、钢直尺	检查时戴好手套，防止割伤

续表

工序	实训内容	检查标准	使用工具	安全注意事项
1	车轮检查测量	以轮槌内侧面定位，测量踏面滚动圆（轮辋内侧面至踏面 70 mm）上任一点与轮缘顶点的距离 D。按照下述步骤操作，完成测量：移动轮槌宽度测尺尺框，使定位销落入销孔内，然后紧固上部锁紧螺钉。将定位角铁与车轮轮碾内侧面密贴，并使轮槌宽度测头 4 与车轮踏面接触。推动轮缘高度及踏面圆周磨耗测尺使其下端测量面与车轮缘接触。从右边游标读取轮缘高度值，从左边边游标读取轮缘磨耗值	车轮第四种检查器、钢直尺	检查时戴好手套，防止割伤
2	轮盘制动盘检查与测量	检查裂纹是否存在下列两种情况（详细描述异常点所在零部件名称、相对位置、状态）。 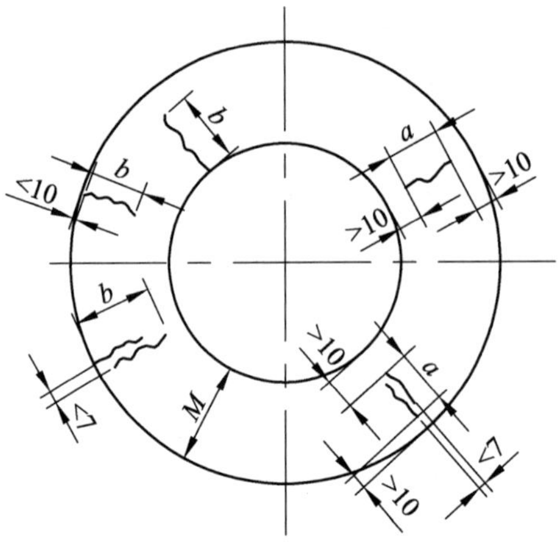 （1）“a”是单道裂纹与内径和外径之间均有大于 10 mm 的距离；两道裂纹间有小于 7 mm 的距离。a<80 mm 的裂纹允许存在；如若超限需要更换。 （2）“b”是单道裂纹接触到内径或外径；两道裂纹间有小于 7 mm 的距离；b<50 mm 的裂纹允许存在；如若超限需要更换	钢直尺	检查时戴好手套，防止割伤
3	轮对内侧距测量与车轴测量	按车轮圆周任意三等分位置测量轮对内侧距（需要推动转向架）。 轮对内侧距标准尺寸为 $1\,353^{+2}_{0}$ mm。 轮对内侧距任意三处相差≤1 mm	标尺式轮对内侧距尺	检查时戴好手套，防止割伤

五、实训考核标准（见表3-3-2）

表 3-3-2　实训考核标准

项目	标准	配分	得分
整体实训过程考核	能够叙述出转向架部件测量整体实训过程	25	
车轮检查测量考核	能够按照任务书测量车轮各项指标并准确记录	25	
轮盘制动盘检查与测量考核	能够按照任务书检查与测量轮盘制动盘各项指标	25	
轮对内侧距测量与车轴测量考核	能够按照任务书进行轮对内侧距测量与车轴测量	25	

六、思考题

在进行轮对内侧距测量时只取一个位置进行测量可以吗？如果不能为什么？

任务四　转向架部件更换一

一、实训目的

（1）通过实训演练让学生们进行转向架部件更换，熟悉转向架部件更换的流程以及操作。

（2）通过实训演练让学生学习转向架相关知识，打下理论基础。

二、理论链接

在轮对轴箱装置与构架之间设有一系悬挂，如图 3-4-1 所示。一系悬挂由钢弹簧、垂向减振器、转臂节点和橡胶垫组成。一系悬挂垂向承载力由钢弹簧承载，采用内外双层钢制螺旋弹簧，设置垂向减振器，衰减车辆的垂向振动；在钢弹簧与轴箱体之间设置减振橡胶垫，以缓冲高频振动。同时，橡胶垫上设有垂向挡，在车辆最大超载重量下运行或钢弹簧发生失效时，不产生较大的高度差变化，确保车辆安全运行。

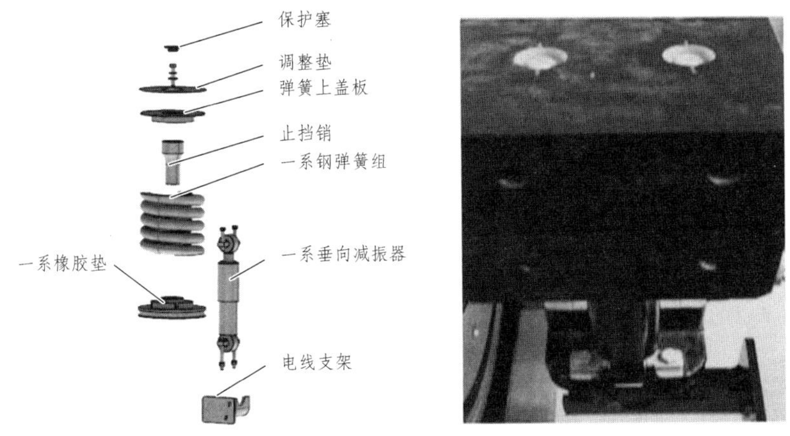

图 3-4-1　一系悬挂垂向减振器组成与实物

基础制动装置主要由制动盘、制动单元、手动缓解装置组成，闸片实物如图 3-4-2 所示。制动盘采用轮装制动盘。制动单元采用三点吊挂的方式，安装在构架侧梁上，每个轴安装一个非停放制动单元和一个带停放的制动单元。带停放制动单元可提供驻车制动与常规制动，不带停放制动单元仅提供常规制动。单元制动缸内均设有闸片间隙调整器，用于调整闸片和制动盘之间的间隙。

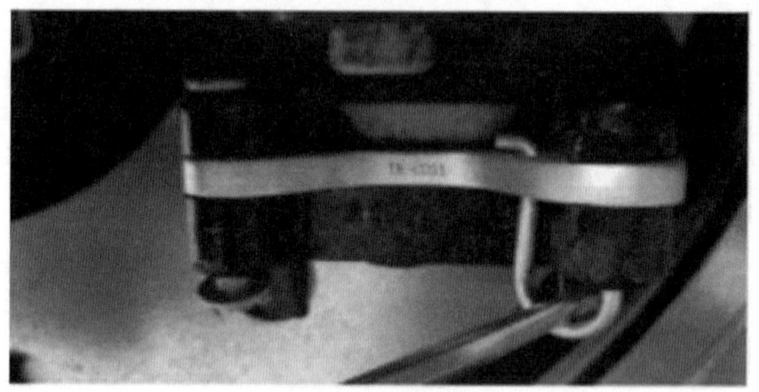

图 3-4-2　闸片

轴箱装置主要由轴箱体、轴箱轴承、轴承压盖、轴箱前盖、防尘挡圈等组成，实物如图 3-4-3 所示。由于所安装的外部设备不同，轴箱前盖、轴承压盖会有所不同。轴箱体与轴承压盖、轴箱前盖以及防尘挡圈形成良好的迷宫式密封结构，该密封结构的设计能够有效地避免外面的灰尘、杂质等进入轴箱装置内部。

图 3-4-3　轴箱前盖

零部件螺栓使用以及对应紧固扭矩表（见表3-4-1）。

表 3-4-1　零部件螺栓使用以及对应紧固扭矩

部件	螺栓规格/用途	紧固扭矩	扳手/扭力扳手
垂向减振器	M12+80（与构架连接）	70 N·m	$s = 18$ mm
	M12+110（与轴箱连接）		

续表

部件	螺栓规格/用途	紧固扭矩	扳手/扭力扳手
轴箱接地装置	M10×45	35 N·m	s = 17mm
	M8×20	10 N·m	s = 6mm
	M6×15	7 N·m	s = 5mm
轴箱轴向端盖	M20×50	230 N·m	s = 30mm
	M20 （速度传感器观察口螺钉）	120 N·m	s = 30mm
速度传感器	M8	12 N·m	s = 6mm
电机接线盒	M6×15	10 N·m	s = 12mm
	M10×15	18 N·m	s = 17mm
管路卡座	M8×20	12 N·m	s = 6mm
	M6×15	10 N·m	s = 5mm

三、实训要求

1. 实训时间

教学课时为 1 课时。

2. 实训形式

学生每 5 人组成 1 个工作小组，各小组根据实训课程任务制定实训实施方案，每个小组选出 1 名组长，协助老师指导本组学生进行实训。

3. 安全注意事项

（1）未经教师或管理员允许不得擅自操作。

（2）在万用表使用过程中，注意万用表挡位的调节，同时避免用手触碰表笔的金属部分。

（3）须严格按照上电顺序进行上电。

（4）进行整体认知前需要切断电源。

（5）在进行转向架零部件测量时需要佩戴好安全帽，防止零部件掉落砸伤。

4. 工器具材料准备

（1）防护用品，包括防滑鞋、绝缘手套、工作服等。

（2）工具，包括手锤、油壶、套筒、万用表等。

（3）个人用品，包括笔、笔记本等。

四、实训作业步骤

1. 实训操作流程（见图 3-4-4）

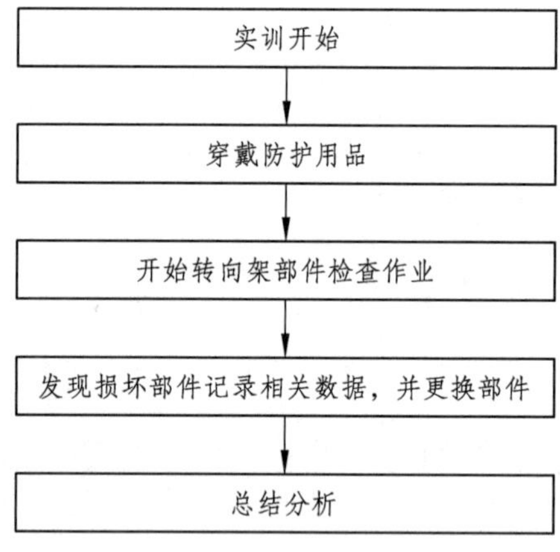

图 3-4-4　实训操作流程

2. 实训作业流程（见表 3-4-2）

表 3-4-2　实训作业流程

工序	实训内容	具体步骤	使用工具	安全注意事项
1	垂向减振器更换	（1）使用套筒扳手松开轴箱与减振器之间的螺纹连接，松开转向架上的螺纹连接，清除原有防松标记。 （2）拆下减振器，将拆下的减震器放置在规定区域，并领取新的减振器按规定扭矩进行紧固安装，之后按规定涂防松标记	扳手、扭力扳手、油漆笔、油污清洗剂、擦拭布	更换部件时注意安全，防止砸伤
2	闸片更换	（1）用扳手将闸调器端部的复位螺母顺时针旋转，使闸调器处于最短状态。 （2）拆卸闸片时一只手用圆柱形铁棒或扳手撬动弹簧夹，使闸片托挡块打开，磨耗到极限的闸片会自动脱落出燕尾槽，另一只手托住滑落下来的闸片，防止闸片自由落体，造成人员受伤或闸片本身摔伤。若闸片托挡块打开后闸片脱落受阻，可用手轻微晃动闸片使其脱落。将拆下的闸片放置在规定区域，并领取新的闸片。 （3）更换新闸片时：将新闸片燕尾对准闸片托燕尾槽，向上推动闸片，将闸片推到底时，用圆柱形铁棒或扳手撬动弹簧夹，使其恢复原来位置，这样闸片托挡块也自动复位，挡住闸片，将闸片固定在燕尾槽中，两侧间隙之和应为 3～6 mm，允许单侧虚抱	一字螺丝刀、直钢尺、开口扳手	更换部件时注意安全，防止砸伤，戴好手套，防止割伤

续表

工序	实训内容	具体步骤	使用工具	安全注意事项
3	轴箱前盖更换	（1）松开轴箱前盖的螺纹连接，清除原有防松标记。 （2）拆下轴箱前盖，将拆下的轴箱前盖放置在指定区域。领取新的轴箱前盖，在主密封橡胶圈上涂抹乐泰 8023 润滑剂。将新的轴箱端盖复位，并按规定扭矩对轴箱进行安装，然后按规定涂防松标记	棘轮扳手、扭矩扳手、螺丝刀、套筒、油漆笔、油污清洗剂、擦拭布	更换部件时注意安全，防止砸伤，戴好手套，防止割伤
4	速度传感器安装	（1）松开观察口螺钉，清除原有防松标记。 （2）将传感器用 M6 内六角螺钉固定在轴箱端盖上，通过观察口观察并用塞尺测量传感器探头和测速齿盘之间的间隙是否为 1 mm，如不满足，使用垫片调节安装高度	内六角扳手、套筒、塞尺、油漆笔、油污清洗剂、擦拭布	更换部件时注意安全，防止砸伤，戴好手套，防止割伤

五、实训考核标准（表3-4-3）

表3-4-3 实训考核标准表

项目	标准	配分	得分
转向架部件更换考核	能够叙述转向架部件更换的整体实训考核流程	20	
垂向减振器更换考核	能够按照任务书正确更换垂向减振器	15	
闸片更换考核	能够按照任务书正确更换闸片	15	
轴箱前盖更换考核	能够按照任务书正确更换轴箱前盖	10	
速度传感器安装考核	能够按照任务书正确安装速度传感器	10	

六、思考题

在电机接线更换中，为什么要使密封接头的黑色密封胶圈凸出白色衬套 1 mm?

任务五　转向架部件更换二

一、实训目的

（1）通过实训演练让学生们进行转向架部件更换，熟悉转向架部件更换的流程以及操作。

（2）通过实训演练让学生学习转向架相关知识，打下理论基础。

二、理论链接

（1）在每次碳刷检查或更换时，要将刷架向下的部件也就是轴箱上的碳沉淀粉尘清除。清洁这些碳沉淀粉尘需要使用清洗液或压缩空气。注意：禁止使用真空吸尘机或毛刷子。

（2）基础制动管路为基础制动装置供风。基础制动管路安装在构架上，主要为基础制动提供风源的传递。表 3-5-1 为零部件螺栓使用以及对应紧固扭矩。

表 3-5-1　零部件螺栓使用以及对应紧固扭矩

部件	螺栓规格/用途	紧固扭矩	扳手/扭力扳手
垂向减振器	M12+80（与构架连接）	70 N·m	s = 18 mm
	M12+110（与轴箱连接）		
轴箱接地装置	M10×45	35 N·m	s = 17 mm
	M8×20	10 N·m	s = 6 mm
	M6×15	7 N·m	s = 5 mm
轴箱轴向端盖	M20×50	230 N·m	s = 30 mm
	M20（速度传感器观察口螺钉）	120 N·m	s = 30 mm
速度传感器	M8	12 N·m	s = 6 mm
电机接线盒	M6×15	10 N·m	s = 12 mm
	M10×15	18 N·m	s = 17 mm
管路卡座	M8×20	12 N·m	s = 6 mm
	M6×15	10 N·m	s = 5mm

三、实训要求

1. 实训时间

教学课时为 1 课时。

2. 实训形式

学生每 5 人组成 1 个工作小组，各小组根据实训课程任务制定实训实施方案，每个小组选出 1 名组长，协助老师指导本组学生进行实训。

3. 安全注意事项

（1）未经教师或管理员允许不得擅自操作。

（2）在万用表使用过程中，注意万用表挡位的调节，同时避免用手触碰表笔的金属部分。

（3）须严格按照上电顺序进行上电。

（4）进行整体认知前需要切断电源。

（5）在进行转向架零部件测量时需要佩戴好安全帽，防止零部件掉落砸伤。

4. 工器具材料准备

（1）防护用品，包括防滑鞋、绝缘手套、工作服等。

（2）工具，包括手锤、油壶、套筒、万用表等。

（3）个人用品，包括笔、笔记本等。

四、实训作业步骤

1. 转向架部件更换实训操作流程（见图 3-5-1）

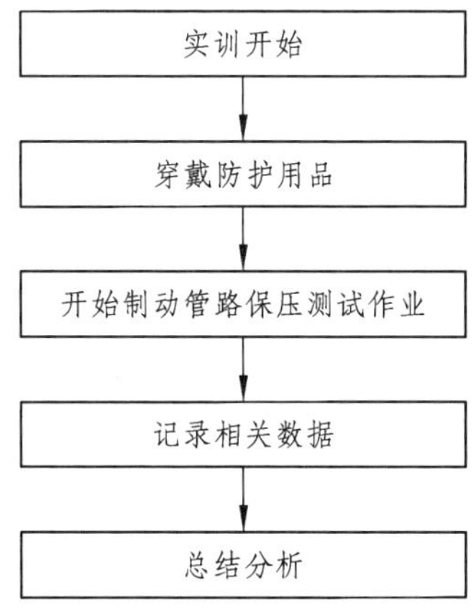

图 3-5-1　实训操作流程

2. 实训作业流程（见表 3-5-2）

表 3-5-2　实训作业流程

工序	实训内容	具体步骤	使用工具	安全注意事项
1	接地碳刷更换	（1）松开接地装置的螺纹连接，拆下接地装置端盖3个内六角螺钉、清除原有防松标记。 （2）将拆下的接地装置端盖放置在规定区域，拆下弹簧片、连接线的3个内六角螺钉，取出碳刷，测量碳刷高度，是否达到磨耗极限（5mm以内），如果达到或接近极限，领取新的碳刷进行更换。 （3）将接地装置按规定扭矩进行安装之后，按规定涂打防松标记	内六角扳手、套筒、扭矩扳手、直钢尺、油漆笔、油污清洗剂、擦拭布	更换部件时注意安全，防止砸伤，戴好手套，防止割伤
2	制动管更换	（1）检查接头、管路状态，如有异常，更换。 （2）拆下管卡，松开管路接头，取出旧管并用管路专用密封堵盖封闭保留管路，清除原有防松标记。 （3）取得新管，选取对应直径的管路清洁枪头和海绵子弹对新管进行清洁，用收集箱收集子弹，使用对应钢球进行过球试验，用收集箱收集钢球，用管路专用密封盖封闭验证后的管路。	内六角扳手、套筒、扭矩扳手、直钢尺、油漆笔、油污清洗剂、擦拭布	更换部件时注意安全，防止砸伤，戴好手套，防止割伤

续表

工序	实训内容	具体步骤	使用工具	安全注意事项
2	制动管更换	重新安装制动管，安装管路接头前取下管路专用密封堵，用手将螺纹旋紧，再用扳手施加紧固力，当用手将螺母拧紧到接头体根部，再用开口扳手体会力矩激增点（力矩明显上升的一点）。用绿色标记笔沿螺母和接头体水平方向画一条直线形成力矩激增基准线，再用开口扳手分别卡在接头体和螺母上，接头体扳手不动，紧固螺母扳手顺时针再拧紧1/4圈，防松标记涂打贯穿连接件和被连接件，即完成管路接头安装。然后安装管卡，并重新做防松标记	内六角扳手、套筒、扭矩扳手、直钢尺、油漆笔、油污清洗剂、擦拭布	更换部件时注意安全，防止砸伤，戴好手套，防止割伤
3	电机接线更换	（1）松开电机接线盒的螺纹连接，拆下连接线的螺钉，松开电缆线密封接头，清除原有防松标记；拆下电机三相线。 （2）将拆下线缆放置在规定区域，领取新的线缆、接线端子、热缩管；根据所提供的端子和工具采用相对应的压接方式和压接标准，使用手动液压压线钳对导线和接线端子进行压接。 ① 套 70 mm 长绝缘热缩管，距离接线端子顶部 35 mm；套 25 mm 长三相标记热缩管，距离接线端子顶部 150 mm；用热风枪加热热缩管将其固定在线缆上。 ② 紧固接线端子的紧固螺丝，重新标记防松标记。 ③ 紧固电缆线束密封接头，线束居中并且密封接头的黑色密封胶圈凸出白色衬套 1 mm。 （3）紧固电机接线盒螺丝，重新标记电机接线盒螺钉和电缆线束接头的防松标记	活口扳手、扭矩扳手、套筒、手动压接钳、油漆笔、油污清洗剂、擦拭布	更换部件时注意安全，防止砸伤，戴好手套，防止割伤

五、实训考核标准（见表3-5-3）

表 3-5-3　实训考核标准

项目	标准	配分	得分
转向架部件更换整体实训考核	能够简单叙述出转向架部件更换的整体实训考核流程	30	
接地碳刷更换考核	能够按照任务书正确更换接地碳刷	25	
制动管更换考核	能够按照任务书正确更换制动管	25	
电机接线更换考核	能够按照任务书正确更换电机接线	20	

六、思考题

在电机接线更换中，为什么要使密封接头的黑色密封胶圈凸出白色衬套 1mm?

任务六　转向架制动管路保压试验

一、实训目的

（1）通过实训演练让学生们学习转向架的气路控制原理。
（2）通过实训演练让学生掌握转向架制动气路保压测试的操作流程。

二、理论链接

1. 转向架配管原理（见图 3-6-1）

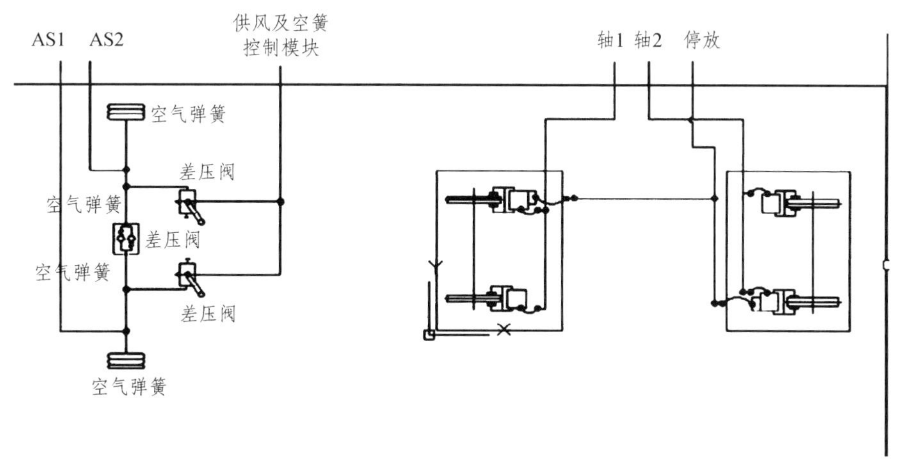

图 3-6-1　转向架配管原理

2. 气密性要求

（1）试验压力 500 kPa。
（2）加压时间：保压 10 min，泄漏量不允许超过 10 kPa，所有管路接头无泄漏。

3. 转向架配管与保压测试试验装置连接方法

将保压软管接头与转向架上要进行保压试验接头硬管连接，在扳手开始用力时再拧 1/4 圈即可完成连接。

三、实训要求

1. 实训时间

教学课时为 1 课时。

2. 实训形式

学生每 5 人组成 1 个工作小组，各小组根据实训课程任务制定实训实施方案，每个小组选出 1 名组长，协助老师指导本组学生进行实训。

3. 安全注意事项

（1）未经教师或管理员允许不得擅自操作。

（2）在万用表使用过程中，注意万用表挡位的调节，同时避免用手触碰表笔的金属部分。

（3）须严格按照上电顺序进行上电。

（4）进行整体认知前需要切断电源。

（5）在进行转向架零部件测量时需要佩戴好安全帽，防止零部件掉落砸伤。

4. 工器具材料准备

（1）防护用品，包括防滑鞋、绝缘手套、工作服等。

（2）工具，包括手锤、油壶、套筒、万用表等。

（3）个人用品，包括笔、笔记本等。

四、实训作业步骤

1. 转向架制动管路保压实训流程（见图 3-6-2）

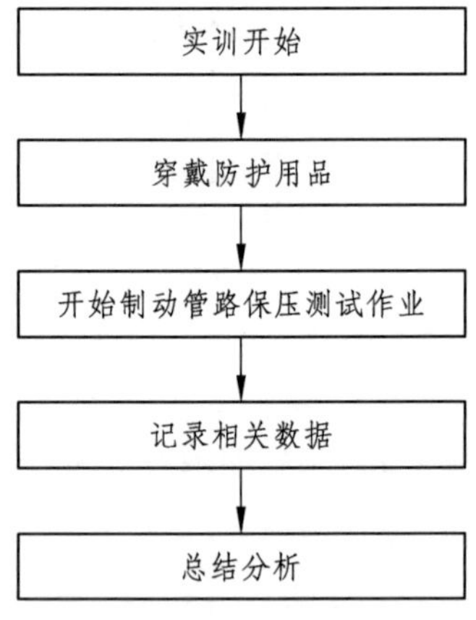

图 3-6-1 实训操作流程

2. 实训作业流程（见表 3-6-1）

表 3-6-1　实训作业流程

步骤	操作	图示
1	（1）到达保压实验装置放置区域，查看装置各零部件状态，以及管路连接用的工具状态。 （2）将保压试验装置由放置区域推至转向架附近规定区域	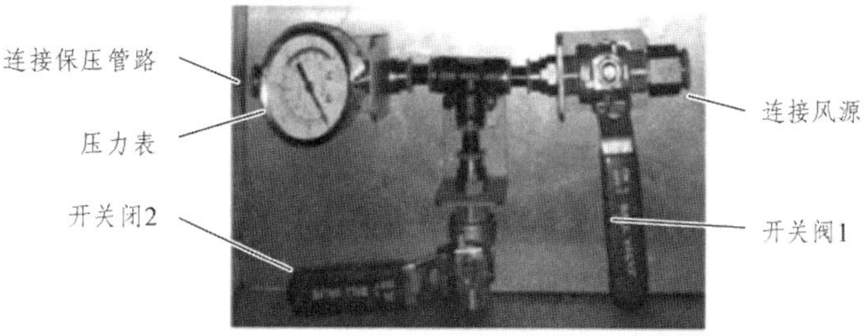 连接保压管路 压力表 开关闭2 连接风源 开关阀1
2	（1）拿取保压试验装置上的管路连接工具。 （2）连接需要做保压的转向架管路接口，并确认连接状态	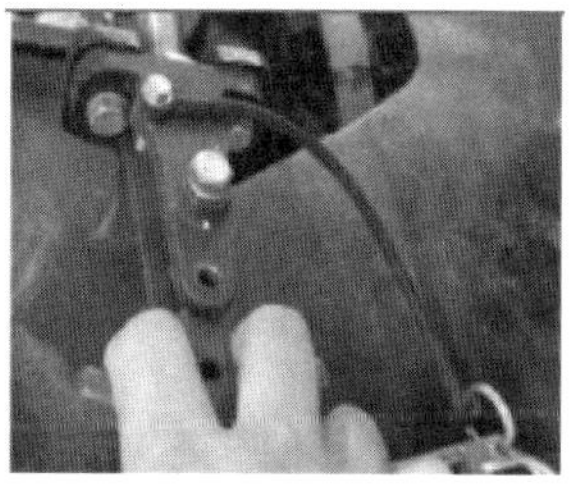
3	（1）开启气源；打开保压实验装置的截断塞门。 （2）检查调压装置压力设置，等待管路压力上升到试验规定数值（500 kPa）	
4	（1）关闭保压实验装置的截断塞门，同时开始计时。 （2）观察压力表，压力变化同时检查管路接头是否漏气，保压时间 10 min，压降小于 10 kPa	
5	（1）试验完成后，拿取管路连接工具。 （2）拆卸保压实验装置与转向架的管路连接接口	
6	（1）归位管路连接工具。 （2）将保压试验装置推回原位	

五、实训考核标准（见表3-6-2）

表 3-6-2　实训考核标准

项目	标准	配分	得分
转向架制动管路保压试验整体作业考核	能够简单叙述出转向架制动管路保压试验的整体实训流程	30	
转向架配管气路原理考核	能够清晰解释转向架配管气路原理，说出原理图中各个元件名称	35	
保压试验操作考核	能够按照任务书正确操作完成保压试验	35	

六、思考题

如何判断管路接头是否漏气？需要用到哪些工具？

项目四 车钩实训演练

任务一 车钩的结构组成与原理

一、实训目的

通过学习，使学员熟悉车钩的结构组成和工作原理。

二、理论链接

1. 城轨车钩

城轨地铁列车是由一节节车厢连接起来形成的，把车厢连接起来的装置称为车钩，虽然车钩看上去不像钩子。

城市轨道交通车辆的车钩根据其结构和功能分为全自动车钩、半自动车钩和半永久车钩三种。

（1）全自动车钩如图4-1-4所示。

位于首车前端，用于和其他列车连接，连挂或解钩时其机械、气路、电路可以实现自动连接或分离，也可人工解钩。两列车的连接只需由一列车轻轻地撞上另一列车即可。当车钩以机械方式挂钩时，空气管道及电气接头也会自动完成连接，故称为全自动车钩。全自动车钩的主要作用是用一列功能运行都正常的 6 节编组列车去救援一列故障的 6 节编组列车。这种情况只有在紧急情况下才会发生，也就是说当一列故障列车由于技术问题不能自行运行，而又必须马上拖走，以保证其他列车的安全通过。

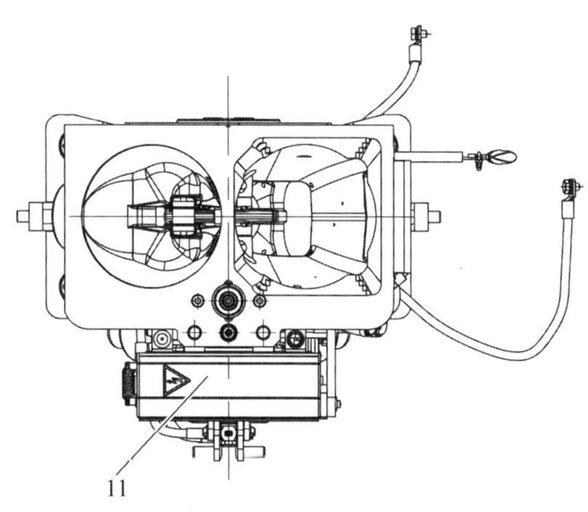

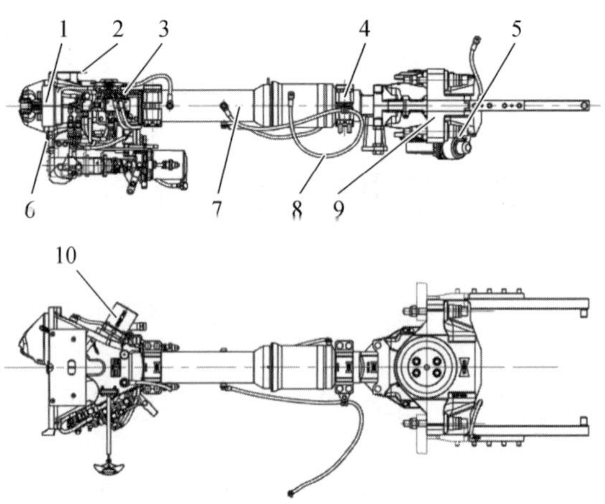

1—带车钩锁的机械钩头；2—盖板；3—车钩控制；4—卡环；5—对中装置；6—风管接头；7—车钩牵引杆；8—接地系统；9—橡胶垫钩尾座；10—解钩气缸；11 电气钩头。

图 4-1-1　全自动车钩

➢　机械钩头（见图4-1-2）。

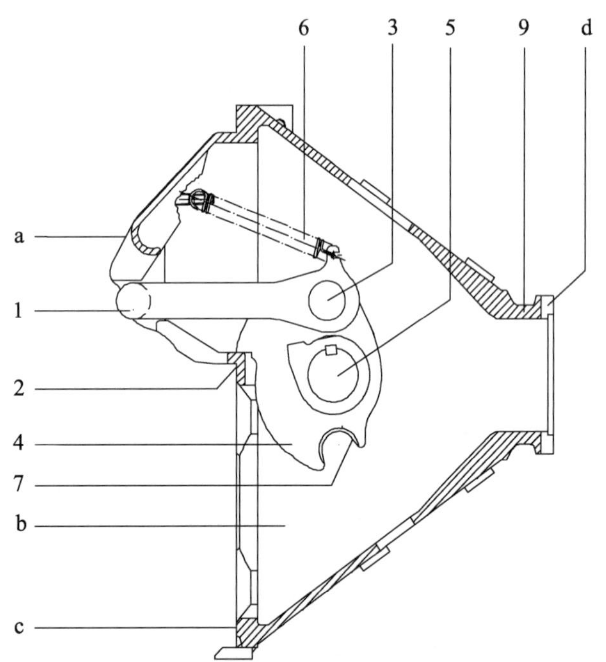

a—凸锥；b—凹锥；c—车钩端面；d—卡环法兰；1—钩舌；2—止挡；3—钩舌销；4—钩板；5—中枢；6—拉簧；7—钩锁虎口；9—车钩头外壳。

图 4-1-2　机械钩头

车钩头的车钩锁确保两节车厢之间的机械连接。表面有凸锥和凹锥，允许车钩自动对齐和同心，在水平和垂直方向提供一个大的连挂范围。

车钩头表面配有宽而扁的边缘以吸收缓冲力。牵引力通过车钩锁（钩板、钩舌、中枢和拉簧）传递。牵引和缓冲负载从车钩传送到车厢底架。

➢ 车钩锁。

车钩锁有三个操作位置。

（a）准备连挂（见图4-1-3）。

钩舌腹板靠近凸锥边缘，钩板通过拉簧压入，顶住车钩头外壳里的止挡。

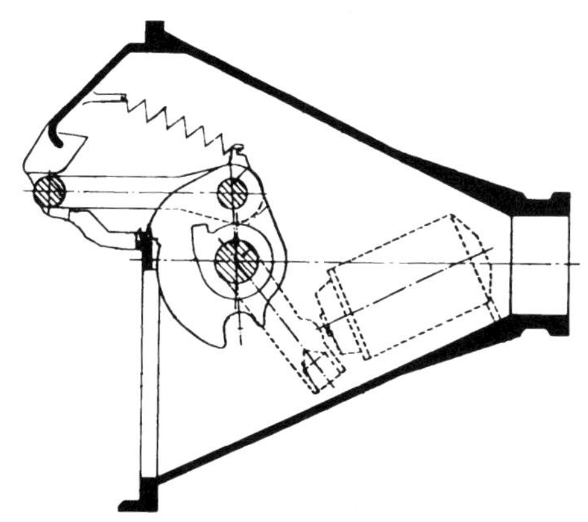

图 4-1-3 准备连挂

（b）已连挂（见图4-1-4）。

当车钩表面配合时，钩舌被压向对侧车钩的钩板上。车钩锁抵抗拉弹簧的作用力转动，直至将钩舌与钩板槽啮合。此后钩板受拉弹簧的作用，向后转动到已连挂位置。车钩锁闭锁。车钩锁的位置分成准备挂连模式和已挂连模式。因此，这种类型的车钩锁被称为只有一位的锁。

当车厢连挂后，锁紧装置会形成一个平行四边形，这样可以将牵引荷载均匀地分布在两个钩锁装置上。意外解钩是不可能的。车钩锁只受到拉伸负荷的影响，负荷均匀地分布在平行四边形的两个钩舌上。普通的磨损不会影响车钩锁的安全。

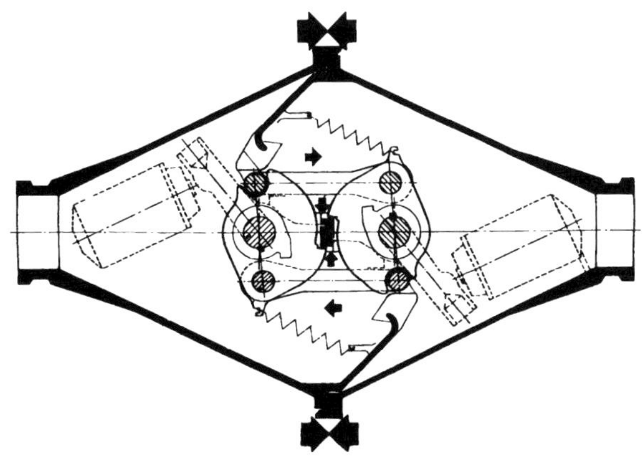

图 4-1-4 已连挂

（c）解钩（见图4-1-5）。

解钩时，车钩锁抵抗拉簧的作用力转动，直至将连杆从钩板槽中释放出来。当其中一个钩舌在钩板槽后部啮合时，车钩锁保持在这个位置。车厢分离后，解开上锁的钩舌，通过使用拉簧允许钩锁向后转，把车钩舌推前。车钩锁再次准备连挂。

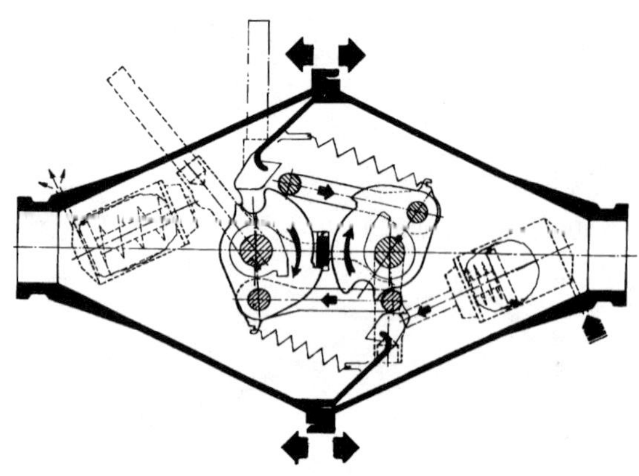

图 4-1-5　解钩

气动解钩装置。

解钩装置可以使车钩锁释放。解钩可以在司机室内（按键：=72-S02）进行遥控或在轨道旁（紧急情况下）手动实现。

主风缸空气管路的连接与解开。

空气管路的连接布置在车钩头上并安装在一个保护性的外套内。连接的结合口凸出车钩表面约8 mm，在耦合时将耦合车钩的结合口按下。这样为空气管路的连接提供了一个紧密的密封。

电气头操纵机构。

电气头操纵机构用于向前向后移动车钩上方的电气头。

（2）半自动车钩如图4-1-6所示。

用于将两个单元连接起来，包括机械连接和气路连接，但不包括电路的连接，在车钩完成机械连接的同时两车的气路会实现连接，但两车的电路必须另外由人工进行连接。

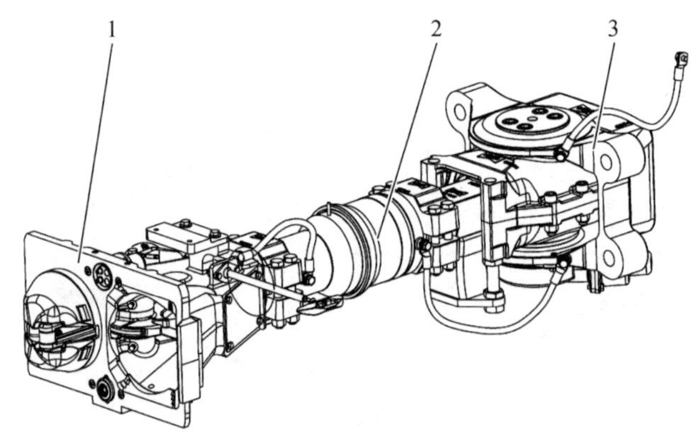

1—带车钩锁的机械钩头；2—车钩牵引杆；3—橡胶垫钩尾座。

图 4-1-6　半自动车钩

（3）半永久车钩。

半永久车钩又称为牵引杆，用于同一单元内两节车之间的机械连接。两车之间气路和电路的连接不包括在内，需要另外解决，其连接和解钩都需要人工用专用工具操作完成，如图 4-1-7 和图 4-1-8 所示。

除了上述种类的车钩以外，还有“过渡车钩”，通常是为了救援，用于在不同种类的车钩之间实现临时的机械连接，如图 4-1-7 和图 4-1-8 所示。

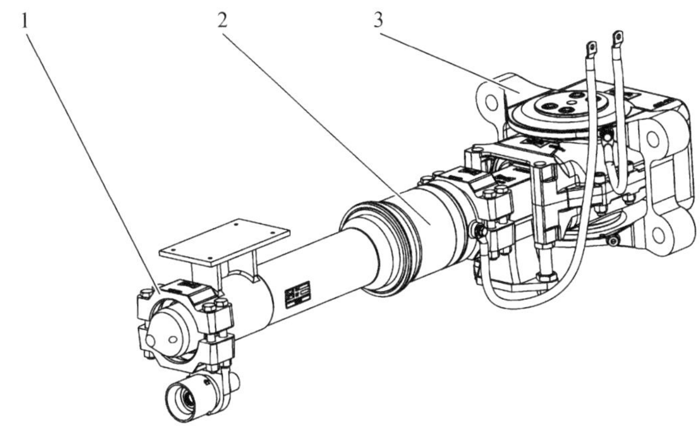

1—卡环；2—车钩牵引杆；3—橡胶垫钩尾座。

图 4-1-7　带压溃管的半永久车钩

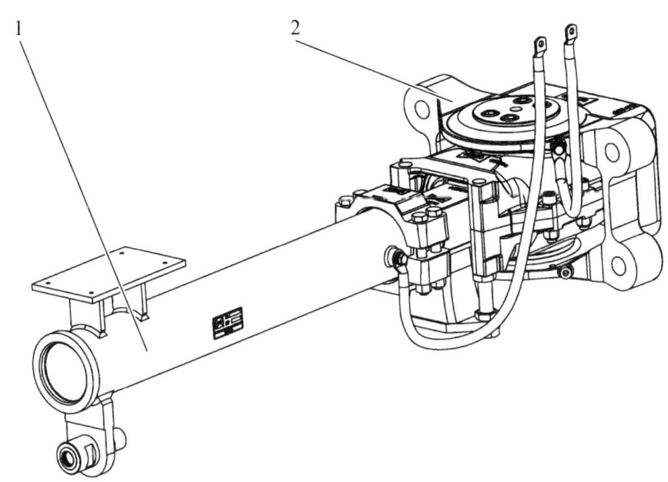

1—压溃管；2—车钩安装底座。

图 4-1-8　不带压溃管的半永久车钩

三、实训要求

1. 实训时间

教学课时为 2 课时。

2. 实训形式

在实训室结合实物车钩进行结构组成和原理的讲解。学生每 5 人组成 1 个工作小组，各小组制定实施方案及工作计划。每个小组选出 1 名组长，协助教师指导本组学生学习，检查实训进度和质量，制定改进措施，共同完成项目任务。

3. 实训注意事项

认知时注意安全，避免磕碰。

4. 工器具材料准备

车钩实训教材等。

四、实训作业步骤

1. 实训操作流程（见图 4-1-9）

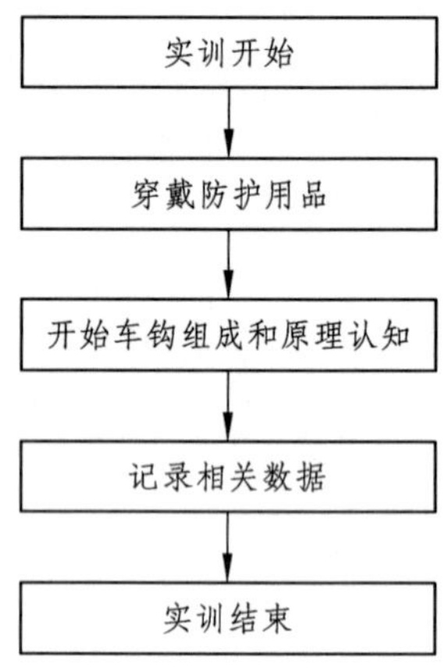

图 4-1-9　实训操作流程

2. 实训作业流程（见表 4-1-2）

表 4-1-2　实训作业流程

工序	实训内容	作业结果记录
1	自动车钩组成与原理认知	
2	半自动车钩组成与原理认知	
3	半永久车钩组成与原理认知	

五、实训考核标准（见表4-1-3）

表 4-1-3 实训考核标准

项目	标准	配分	得分
车钩分类	能准确分辨出全自动车钩、半自动车钩、半永久车钩	40	
车钩组成和原理	能准确说出以上三种车钩的组成和原理	60	

六、思考题

车钩连挂以后，什么工作原理保障车钩可以牢固的连挂在一起，运行过程中不会松脱?

任务二　缓冲器的检查与维护

一、实训目的

通过实训让学生掌握缓冲器的检查与维护。

二、理论链接

1. 认识缓冲器

（1）缓冲器的工作原理。

借助于压缩弹性元件来缓和冲击作用力，同时在弹性元件变形过程中利用摩擦和阻尼吸收冲击能量。

（2）缓冲器功能。

能够耗散和衰减车辆之间冲击和振动的能量。可减轻冲击和振动对车体结构的破坏作用，提高列车运行的平稳性和舒适度。

（3）缓冲器作用

缓和列车在起动、运行、制动及调车连挂时，由于车辆惯性及相互间碰撞而引起的纵向冲击和振动。

（4）缓冲器分类。

根据缓冲器的结构特征和工作原理，可分为弹簧式缓冲器、摩擦式缓冲器、橡胶缓冲器、摩擦橡胶式缓冲器、黏弹性橡胶泥缓冲器、液压缓冲器及空气缓冲器等。

2. 环弹簧缓冲器（图 4-2-1）

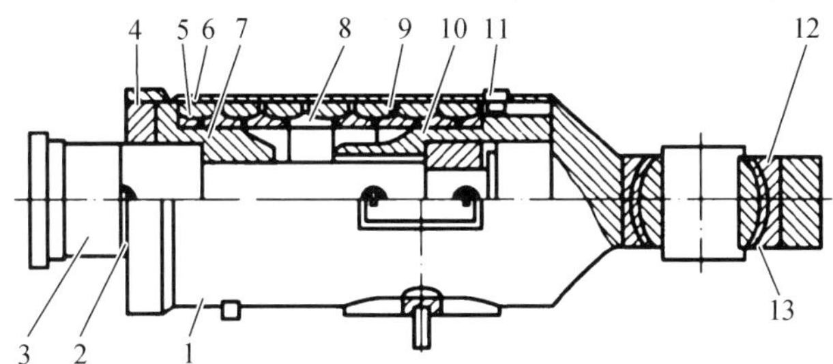

1—弹簧盒；2—标记环；3—牵引杆；4—端盖；5—内环弹簧；6—外环弹簧；7—弹簧前从板；8—开口弹簧；9—内环弹簧；10—弹簧后从板；11—预紧螺母；12—球形支座；13—橡胶嵌块。

图 4-2-1　环弹簧缓冲器

三、实训要求

1. 实训时间

教学课时为 2 课时。

2. 实训形式

在实训室结合车钩实训设备进行缓冲器的检查与维护。学生每 5 人组成 1 个工作小组，各小组制定实施方案及工作计划。每个小组选出 1 名组长，协助教师指导本组学生学习，检查实训进度和质量，制定改进措施，共同完成项目任务。

3. 实训注意事项

（1）未经教师或管理员允许不得擅自操作。

（2）严格按照上电顺序上电。

（3）实训过程中注意安全，避免磕碰。

4. 工器具材料准备

（1）扭力扳手、刚性金属丝、金属直尺、水准仪、毛刷。

（2）清洁剂、压缩空气、干净软擦布、防腐涂层、润滑脂、黑色油漆、肥皂液、润滑剂，车钩上的紧固螺栓、螺母、拉簧、接地铜编织线。

四、实训作业步骤

1. 环弹簧缓冲器检查实训流程（见图 4-2-2）

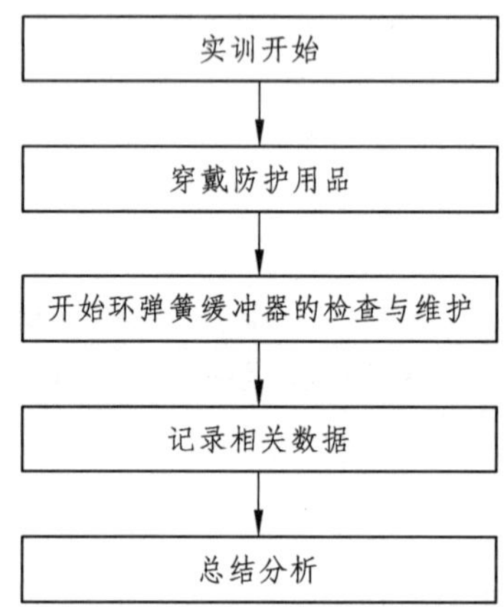

图 4-2-2　实训操作流程

2. 实训作业流程（见表 4-2-1）

表 4-2-1　实训作业流程

工序	实训内容	作业结果记录
1	弹簧盒检查与维护	
2	端盖检查与维护	
3	前从板检查与维护	
4	后从板检查与维护	
5	外环弹簧检查与维护	
6	内环弹簧检查与维护	
7	开口弹簧检查与维护	
8	半环弹簧检查与维护	
9	球形支座检查与维护	

续表

工序	实训内容	作业结果记录
10	牵引杆检查与维护	
11	标记环检查与维护	
12	预紧螺母检查与维护	
13	橡胶嵌块检查与维护	

五、实训考核标准（见表4-2-2）

表 4-2-2 实训考核标准

项目	标准	配分	得分
环弹簧缓冲器检查与维护	能准确说出环弹簧的部件以及进行检查维护	100	

六、思考题

缓冲器的分类有哪些?

任务三 车钩的检查与维护

一、实训目的

掌握车钩的检查与维护操作流程和注意事项。

二、理论链接

车钩是用来实现机车和车辆或车辆和车辆之间的连挂，传递牵引力及冲击力，并使车辆之间保持一定距离的车辆部件。由于环境因素和使用将会造成车钩性能下降，因此需定期对车钩进行检查和维护。

三、实训要求

1. 实训时间

教学课时为 2 课时。

2. 实训形式

结合车钩硬件实训设备进行检查。学生每 5 人组成 1 个工作小组，各小组制定实施方案及工作计划。每个小组选出 1 名组长，协助教师指导本组学生学习，检查实训进度和质量，制定改进措施，共同完成项目任务。

3. 实训注意事项

实训过程中注意安全，避免磕碰。

4. 工器具材料准备

（1）扭力扳手、刚性金属丝、金属直尺、水准仪、毛刷。

（2）清洁剂、压缩空气、干净软擦布、防腐涂层、润滑脂、黑色油漆、肥皂液、润滑剂，车钩上的紧固螺栓、螺母、拉簧、接地铜编织线。

四、实训作业步骤

1. 实训流程（见图 4-3-1）

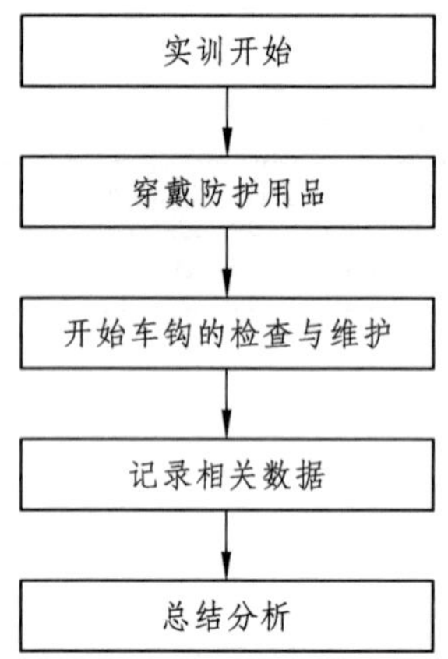

图 4-3-1　实训流程

1. 实训作业流程

（1）全自动车钩（见表4-3-1）。

表 4-3-1　全自动车钩

工序	实训内容	作业结果记录
1	目检所有部件有无损坏	
2	检查车钩张力弹簧安装是否正确，更换损坏的张力弹簧	
3	清洁机械钩头表平面、外锥体及内锥体，并且对机械钩头的表面涂油防护	
4	润滑外锥体及内锥体滑动表面；润滑钩锁及中心枢轴（材料：清洗喷雾 R3000）	
5	清洁主风管管口和解钩风管管口（切勿在风管口涂润滑油）	
6	检查钩锁是否转动灵活，并多次操作手动解钩装置检查功能是否正常	
7	润滑电气钩操作装置的连接点和转动点	
8	清洁电气车钩操作装置导杆，切勿在上面涂油	
9	检查可压馈变形管是否损坏，更换损坏的可压馈变形管	

续表

工序	实训内容	作业结果记录
10	清洁电气车钩触头并检查有无损坏，有则更换	
11	清洁电气车钩密封架，对密封胶条涂滑石粉进行防护，清洁保护盖的内、外侧，目检有无损坏，有则更换	
12	目检套筒联轴节下套管的孔内是否充满润滑油脂，如果没有则向孔内涂满润滑油脂，安装螺钉紧固无松动，清洁下套筒的排水孔，保持畅通	

（2）半自动车钩（见表4-3-2）。

表 4-3-2　半自动车钩

工序	实训内容	作业结果记录
1	目检外观无损坏，各紧固螺栓无松动	
2	检查车钩钩头张力弹簧安装是否正确，更换损坏的张力弹簧	
3	检查可压馈变形管是否损坏变形，更换损坏的可压馈变形管	
4	目检套筒联轴节下套管的孔内是否充满润滑油脂，如果没有则向孔内涂满润滑油脂，安装螺钉紧固无松动，清洁下套筒的排水孔，保持畅通	
5	清洁主风管管口和解钩风管管口（切勿在风管口涂润滑油）	
6	目检半自动车钩跨接电缆插头固定座、电气连接外观正常，螺栓紧固，无损坏	
7	主风管连接紧固无漏气，目检接地线连接是否紧固	
8	半自动车钩手动解钩装置控制盒外观正常，控制盒正常锁闭	

（3）半永久牵引杆（见表4-3-3）。

表 4-3-3　半永久牵引杆

工序	实训内容	作业结果记录
1	目检所有部件有无损坏	
2	目检套筒联轴节下套管的孔内是否充满润滑油脂，如果没有则向孔内涂满润滑油脂，安装螺钉紧固无松动，清洁下套筒的排水孔，保持畅通	
3	目检半永久车钩跨接电缆插头固定座、电气连接外观正常，螺栓紧固，无损坏	
4	检查可压馈变形管是否损坏变形，有则更换	
5	主风管连接紧固无漏气，目检接地线连接是否紧固	

五、实训考核标准（见表4-3-4）

表 4-3-4 实训考核标准

项目	标准	配分	得分
整体实训过程考核	能够叙述出车钩检查与维护的实训过程	25	
全自动车钩	能够准确的对全自动车钩进行检查和维护	25	
半自动车钩	能够准确的对半自动车钩进行检查和维护	25	
半永久车钩	能够准确的对半永久车钩进行检查和维护	25	

六、思考题

全自动车钩的检修流程有哪些?

项目五 C60 型敞车组成和结构认知

任务　C60 型敞车组成和结构认知

一、实训目的

通过实训，学生可以掌握敞车的主要结构，以及对各结构的认知。

二、理论链接

1. 敞车主要结构

该车由车体、转向架、空气制动装置、手制动装置和车钩缓冲装置等部件组成，如图 5-1-1 所示。

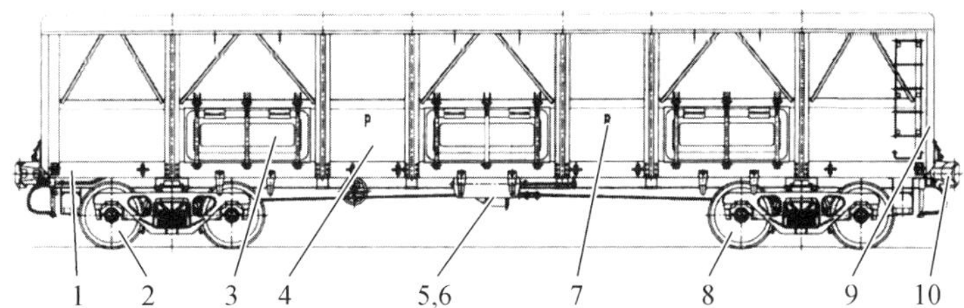

1—底架组成；2—转向架组成；3—下侧门组成；4—侧墙组成；5—底架附属件；
6—空气制动装置、手制动装置；7—标记；8—转向架组成；
9—端墙组成；10—车钩缓冲装置。

图 5-1-1　敞车主要结构图

（1）车体。

车体采用全钢焊接结构，主要由底架、端墙、侧墙、车门等组成，其主要承载部件均采用耐候钢制作。

① 底架组成。底架由中梁、侧梁、枕梁、大横梁、小横梁和钢地板组焊而成。中梁采用双腹板变截面箱形结构。枕梁为双腹板变截面箱形结构梁。侧梁由槽钢制成。端梁由钢板压成 L 形断面。大横梁为变截面工字形梁。小横梁由槽钢制成。底架上铺设厚 6 mm 的耐候钢地板。

② 侧墙组成。侧墙由上侧梁、侧柱、上侧板、斜撑、侧柱连铁、侧柱补强座和侧柱补强板等组成。侧墙上半部分为板梁结构，有人字形斜撑，下半部分为框架结构，车体两侧的侧墙分别设有 3 个下侧门。上侧梁为冷弯型钢，侧柱为冷弯帽形钢，斜撑由角钢制成，上侧板、侧柱板和枕柱板采用高强度耐候钢板，侧柱补强座为铸钢件。

③ 端墙组成。端墙由上端缘、角柱、横带及端板等组成。上端缘为冷弯型钢。角柱为冷弯角钢、角柱板和端板组成的箱形结构梁。横带为冷弯帽形钢。端板采用高强度耐候钢板。端板下部与端梁采用搭接焊。为了加固角柱上结点强度，在上端梁与上侧梁连接处加焊了连接板。

④ 车门结构。

全车有 6 扇下翻式下侧门。门板采用高强度耐候钢板压型而成。

在两侧的侧墙上各安装一对侧开门。侧开门在设计与制造时上门锁采用外露的通长式上锁杆及凸轮插销，下锁销采用传统的杠杆插销。运用后暴露出很多问题，如车门变形、门锁失效、配件丢失严重等。2007 年 6 月开始，在厂、段修时对侧开门门锁装置进行改造，采用新型锁闭装置，门边处组焊槽型冷弯型钢，增强了刚度并将通长式上锁杆封闭其中，防止变形与磕碰。下门锁采用偏心压紧机构，当车门关闭后，通长式上锁杆可防止下门锁蹿出，操作简单，安全可靠；站修时，对车门进行了加固。

（2）空气制动装置、手制动装置。

空气制动装置采用制动主管压力为 500 kPa 且符合 UIC 标准的制动系统。该系统由分配阀、制动缸、空重车自动转换装置、闸瓦间隙自动调整器等组成。采用普碳钢钢管管系，管系内磷化处理。

采用垂直手轮螺纹手制动装置，手轮置于车体两侧。

（3）车钩缓冲装置。

车钩缓冲装置由 13 号上作用车钩、13 号车钩钩尾框、ST 型缓冲器和车钩提杆等组成。

（4）转向架。

采用铸钢三大件式转向架，由摇枕组成、侧架组成、轮对组成、两级刚度中央弹簧、弹性旁承及基础制动等组成，如图 5-1-2 所示。

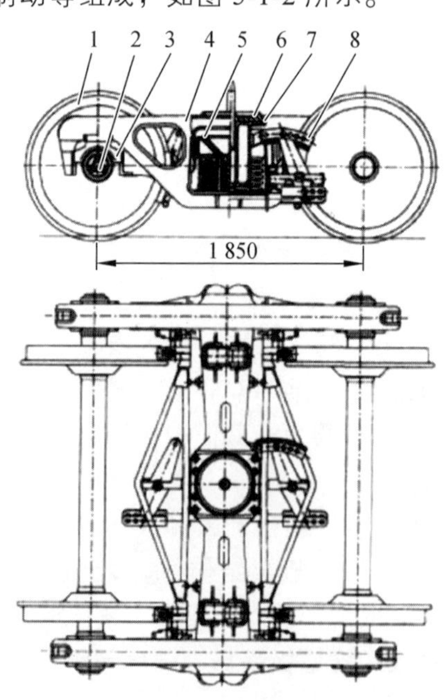

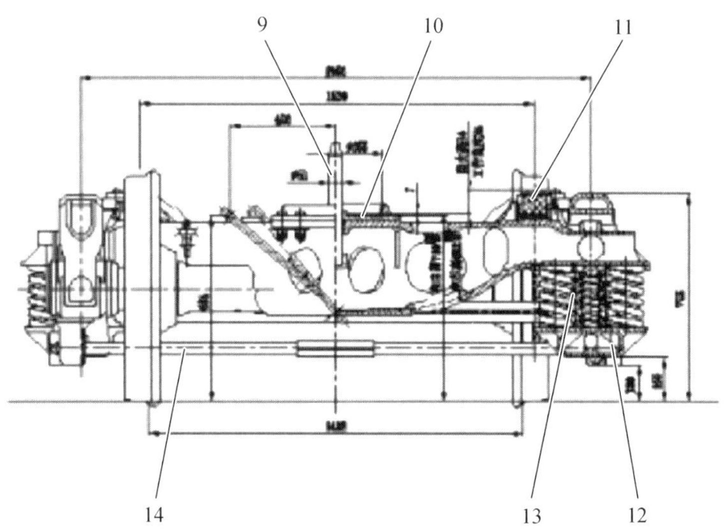

1—滚动轴承装置；2—承载鞍；3—挡键；4—减振装置组成；5—侧架组成；6—摇枕组成；
7—基础制动装置；8—轮对；9—中心销；10—心盘磨耗盘；
11—JC 型双作用常接触弹性旁承；12—内圆弹簧；
13—外圆弹簧；14—交叉杆组成。

图 5-1-2　转向架总图

采用 B 级铸钢摇枕、侧架，变摩擦斜楔减振器，耐磨材料斜楔，进口 E 型圆锥滚子轴承，符合 AAR 规定的 C 级钢车轮，单侧滑块式防脱弓形制动梁，含油尼龙心盘磨耗盘；下心盘、钩尾框托板、钩托梁处的螺母采用 BY-B 型或 FS 型防松螺母。

三、实训要求

1. 实训时间

教学课时为 2 课时。

2. 实训形式

学生每 5 人组成 1 个工作小组，各小组根据实训课程任务制定实训实施方案，每个小组选出 1 名组长，组长协助老师指导本组学生进行实训。

3. 实训注意事项

（1）未经教师或管理员允许不得擅自操作。

（2）在认知敞车组成和结构的过程中需注意安全，避免用手直接触碰金属部分，以免受伤。

（3）须要严格按照标准操作步骤进行实训。

4. 工器具材料准备

（1）防护用品，包括防滑鞋、绝缘手套、工作服等。
（2）个人用品，包括笔、笔记本等。

四、实训作业步骤

1. 整体实训过程（见图 5-1-3）

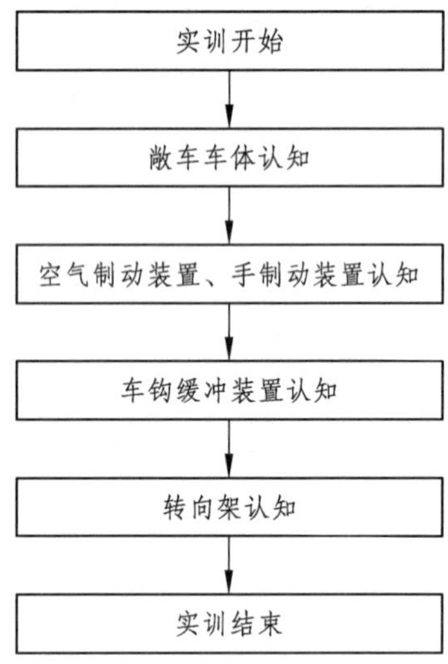

图 5-1-3　实训流程

2. 实训作业流程（见表 5-1-1）

表 5-1-1　实训作业流程

工序	实训内容	作业结果记录
1	敞车主要结构认知	
2	车体认知	
3	空气制动装置、手制动装置认知	
4	车钩缓冲装置认知	
5	转向架认知	

五、实训考核标准（见表5-1-2）

表 5-1-2　实训考核标准

项目	标准	配分	得分
敞车知识考核	能够叙述敞车组成部分	20	
车体结构知识考核	能够叙述出车体组成部分	20	
空气制动装置、手制动装置知识考核	能够叙述出空气制动装置、手制动装置的内容	20	
车钩缓冲装置知识考核	能够叙述出车钩缓冲装置的组成部分	20	
转向架知识考核	能够叙述出转向架的组成部分	20	

六、思考题

（1）敞车主要的结构有哪些?

（2）简单介绍转向架组成结构。

C60 型敞车检查与维护

任务一　车钩缓冲装置检修与维护

一、实训目的

（1）通过实训，学生可以掌握钩体、钩舌、钩腔内部零件、钩尾框以及车钩其他配件的损伤形式与检修的内容。

（2）通过实训，学生可以了解缓冲区损伤形式与检修的内容。

二、理论链接

1. 钩体损伤形式与检修

钩体的主要损伤形式有裂纹、变形、磨耗超限等。

（1）裂纹检修。

随着列车运行速度的提高和牵引吨位的增加，钩体出现裂纹的概率也随之增加。钩体裂纹多发生在钩耳、钩腕、钩颈、钩舌尾承壁、钩尾销孔、下锁腔、钩头上下牵引突缘的根部等部位。钩耳孔裂纹如图6-1-1所示，钩耳裂纹如图6-1-2所示，钩腕裂纹如图6-1-3所示，钩舌尾承壁裂纹如图6-1-4所示。

图 6-1-1　钩耳孔裂纹

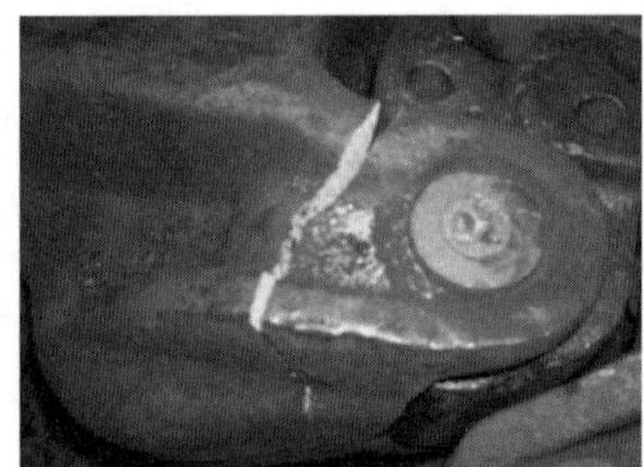

图 6-1-2　钩耳裂纹

图 6-1-3　钩腕裂纹

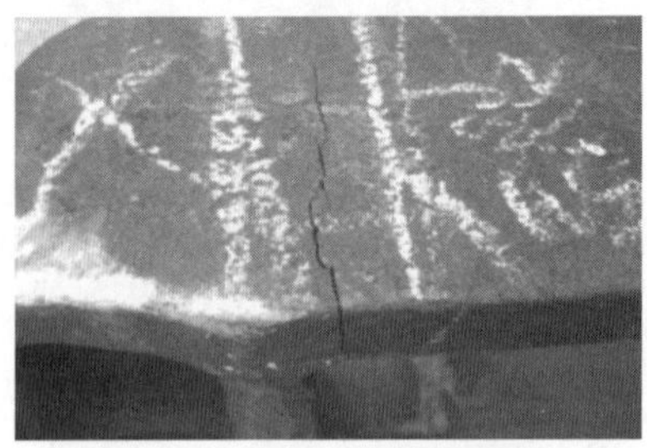

图 6-1-4　钩舌尾承壁裂纹

造成裂纹的原因：一是货车牵引或纵向冲击时上述部位是拉伸载荷应力较大的受力部位；二是制造材料本身强度不足、疲劳；三是断面突变或铸造缺陷等引起的应力集中等。货车厂修时，车钩需要进行抛丸除锈和磁粉探伤检查，段修时进行外观检查和检测，具体检修要求如下：

① 段修时，钩颈、钩身横裂纹在同一断面总长度控制在50 mm以内时焊修，大于50 mm时更换。13号、13A型、13B型钩尾销孔后壁与钩尾端面间裂纹长度控制在该处厚度的50%以内时焊修，大于50%时更换。

② 16型、17型钩尾销孔周围25 mm范围内裂纹时焊修，超过范围的裂纹深度控制在3 mm时可铲磨消除，大于3 mm时更换；厂修时，钩颈横裂纹，钩身或13号、13A型、13B型钩尾横裂纹长度大于30 mm或深度大于5 mm时更换。16型、17型钩尾销孔周围25 mm范围内裂纹时更换，超过范围的裂纹控制在3 mm时可铲磨清除，大于3 mm时更换。

③ 段修时，钩耳裂纹长度控制在15 mm以内时焊修，大于15 mm时更换。钩耳内侧弧面上、下弯角处裂纹长度之和控制在25 mm以内时焊修，大于25 mm时更换。牵引台、冲击台根部裂纹长度控制在20 mm以内或裂纹未延及钩耳体时焊修，超限时更换。

④ 厂修时，钩耳孔边缘裂纹长度控制在钩耳壁高的30%以内时焊修，大于30%时更换。钩耳孔内壁裂纹时焊修后加工。钩耳内侧弧面上、下弯角处裂纹长度之和控制在25 mm以内时焊修，大于25 mm时更换。牵引台、冲击台根部裂纹长度控制在20 mm以内或裂纹未延及钩耳体时焊修，超限时更换。

⑤ C级钢、E级钢配件裂纹焊修前应清除缺陷、制备坡口，E级钢坡口制作只能采用冷加工的方法（如机床加工），不允许使用氧乙炔焰、碳弧气刨等热加工方法来清除缺陷或制备坡口。

⑥ 由于C级钢、E级钢材质强度较高，容易出现焊后热裂纹，因此，焊修时焊条要烘干并保温，焊后要严格按照规定进行热处理。

⑦ 施焊前应进行预热，预热温度为300 ~ 400℃，普碳钢车钩焊修时采用J422焊条，C级钢采用J606焊条，E级钢采用J857焊条。E级钢其他配件的焊修同理，不再赘述。

（2）变形检修。

钩体变形主要有钩身弯曲、钩耳变形和钩腕外胀。其原因多是由于运行及调车作业中的过大冲击造成的。钩身弯曲过大时，在运用中将会产生较大的弯矩，容易造成钩舌及钩耳的裂纹。钩腕外涨严重时，即失去了控制对方钩舌的能力，将导致车钩的自动分离。检修要求如下：

① 段修时，钩身弯曲大于10 mm时，加热调修后探伤或更换。钩耳上、下弯曲影响钩舌组装或三态作用时更换。13号、13A型、13B型钩腕端部外胀变形影响闭锁位置时，调修、堆焊或焊装钢板，外胀变形大于15 mm时更换。测量闭锁位置时，钩体以样板伸过如图6-1-5所示箭头处为超限。

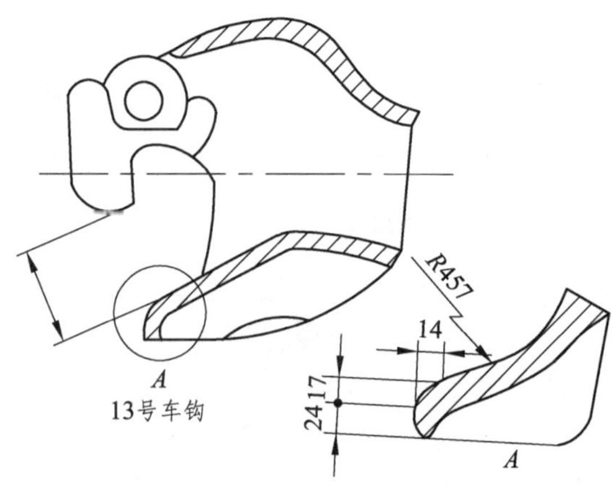

图 6-1-5　测量钩体闭锁位置

② 厂修时，钩身弯曲大于5 mm时，加热调修后探伤或更换。钩耳上、下弯曲影响钩舌组装或三态作用时更换。13系列钩腕端部外胀变形的检修限度和要求与段修规定相同。

钩身弯曲检测要以钩头正面和钩肩定位，测量钩身上平面中心线相对于钩体中心线的上下及左右偏移量。检测如图6-1-6所示。

图 6-1-6　13 号车钩钩身弯曲检测

（3）磨耗检修。

① 13号、13A型、13B型钩尾端部与钩尾销孔边缘的距离，上、下面之差大于2 mm或钩尾销孔长径磨耗大于3 mm时堆焊后加工。焊修后与钩尾端面距离小于40 mm时，在钩尾端面堆焊或焊装磨耗板，并四周满焊后磨平。13系列钩尾销孔长径磨耗要距钩尾销孔上、下面10 mm处分别检测钩尾销孔上、下部长径最大值。检测如图6-1-7所示。

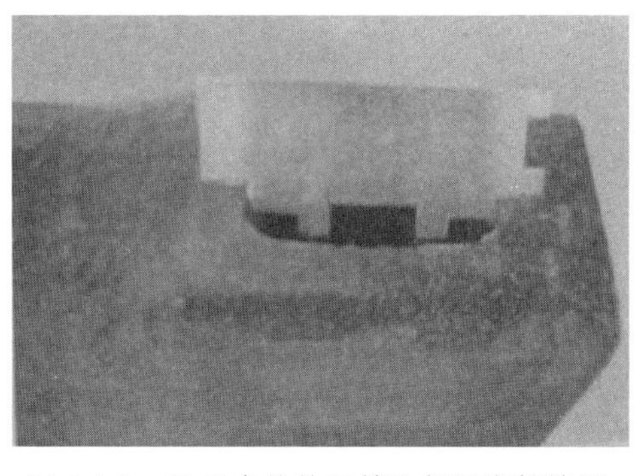

图 6-1-7　13 号车钩钩尾销孔长径磨耗检测

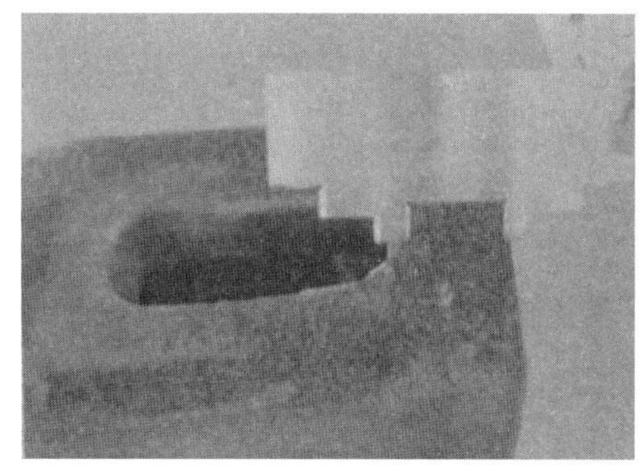

图 6-1-8　13 号车钩钩尾销孔与钩尾端面距离检测

13系列钩尾销孔与钩尾端面距离要距钩尾销孔上、下面15 mm处分别检测上、下钩尾端面至钩尾销孔后壁的距离。检测如图6-1-8所示。

② 16型、17型钩尾端部到钩尾销孔后壁的距离小于83 mm时堆焊后磨平，小于77 mm时更换。

③ 16型、17型钩尾销孔：16型、17型中部长轴原型为110 mm；16型中部短轴原型为100 mm，17型中部短轴原型为94 mm；16型上、下部长轴原型为117 mm，17型上、下部长轴原型为114 mm；17型上、下部短轴原型为98 mm。钩尾销孔磨耗超过2 mm时堆焊后磨平。

④ 16型钩身长度原型为571.5 mm，17型钩身长度原型为572 mm，长度小于567 mm时堆焊后打磨恢复弧面原型，小于561 mm时更换。16型、17型车钩钩尾端部与钩尾销孔边缘的距离检测，要检测钩尾端球面顶点至钩尾销孔后壁的最大距离。检测如图6-1-9所示。16型、17型车钩钩身长度检测要以钩肩为基准，检测钩肩至钩尾端球面顶点的距离。检测如图6-1-10所示。

图 6-1-9　钩尾端部与钩尾销孔边缘的距离检测

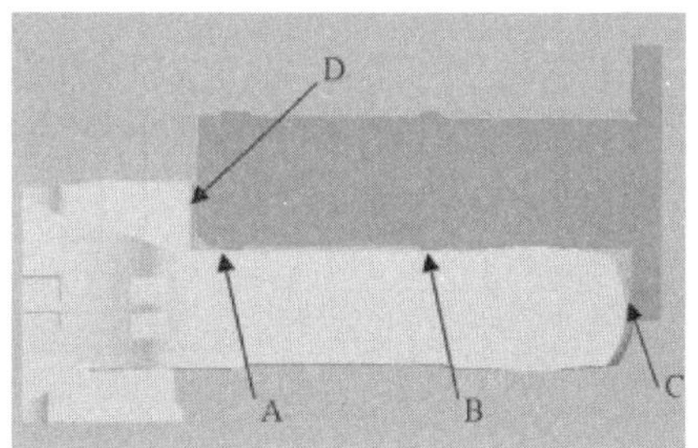

图 6-1-10　钩身长度检测

（4）牵引杆检修。

牵引杆在运用检修中发现的损伤形式基本为钩尾销孔裂纹及磨耗，同时牵引杆的使用实行寿命管理。其检修要求如下：

① 牵引杆杆身、杆颈横裂纹在同一断面之和小于50 mm时焊修，大于50 mm时更换。牵引杆钩尾销孔周围25 mm范围内裂纹焊修；超过范围的裂纹深度小于3 mm时可铲磨清除，大于3 mm时更换。

② 牵引杆钩尾销孔后壁与钩尾端部距离小于83 mm时堆焊后磨平，小于77 mm时更换。牵引杆长度小于1 741 mm时在两端堆焊后打磨，圆滑过渡；小于1 734 mm

时更换。牵引杆尾端高度磨耗超限时堆焊后磨平。牵引杆材质为E级钢，焊修后要经热处理，材质保持为E级钢；材质无法保持为E级钢时更换。牵引杆简图如图6-1-11所示。

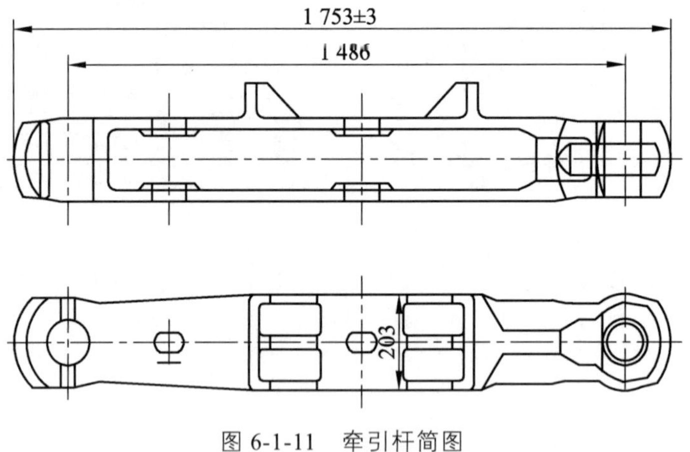

图 6-1-11　牵引杆简图

2. 钩舌损伤形式与检修

钩舌的主要损伤形式有裂纹、磨耗、变形等。

（1）裂纹检修。

钩舌检修时需要进行抛丸除锈并使用复合磁化的探伤机进行探伤湿法检查。探伤部位如图6-1-12所示。

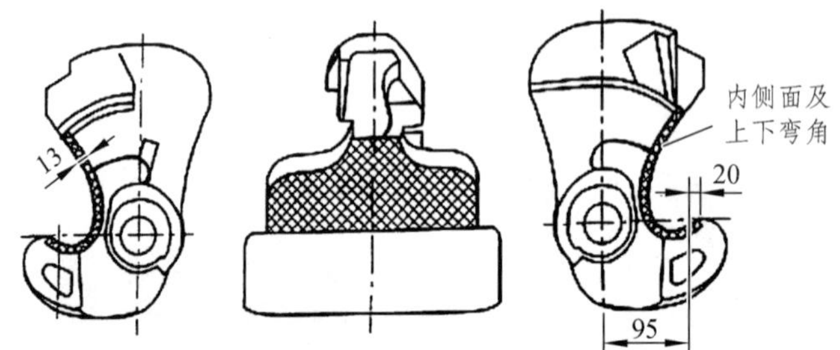

（a）13 型钩舌探伤部位示意

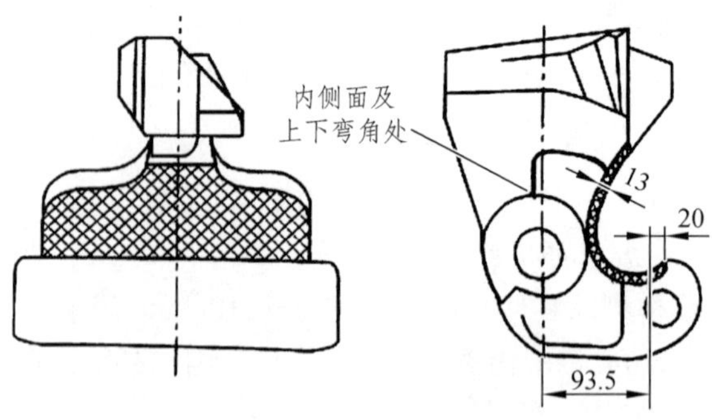

（a）16 型钩舌探伤部位示意

图 6-1-12　钩舌探伤部位示意

① 普碳钢钩舌裂纹时更换。

② C级钢、E级钢钩舌弯角处裂纹时更换，内侧面裂纹时焊修。牵引台根部圆弧裂纹长度控制在30 mm以内时焊修，大于30 mm时更换。钩舌护销凸缘部分缺损时更换，裂纹向销孔内延伸控制在10 mm以内时焊修，大于10 mm时更换。

③ 检修C、E级钢13A型和C级钢13号车钩更换新品钩舌时，应分别装用与钩体材质相同的C、E级钢的13B型钩舌。

④ 13号、13A型、13B型钩舌衬套松动、裂纹、缺损时换衬套。

（2）磨耗检修。

钩舌内侧面和正面磨耗剩余厚度超限（13号钩舌小于68 mm，13A型、13B型钩舌小于69 mm）时，堆焊后加工，内侧面磨耗时，要采用埋弧焊等先进工艺堆焊，并使用具有仿形功能的设备加工，恢复原型；钩舌锁面磨耗超限时堆焊后磨平（不允许加焊垫板等）；钩锁承台磨耗超限时堆焊磨修恢复原型，钩锁座入量不足45 mm时（原型52 mm），加修恢复原型。钩舌销孔或衬套内径磨耗超限时换套或扩孔镶套。由于13B型钩舌修改了钩舌鼻部内腔加强筋结构，加强筋数量由2条增加为3条，同时增加加强筋厚度，强度储备较13号和13A型有了较大提高，因此，13号、13A型钩舌更换新品时要更换为13B型。13B型钩舌有C级钢和E级钢两种材质，满足了检修时与钩体材质的匹配。

钩舌内侧面和正面磨耗剩余厚度检测：13号钩舌要在距钩舌上、下边缘50 mm处，13A型、13B型钩舌要在距钩舌上、下边缘60 mm处，测量钩舌厚度。检测如图6-1-13所示。

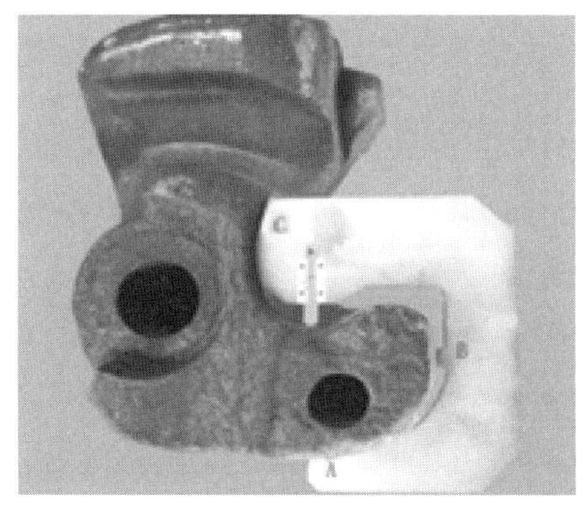

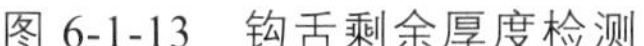

图 6-1-13　钩舌剩余厚度检测

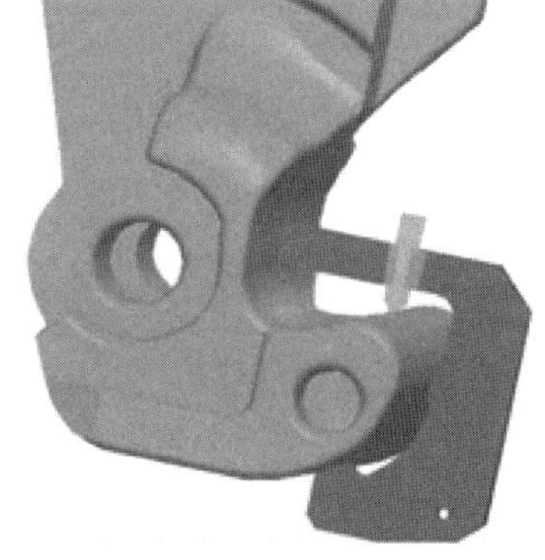

图 6-1-14　16 型钩舌鼻部磨耗检测

16型钩舌鼻部磨耗检测要在距钩舌上、下边缘60 mm及中部三处测量钩舌鼻部厚度最大磨耗量。检测如图6-1-14所示。

13系列钩舌锁面磨耗检测以钩舌尾止端为基准，测量钩舌锁面最大磨耗深度。检测如图6-1-15所示。

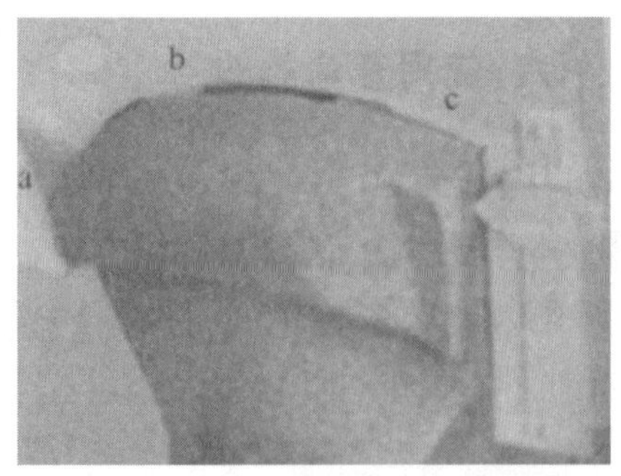

图 6-1-15　13 系列钩舌锁面磨耗检测

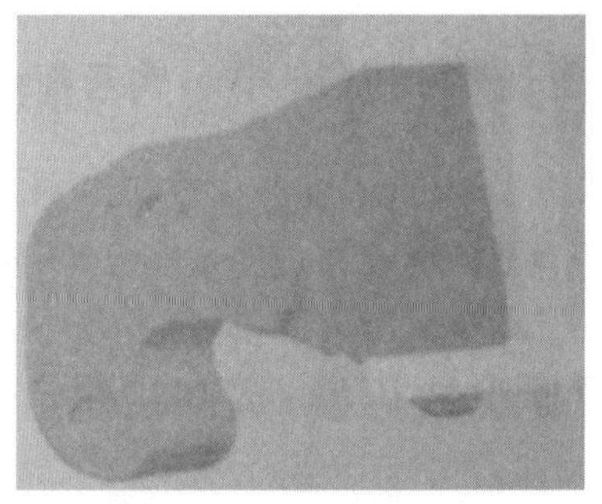

图 6-1-16　16 型钩舌锁面磨耗检测

16型钩舌锁面磨耗检测要检测钩舌尾部后面至钩舌锁面的距离。检测如图6-1-16所示。

13系列钩舌钩锁坐入量检测要检测钩舌锁面上平面与钩锁承台的距离。检测如图6-1-17所示。

图 6-1-17 13 系列钩舌钩锁坐入量检测

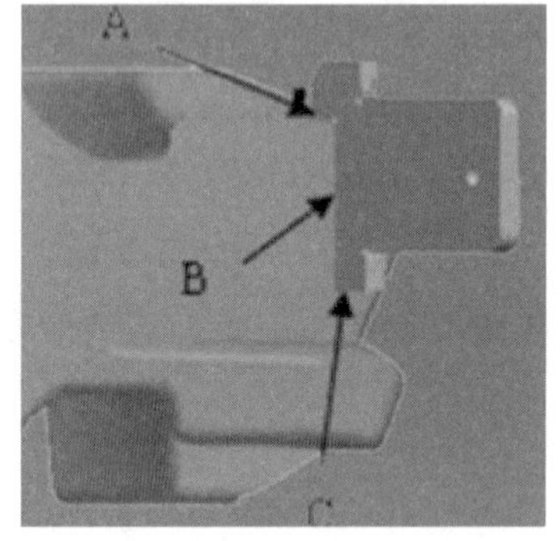

图 6-1-18 16 型钩舌钩锁坐入量检测

16型钩舌钩锁坐入量检测要检测副座锁面与主座锁面的距离。检测如图6-1-18所示。

13系列钩舌销孔或衬套内径磨耗检测要在距钩舌销孔凸缘顶部20 mm处检测钩舌销孔或衬套孔的最大内径。检测如图6-1-19所示。

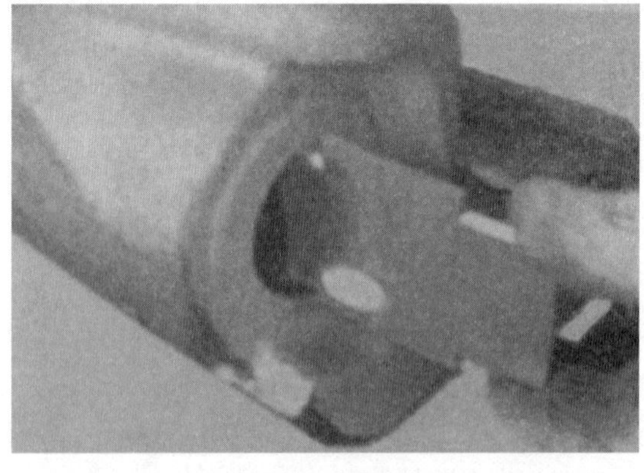

图 6-1-19　钩舌销孔或衬套内径磨耗检测

（3）变形检修。

钩舌变形主要是外胀，外胀超过6 mm时更换。钩舌外胀检测以钩舌尾端、钩舌正面弯曲部位为基准，检测钩舌鼻部外侧与原型尺寸的外胀量。检测如图6-1-20所示。

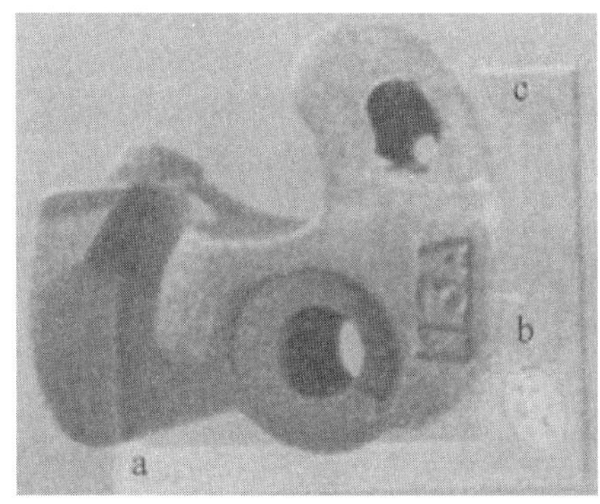

图 6-1-20　钩舌销孔或衬套内径磨耗检测

3. 钩腔内部零件损伤形式与检修

（1）钩锁及钩舌推铁检修。

钩锁的主要损伤形式是磨耗，磨耗的部位大多数在钩锁与钩舌尾部的接触处。由于钩锁是承受压力的部件，故其裂纹及变形较少。钩舌推铁的主要损伤形式是变形和磨耗，一般较少发生裂纹。变形的原因是本身刚度小。钩舌推铁磨耗或变形达到一定程度后，车钩会失去全开作用。

以13号钩锁检修为例：

① 钩锁要抛丸除锈，有变形、裂纹或破损等缺陷及时更换。

② 锁腿开锁坐锁面磨耗大于2 mm或影响开锁作用时，焊修后磨修恢复原型或更换；锁腿后踢足面磨耗超过2 mm或影响全开位作用时更换。

③ 钩锁挂钩轴磨耗大于1 mm或不能满足防跳性能要求时更换，不允许焊修。13号钩锁挂钩轴磨耗检测要沿钩锁挂钩轴长径方向检测最小剩余量。检测如图6-1-21所示。

图 6-1-21　钩锁挂钩轴磨耗检测

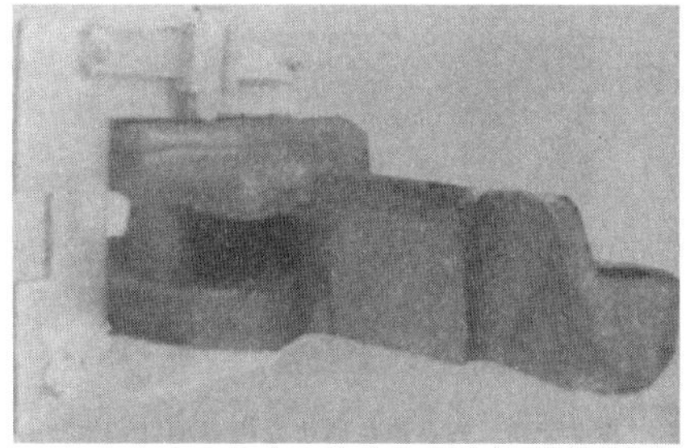

图 6-1-22　钩锁锁面磨耗检测

④ 钩锁锁面磨耗时，要焊后磨修恢复原型或更换。13号钩锁锁面磨耗检测要测量钩锁锁面的最大磨耗深度。检测如图6-1-22所示。

⑤ 钩锁导向面磨耗大于2 mm时，要焊后磨修恢复原型或更换。13号钩锁导向面磨耗检测要分别检测钩锁上部左、右导向面与原型轮廓的最大减少量。检测如图6-1-23所示。

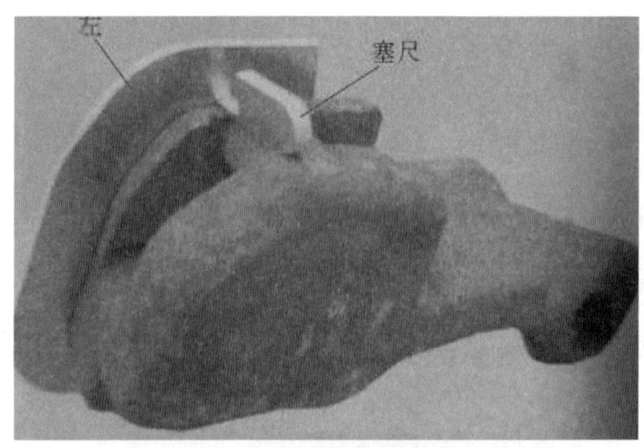

图 6-1-23　钩锁锁面磨耗检测

⑥ 钩锁下锁销轴孔磨耗后影响下作用车钩开锁、防跳作用时更换，不允许焊修。

⑦ 更换新品钩锁时，要更换E级钢材质钩锁。

⑧ 钩锁焊修后清除焊渣，并留有1 mm以上磨修余量。

（2）钩锁销检修。

钩锁销按作用方式可分为上作用式和下作用式两种。钩锁销主要损伤形式是防脱台处的磨耗。

13号上锁销组成检修：

① 上锁销组成要抛丸除锈，有变形、裂纹、破损等缺陷时整套更换。

② 上锁销组成各配件应为同材质，B级钢或C级钢要同材质组装。

③ 上锁销组成灵活性检查

❖ 提起上锁销，上锁销组成应呈自由直立状态。

❖ 提起上锁销，上锁提与上锁销杆应自由转动到位。

❖ 反转上锁销，应转动灵活，铆钉与上锁销间不应转动。

❖ 检查上锁销组成联结方向正确。上锁销组成出现变形、裂纹、破损等缺陷时整套更换。上锁销组成不允许焊修、铆接，磨耗超限或不能满足防跳性能要求时更换。上锁销组成各配件应为同材质。

④ 检测上锁销组成，有下列情况之一时须更换。

❖ 上锁销杆上端面防跳部位磨耗超过3 mm时。

❖ 上锁销杆挂钩口磨耗超过2 mm时。

❖ 上锁销与上锁销杆组装间隙小于2.5 mm时。

❖ 上锁销铆钉头部超出上锁销平面0.5 mm时。

❖ 上锁销上端与钩体锁销孔对应的防跳台磨耗大于2 mm时。

❖ 上锁销铆钉轴剩余直径不足13 mm时。

⑤ 在两个铆钉轴部位及上锁销$R40$圆弧处涂抹二硫化钼与酒精调和的润滑剂，不允许涂抹油漆及其他润滑油。

13号下锁销组成检修：

① 下锁销组成要抛丸除锈，有变形、裂纹、破损等缺陷时整套更换。

② 下锁销组成灵活性检查：提起下锁销体，下锁销杆及下锁销钩应呈自由下垂

状态。翻转下锁销体，下锁销及下锁销钩应灵活转动至极限位置，铆钉与下锁销体间不应转动。

③ 下锁销轴直径磨耗超过2 mm时，普碳钢材质者更换，C级钢或E级钢材质者恢复原型或更换。

④ 宽度不足27 mm或超过28.5 mm时，普碳钢材质者更换，C级钢或E级钢材质者恢复原型或更换。

⑤ 下锁销体二次防跳尖端磨耗后，普碳钢材质者更换，C级钢或E级钢材质者恢复原型或更换。

⑥ 下锁销组成更换时，要更换为C级钢或E级钢材质的下锁销组成。

⑦ 既有13号、13A型、13B型下作用式车钩下锁销要按图6-1-24要求加工防跳插销孔。

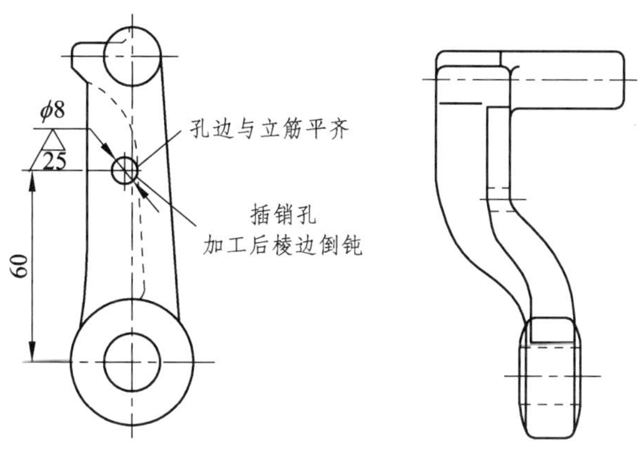

图 6-1-24　下锁销防跳插销安装孔

4. 钩尾框损伤形式与检修

钩尾框的主要损伤形式是裂纹、磨耗、弯曲变形等。

（1）钩尾框损伤形式处理。

① 普碳钢（材质为ZG230-450）的13号、13A型钩尾框裂纹时更换。16型、17型钩尾框及C级钢、E级钢的13A型、13B型钩尾框前、后端上、下弯角50 mm范围内裂纹时更换；其他部位纵裂纹时焊修；横裂纹控制在30 mm以内时焊修，大于30 mm时更换。

② 钩尾框一侧弯曲大于3 mm时，普碳钢（材质为ZG230-450）的13号、13A型更换，16型、17型及C级钢、E级钢的13A型、13B型调修。

③ 13号、13A型、13B型下框身下平面要焊装磨耗板，钩尾框下框身下平面磨耗时要堆焊磨平（普碳钢钩尾框更换）后焊装磨耗板。磨耗板剩余厚度，13号不足2 mm，13A型、13B型不足4 mm时更换，丢失时补装；13号框身磨耗板规格为250 mm × 100 mm × 4 mm，16型、17型铸造钩尾框及13A型、13B型框身磨耗板规格为250 mm × 100 mm × 6 mm；C级钢、E级钢钩尾框框身磨耗板材质为27SiMn，硬度为314~415 HBS，要使用经烘干处理的J606焊条焊接。16型、17型锻造钩尾框、更换的新品13B型钩尾框不允许焊装框身磨耗板。磨耗板焊装位置见图6-1-25。

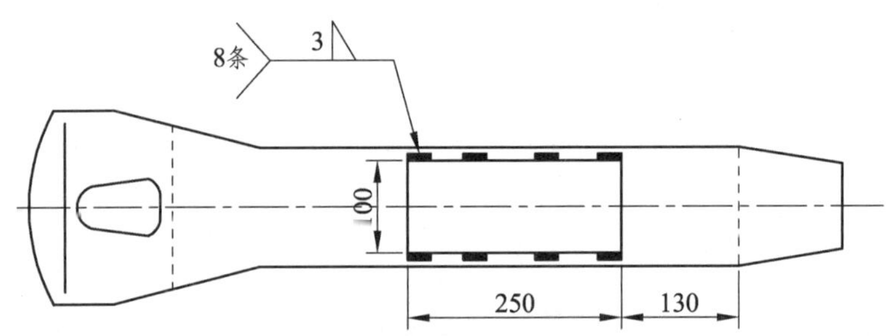

图 6-1-25　焊接钩尾框磨耗板位置

④ 13系列钩尾框销孔磨耗检测应在距钩尾框销孔边缘10 mm分别检测钩尾框上、下部销孔的长径。检测如图6-1-2所示。17型钩尾框销孔直径磨耗检测应在距钩尾框销孔边缘10 mm处分别检测上、下面钩尾框销孔的最大直径。检测如图6-1-27所示。

图 6-1-26　13 系列钩尾框销孔磨耗检测

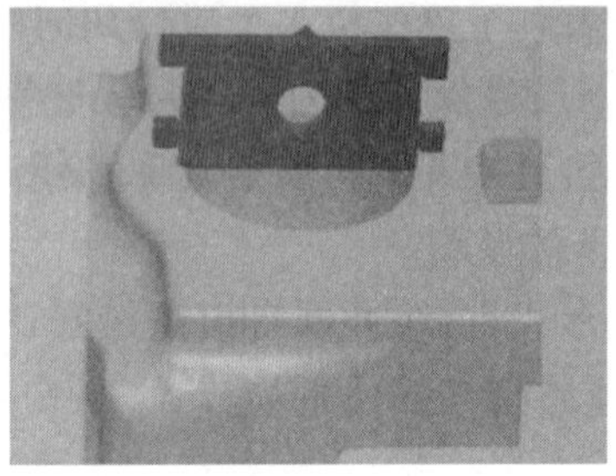

图 6-1-27　17 型钩尾框销孔直径磨耗检测

（2）钩尾框探伤检查。

钩尾框在检修时需要进行抛瓦除锈并对前后弯角及框身使用复合磁化的探伤机进行湿法探伤检查，具体探伤部位如图6-1-28所示。

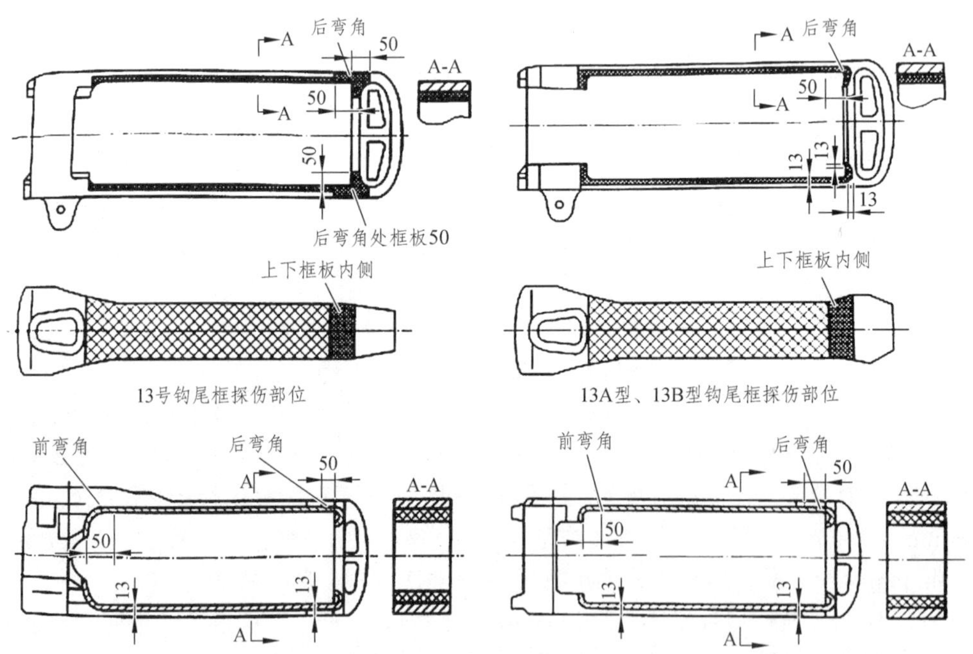

图 6-1-28　钩尾框探伤部位示意

5. 车钩其他配件损伤形式与检修

（1）钩舌销检修。

钩舌销的主要损伤形式有裂纹、弯曲、磨耗和折损。检修时需要进行抛丸除锈并探伤检查。钩舌销裂纹时更换；弯曲时调修，调修后进行磁粉探伤检查。钩舌销磨耗后直径剩余不足39 mm时更换，不允许焊修。

钩舌销径向磨耗检测应检测钩舌销磨耗部位最小剩余直径。检测如图6-1-29所示。

图 6-1-29　钩舌销径向磨耗检测

（2）钩尾销检修。

以13号车钩尾销检修为例：

① 横裂纹时更换，变形时热调修后磁粉探伤检查。

② 宽度原型100 mm，磨耗超过3 mm时堆焊后加工恢复原型；底面局部磨耗时，堆焊后磨平；底面原型厚度为20 mm者，应进行机械加工。

③ 旧杂型（钩尾销下横面为哑铃形状）钩尾销不允许装用。

④ 车钩尾销宽度磨耗过限堆焊后，要采用仿形刨床或仿形铣床进行加工。车钩尾销底面原型厚度20 mm者，应对底面进行机械加工；加工前底面有制造标记时，要将底面制造标记转移刻打到上平面；无标记时报废处理。

（3）从板检修。

从板的主要损伤形式是弯曲，其四角附近容易产生裂纹，底面和中央面以及两端面容易产生磨耗。

① 从板裂纹时更换；13号从板弯曲、变形时调修；16型从板弯曲大于4 mm时更换。

② 从板长、宽、厚磨耗大于3 mm时堆焊后加工；13号、16型侧面（长度方向）磨耗大于3 mm时可加焊钢板。13号从板加工后，长、宽、厚分别为319 mm、225 mm、57 mm；16型从板加工后，长、宽、厚分别为318 mm、229 mm、57 mm。

③ 13号从板局部磨耗大于3 mm时堆焊后磨修平整，16型从板缓冲器支承平面磨耗深度或凹痕大于3.5 mm时更换。

④ 16型从板支承球面磨耗深度或凹痕大于3.5 mm时更换；辗堆时磨修并圆滑过渡。

三、实训要求

1. 实训时间

教学课时为 4 课时。

2. 实训形式

学生每 5 人组成 1 个工作小组，各小组根据实训课程任务制定实训实施方案，每个小组选出 1 名组长，组长协助老师指导本组学生进行实训。

3. 安全注意事项

（1）未经教师或管理员允许不得擅自操作。
（3）需要严格按照标准操作步骤进行实训。

4. 工器具材料准备

（1）防护用品，包括防滑鞋、绝缘手套、工作服等。
（2）工具，包括手锤、卡尺等
（3）个人用品，包括笔、笔记本等。

四、实训作业步骤

1. 整体实训过程（见图 6-1-30）

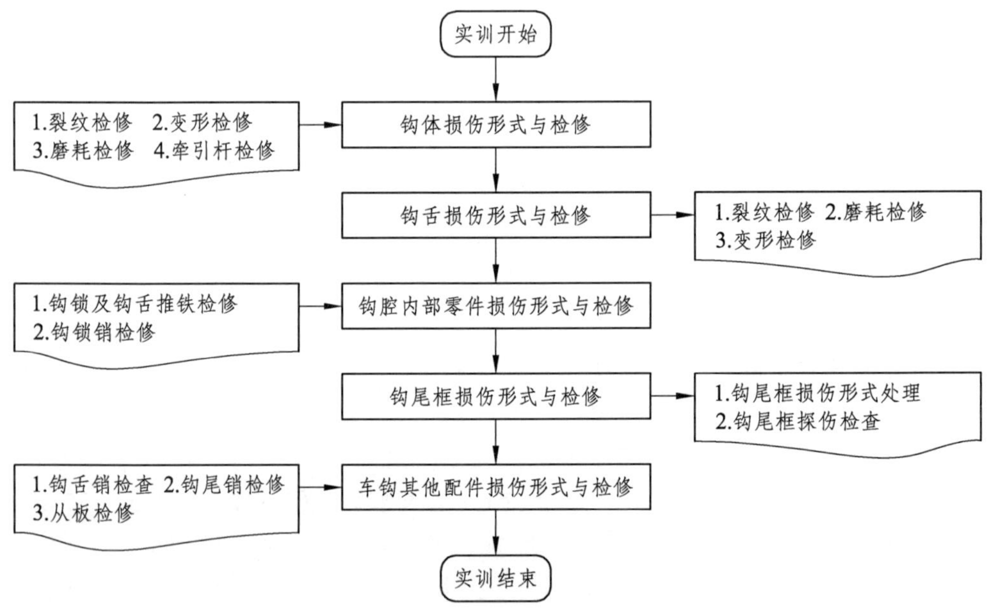

图 6-1-30 整体实训过程

2. 实训作业流程（见表 6-1-1）

表 6-1-1　实训作业流程

工序	实训内容	作业结果记录
1	钩体损伤形式与检修 （1）裂纹检修； （2）变形检修； （3）磨耗检修	
2	钩舌损伤形式与检修 （1）裂纹检修； （2）磨耗检修； （3）变形检修	
3	钩腔内部零件损伤形式与检修 （1）钩锁及钩舌推铁检修； （2）钩锁销检修	
4	钩尾框损伤形式与检修 （1）裂纹检修； （2）磨耗检修； （3）弯曲变形检修	
5	车钩其他配件损伤形式与检修 （1）钩舌销检修； （2）钩尾销检修； （3）从板检修	

五、实训考核标准（见表6-1-2）

表 6-1-2　实训考核标准

项目	标准	配分	得分
钩体损伤形式与检修的知识考核	能够叙述出钩体裂纹检修、变形检修、磨耗检修、变形检修的方式	20	
钩舌损伤形式与检修的知识考核	能够叙述出钩舌裂纹检修、磨耗检修、变形检修的方式	20	
钩腔内部零件损伤形式与检修的知识考核	能够叙述出钩锁及钩舌推铁检修、钩锁销检修的方式	20	
钩尾框损伤形式与检修的知识考核	能够叙述出钩尾框损伤形式处理、钩尾框探伤检查的方式	20	
车钩其他配件损伤形式与检修的知识考核	能够叙述出钩舌销检修、钩尾销检修、从板检修的方式	20	

六、思考题

（1）车钩缓冲装置会出现哪些损伤？如何进行检修与维护？

（2）缓冲器损伤的形式有哪些？应如何进行检修？

任务二　转向架检修与维护

一、实训目的

（1）通过实训，学生可以掌握转向架检修基本要求、摇枕常见故障及检修、侧架常见故障及检修、交叉支撑装置常见故障及检修、摇动装置常见故障及检修的内容。

（2）通过实训，学生可以了解转向架落成检查要求。

二、理论链接

1. 转向架检修基本要求

（1）转向架冲洗。

为便于转向架各种配件检查，转向架检修前要进行除垢和清洗。根据工装的不同，目前有两种冲洗的方式：一是带轮冲洗，二是先分解轮对后对构架（摇枕、侧架）进行冲洗。因转向架轮对装有无轴箱滚动轴承，所以转向架要采用冲洗方式，禁止煮洗；因转向架装有橡胶旁承及交叉杆橡胶垫等橡胶件，冲洗水温要控制在60℃以下，同时不允许用酸性、碱性水冲洗转向架。转向架牵引或吊运过程中要注意配件的防护，不允许借助交叉杆或弹簧托板吊装、支撑或移动转向架。

（2）转向架分解与检修。

冲洗后转向架各部分零配件，如轮对、承载鞍、基础制动杠杆和拉杆、制动梁、弹簧悬挂及减振装置、下心盘、下旁承、承载鞍、摇动座及弹簧托板等均应分解检修，转向架构架（摇枕、侧架）要进行翻转检修。根据各单位布局不同，分解次序可能有细微差别。

（3）转向架组装及检查。

转向架各种零部件检修良好后，按规定次序将承载鞍、摆动装置、弹簧悬挂减振装置、基础制动装置、轮轴、下旁承、下心盘等重新组装。组装完毕后要检查各部安装状态及组装间隙，良好后交付验收。

2. 摇枕常见故障及检修

（1）裂纹故障检修。

① 上平面、侧面横裂纹长度不大于裂纹处断面周长的20%，底面横裂纹长度不大于底面宽的20%时进行焊修（测量周长或宽度时，铸孔计算在内，测量裂纹长度时，铸孔不计算在内），大于20%时更换。

② 摇枕纵裂纹或内壁加强筋、心盘销座裂纹时焊修。摇枕挡或下旁承盒裂纹、缺损时焊修或更换。

③ 焊修时，普碳钢侧架使用J422焊条，B级钢使用J506焊条，焊波要高于基准面2 mm，焊修后要进行热处理。

（2）磨耗故障检修。

① 摇枕心盘螺栓孔、心盘销孔磨耗大于2 mm时堆焊后加工。摇枕心盘螺栓孔磨耗检测要检测心盘螺栓孔1/3处最大直径。检测如图6-2-1所示。

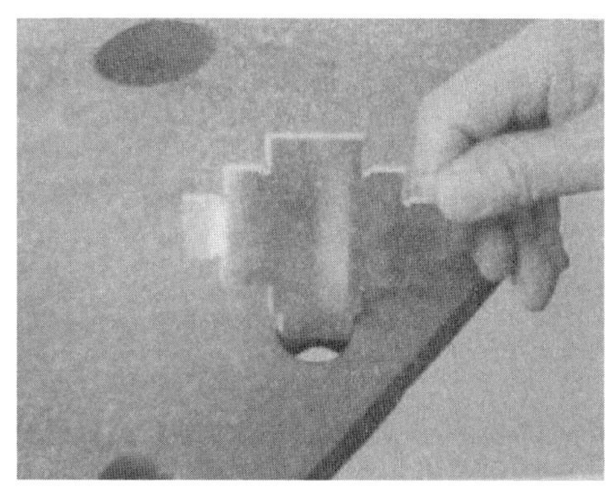

图 6-2-1　摇枕心盘螺栓孔磨耗检测

② 转K2、转K6型摇枕挡内、外表面距离大于283 mm时，要堆焊后磨修，恢复原型。转K2、转K6型摇枕挡内、外表面距离检测要距侧架摇枕挡边缘向内15 mm处检测内、外表面磨耗处最大距离。检测如图6-2-2所示。

图 6-2-2　摇枕挡内、外表面距离检测

③ 摇枕斜楔槽内、外表面距离：转K2、转K6型大于180 mm，转K4、转K5型大于152 mm时，对中焊修后磨平，恢复原型。

摇枕斜楔槽内、外表面距离检测：转K2、转K6型，检测斜楔槽下部内、外侧面与弹簧支承面交线间的最大距离；转K4、转K5型，检测斜楔槽下部距弹簧支承面15 mm处内、外表面最大距离。检测如图6-2-3所示。

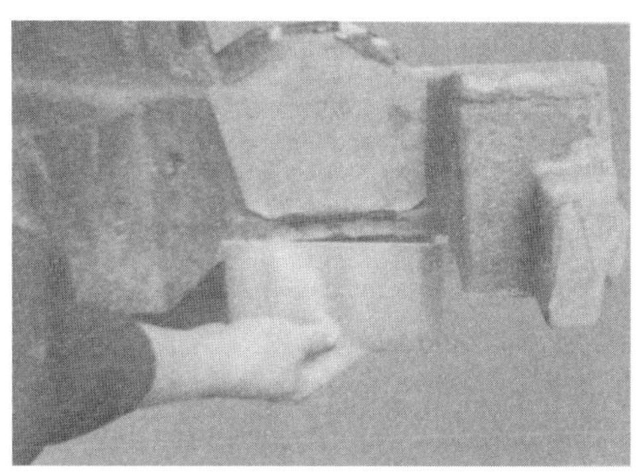

图 6-2-3　摇枕斜楔槽内、外表面距离检测

④ 转K4、转K5型摇枕头部两侧面壁厚单侧磨耗大于4 mm时堆焊后磨平，恢复原型。转K4、转K5型摇枕头部两侧面壁厚磨耗检测要检测摇枕头部两侧面垂向中间部位的剩余壁厚。检测如图6-2-4所示。

图 6-2-4　摇枕头部两侧面壁厚磨耗检测

⑤ 转K4、转K5型摇枕横向运动止挡磨耗大于4 mm时堆焊后磨平，恢复原型。转K4、转K5型转向架摇枕下部横向运动止挡壁厚检测要距止挡顶部5 mm处检测壁厚最小剩余厚度。检测如图6-2-5所示。

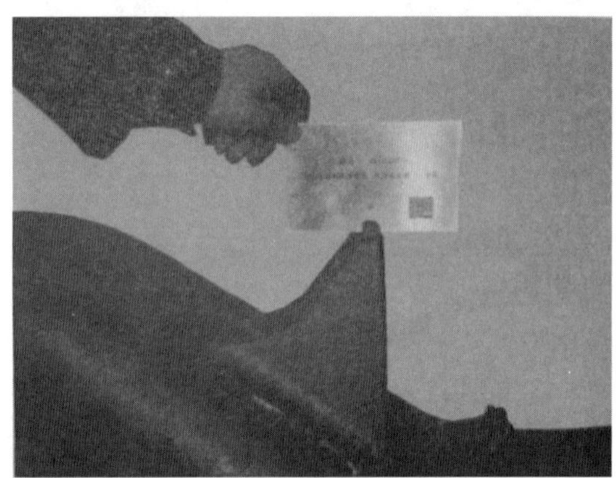

图 6-2-5　摇枕横向运动止挡检测

⑥ 控制型转向架摇枕旋转止挡两内挡外表面之间的距离小于474 mm时，要对中焊后磨平，恢复原型。

⑦ 转K6型摇枕弹簧定位圆脐为结构Ⅰ的，磨耗部位小于最小磨耗尺寸时焊修后磨修，磨修部位要达到结构Ⅱ圆脐相应部位尺寸，未焊修部位不用磨修；摇枕弹簧定位圆脐为结构Ⅱ的，磨耗部位小于最小磨耗尺寸时焊修后磨修，磨修部位要达到结构Ⅱ圆脐相应部位尺寸。

（3）附属件检修。

① 摇枕斜楔摩擦面磨耗板检修。

摇枕斜楔摩擦面磨耗板或分离式斜楔插板焊缝开裂时焊修，裂纹时更换新品，丢失时补装；转8A型更换新品，新品磨耗板厚度为5 mm；转8AG、转8G、转8AB、转8B、转K4、转K5、转K6型磨耗大于3 mm，转K2型磨耗大于2 mm时更换新品。摇枕斜楔摩擦面磨耗板磨耗检测：剩余厚度，以摇枕斜楔摩擦面为基准，检测距磨耗板边缘15 mm处的最小剩余厚度；局部磨耗，以摇枕斜楔摩擦面磨耗板未磨耗部位为基准，检测磨耗处最大深度。检测如图6-2-6所示。

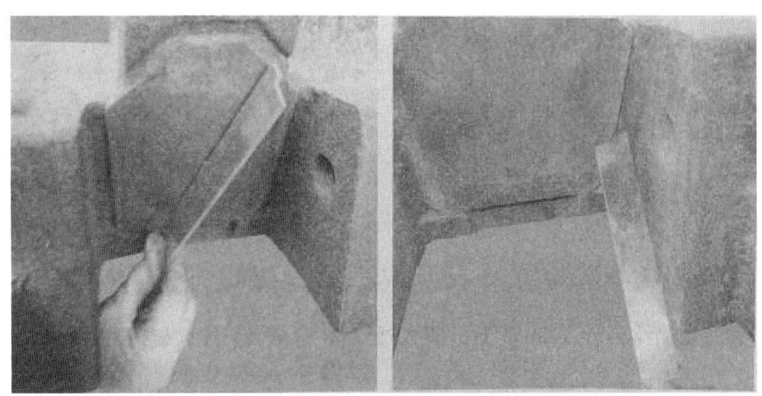

图 6-2-6　摇枕斜楔摩擦面磨耗板磨耗检测

转8A、转8AG、转8G、转8AB、转8B、控制型摇枕斜楔摩擦面磨耗板材质为27SiMn，硬度为40~50 HRC；转K2、转K4、转K5、转K6型斜楔摩擦面磨耗板材质为0Cr18Ni9，硬度不大于187 HBW；转K2型分离式斜楔插板材质为20号钢，硬度为130~210 HBS。

焊装磨耗板前摇枕斜楔摩擦面（基准面）要平整，不平整时要堆焊后磨平，矩形磨耗板或斜楔插板上、下端面与摇枕要满焊。

更换时，转8A、转8AG、转8AB型摇枕斜楔摩擦面有铸台者用原型样板以弹簧支承面及凸脐中心为基准进行检测，每侧间隙不大于4 mm，间隙差不大于2 mm；焊装140 mm × 80 mm ×（3~5）mm的磨耗板；无铸台者焊装（145~155）mm × 80 mm ×（3~5）mm的磨耗板。

控制型摇枕原设计无磨耗板者，要更换为图样QCZ49-40-01的摇枕。

转8AB、转8B型摇枕斜楔摩擦面磨耗板焊缝要对称分布，焊后用0.8 mm塞尺检查磨耗板与安装面间隙，插入深度不大于13 mm。

② 转K2型摇枕弹簧承台内侧外簧挡边高度小于25 mm时，要按图样QCZ85JX-40-01的要求加高。

③ 固定杠杆支点座圆销孔或衬套直径磨耗大于2 mm时，扩孔镶套或更换。

④ 转K2、转K5、转K6型转向架摇枕上拉杆托架组成的含油尼龙滚套外表面磨耗深度大于3 mm时更换。

⑤ 横跨梁安全链吊座剩余厚度小于5 mm或链孔上边缘宽度小于8 mm时更换。

3. 侧架常见故障及检修

（1）裂纹故障检修。

① 侧架弯角处横裂纹长度不大于裂纹处断面周长的30%，转K4型侧架摇动座支承安装槽底面横裂纹长度大于60 mm时报废，其他位置的横裂纹长度不大于裂纹处断面周长的50%时焊修，大于时报废。

② 支撑座裂纹及支撑座、侧架、连接板间焊缝开裂时，要铲除裂纹后焊修。支撑座贯通裂纹、经过焊修再次裂纹或原焊修焊缝开裂时更换。

③ 焊修时，普碳钢侧架使用J422焊条，B级钢使用J506焊条，焊波要高于基准面2 mm，焊修后要进行热处理。

④ 无识别标记的转K4、转K5型原侧架报废需补充时要补充识别标记为“Λ”的相同型号的侧架，且同一转向架的侧架要一致。

（2）磨耗故障检修。

① 导框两侧摩擦面单侧磨耗（含局部磨耗）深度大于2 mm、两侧磨耗深度之和大于3 mm，内侧面磨耗（含局部磨耗）深度大于3 mm或组装间隙超限时，堆焊后加工。

铸钢侧架导框两侧摩擦面单侧磨耗深度检测以侧架导框两侧摩擦面未磨耗部位为基准，检测导框磨耗处最大深度。检测如图6-2-7所示。

图 6-2-7　导框两侧摩擦面单侧磨耗检测

铸钢侧架导框两侧磨耗深度之和检测距侧架导框两侧摩擦面边缘5 mm处检测导框两侧摩擦面最小距离。检测如图6-2-8所示。

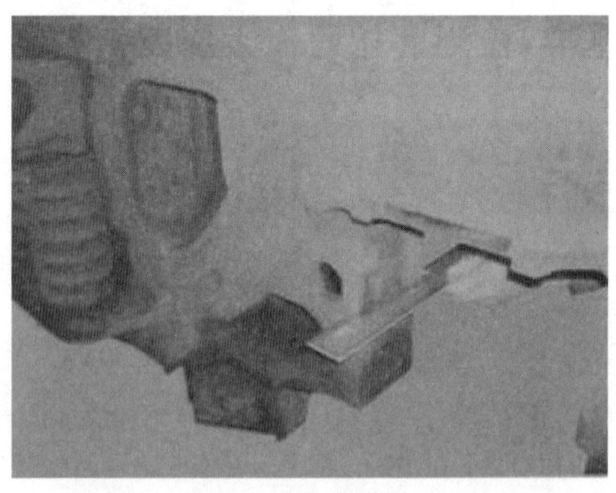

图 6-2-8　导框两侧磨耗深度之和检测

铸钢侧架导框内侧面磨耗（含局部磨耗）检测以侧架导框内侧摩擦面未磨耗部位为基准，检测磨耗处最大深度。检测如图6-2-9所示。

图 6-2-9　导框内侧面磨耗检测

转向架侧架导框内侧摩擦面两侧磨耗之和检测要检测侧架导框内侧摩擦面两侧磨耗处最大距离。检测如图6-2-10所示。

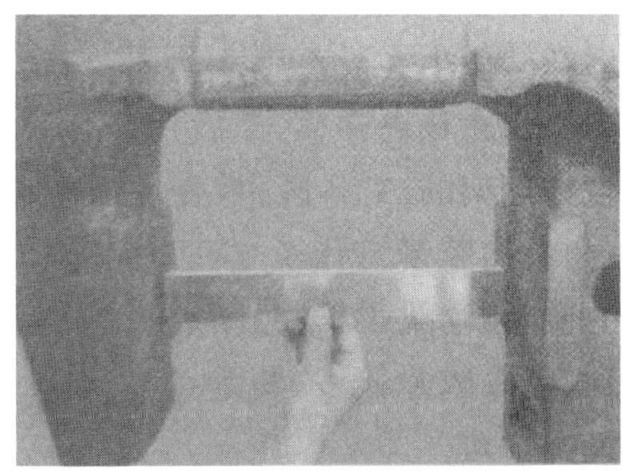

图 6-2-10　导框内侧摩擦面两侧磨耗之和检测

② 侧架承载鞍支承面焊修要在侧架翻转机上实行平焊。铸钢侧架承载鞍支承面磨耗以侧架承载鞍支承面未磨耗部位为基准，测量磨耗处最大深度；偏磨检测以侧架承载鞍支承面未磨耗部位为基准，测量磨耗处最大和最小深度，二者之差为偏磨量。检测如图6-2-11所示。

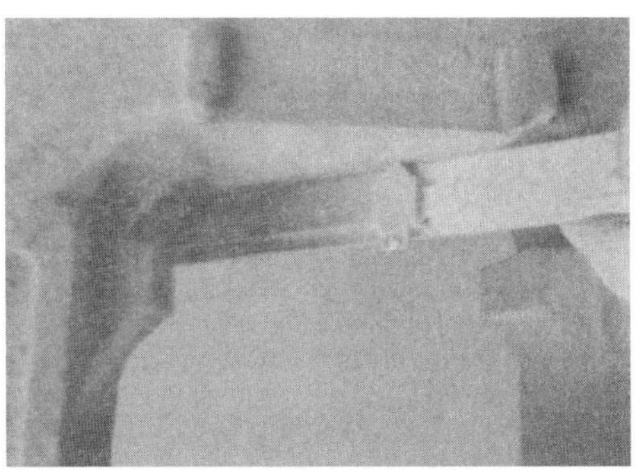

图 6-2-11　承载鞍支承面磨耗检测

③ 转K2、转K6型侧架立柱与摇枕挡内表面配合处磨耗深度大于3 mm时，堆焊后磨修恢复原型。转K2、转K6型侧架立柱与摇枕挡内表面配合处磨耗深度检测以侧架立柱与摇枕挡内表面配合处未磨耗部位为基准，检测磨耗处最大深度。检测如图6-2-12所示。

图 6-2-12　侧架立柱与摇枕挡内表面配合处磨耗检测

④ 控制型侧架两旋转止挡凸耳纵向间距原型为486 mm，磨耗后大于492 mm时要对中焊后磨平，恢复原型。

⑤ 控制型侧架与摇枕外挡接触部凸台磨耗深度大于3 mm时，焊修磨平。

4. 摇动装置常见故障及检修

（1）摆动装置易发生故障。

摆动装置易发生故障有弹簧托板裂纹、摇动座裂纹、摇动座磨耗过限、摇动座支承磨耗过限、导框摇动座磨耗过限等。同时K5型弹簧托板和K5型摇动座实行寿命管理。

（2）检修。

① 弹簧托板。转K4型弹簧托板横裂纹时更换，纵裂纹长度不大于50 mm、深度不大于2 mm及焊缝开裂时允许焊修，焊修环境温度低于5 ℃时，弹簧托板要预热至不低于21℃，且焊接时要保持不低于该温度。焊修前要清除裂纹，并采用机械方法制出V形坡口，焊后将焊缝打磨至与母材平滑过渡，焊缝凸高不允许大于1 mm，要采用富氩气体保护焊或相应强度等级碱性焊条施焊，并进行热处理。裂纹长度大于50 mm时更换。

转5K型弹簧托板裂纹时更换。

② 摇动座。转K4型摇动座裂纹时更换。

转K5型摇动座的A、B部、耳轴圆弧区域及耳轴与方梁间的过渡区域裂纹深度不超过1 mm时打磨消除裂纹，超过1 mm时更换；其他部位外观检查，裂纹时焊修，焊后局部热处理。

③ 导框摇动座。2007年4月1日以前生产的转K4、转K5型转向架，要按规定对原装用的导框摇动座、固定块及垫片进行改造，分解导框摇动座时可用氧一乙炔割炬切割原装导框摇动座固定块，但不允许伤及侧架母材。

装用大圆弧承载鞍（无识别标记）的转K4型转向架，导框摇动座按图6-2-13所示进行改造，即在其顶面（与侧架接触面）加工一个3 mm深的凹槽，并换装如图6-2-14所示的垫片、图6-2-15所示的导框摇动座固定块，按图6-2-16所示组装。

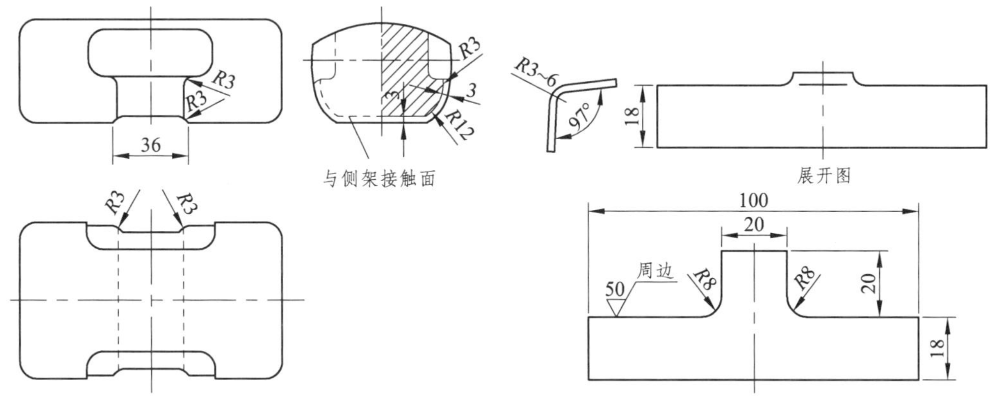

图 6-2-13　大圆弧导框摇动座改造　　　　图 6-2-14　转 K4 型导框摇动座垫片

装用原K4型小圆弧承载鞍的转K4型转向架，换装图6-2-14所示的垫片、图6-2-15所示的导框摇动座固定块，按图6-2-16所示组装。

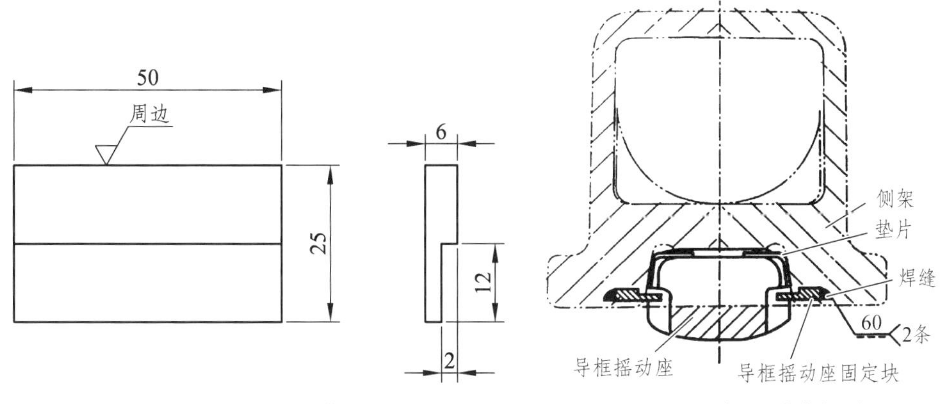

图 6-2-15　导框摇动座固定块　　　　6-2-16　导框摇动座组装

（3）交叉支撑装置检查分解。

① 交叉支撑装置要随摇枕、侧架进行翻转外观检查，状态良好可不分解，检查重点部位包括：端头螺栓（母）、双耳防松垫圈、轴向橡胶垫、交叉杆杆体（重点是压型处和环焊处）、盖板（扣板）、连接螺母及盖板（扣板）焊缝。

② 有下列情况之一时，要分解交叉支撑装置，除锈后对交叉杆连接焊缝（不包括转8AG、转8G、转8AB、转8B型转向架盖板上的寒焊缝）、杆体压型处进行湿法磁粉探伤检查，探伤执行《磁粉探伤》（HG 1011—2008）。

❖ 交叉杆变形大于10 mm，杆体擦伤、碰伤深度不大于1 mm。

❖ 交叉杆裂纹、开裂。

❖ 交叉杆端部螺栓（母）松动。

❖ 支撑座裂纹或破损。

❖ 转K1型锥柱母体裂纹或破损。

❖ 因火灾等原因，交叉杆及支撑座烧损或化学溶剂腐蚀橡胶件。

③ 有下列情况之一时修理。

❖ 杆体纵裂纹长度不大于50 mm或深度不大于0.6 mm及擦伤、碰伤深度不大于

1 mm时，磨修消除缺陷，磨修面与非磨修面要平滑过渡。

❖ 焊缝（杆体环焊缝除外）开裂时铲除裂纹后补焊，补焊后进行磁粉探伤。

❖ 盖板（扣板）裂纹时，要钻止裂孔，消除裂纹后施焊磨平，并进行湿法磁粉探伤。

❖ 在全长范围内用样杆检查交叉杆，弯曲、变形大于10 mm时调修。

❖ 转K2、转K6型转向架中间连接螺母松动时，拧紧后点焊固。

④ 双耳防松垫圈裂纹时更换新品。

⑤ 轴向橡胶垫允许有龟裂，表面圆周方向裂纹长度大于周长的30%时更换。

⑥ 锁紧板腐蚀、磨耗深度大于2 mm时更换新品。

⑦ 轴向橡胶垫无制造单位、时间标记或使用时间满6年时报废，剩余寿命小于1个段修期者，经检查确认质量状态良好，可继续装车使用，并由装车单位负1个段修期的质量保证责任。

交叉杆变形检测以交叉杆杆体两端向内10 mm处对应两点连线为基准，检测交叉杆杆体的弯曲变形量。检测如图6-2-17所示。

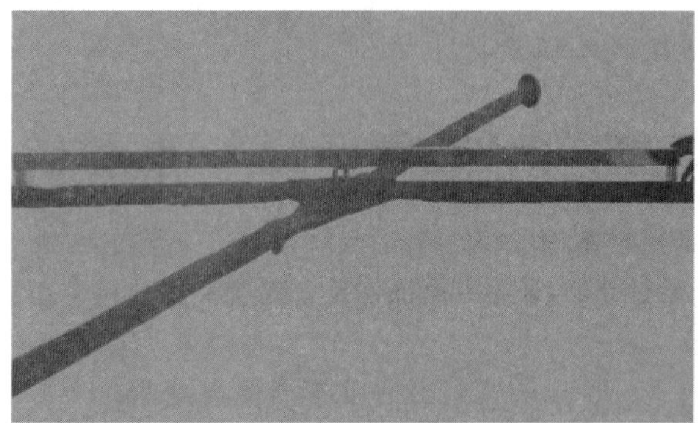

图 6-2-17　交叉杆变形检查

交叉杆杆体擦伤、碰伤深度检测以交叉杆杆体未擦伤、碰伤部位为基准，检测擦伤、碰伤处最大深度。检测如图6-2-18所示。

图 6-2-18　交叉杆杆体擦伤、碰伤深度检测

（4）焊修。

① 用钢丝刷和棉纱清除施焊部位表面油垢及气化物（离焊缝边缘不小于20 mm范围）。

② 杆体焊缝裂纹时消除裂纹后焊修。

③ 中间盖板（扣板）裂纹时要钻中3 mm止裂孔，消除裂纹后焊修。

④ 焊修裂纹时，要在裂纹处开60°～70°（V形和X形）坡口，坡口深度和长度要根据裂纹情况而定，以消除裂纹痕迹为准。

⑤ 环境温度低于5℃时，用烤把焊接部位预热到50~200℃；环境温度高于5℃时可不预热。

⑥ 焊接时采用平位焊接。

⑦ 由裂纹末端向外施焊，由下向上逐层施焊时，要彻底清除前一层焊波熔渣，焊波接头要错开20~30 mm。

⑧ 不允许在焊件的非焊修表面引弧，以免电弧击伤焊件表面。

5. 转向架落成检查要求

（1）下心盘组装质量检查。

① 下心盘不允许有裂纹，平面、直径磨耗不超限。

② 下心盘垫板安装符合规定。

③ 下心盘内不允许有异物及油脂。下心盘底平面与摇枕心盘安装面或心盘垫板之间不允许有间隙。

④ 转8A型转向架下心盘螺栓、螺母要采用锁固剂进行锁固。

（2）承载鞍组装质量检查。

① 转8A、转8AG、转8G、转8AB、转8B型侧架承载鞍支承面与承载鞍顶面（或与垫板顶面）接触要良好，局部间隙用1 mm塞尺检查，深入量不大于20 mm。

② 轮对、承载鞍要正位；承载鞍推力挡肩内径与前盖、后挡最大外径间的径向间隙控制在2 mm及以上；承载鞍挡边外侧与前盖、后挡凸缘间隙均控制在2 mm及以上。

转8A、转8AG、转8AB、转8G、转8B、转K6型转向架承载鞍与侧架导框的间隙检测：前后间隙之和，分别检测同一承载鞍导框底面与侧架导框内侧摩擦面之间的贯通间隙；左右间隙之和，分别检测同一承载鞍导框挡边内侧面与侧架导框内侧摩擦面之间的贯通间隙。检测如图6-2-19和图6-2-20所示。

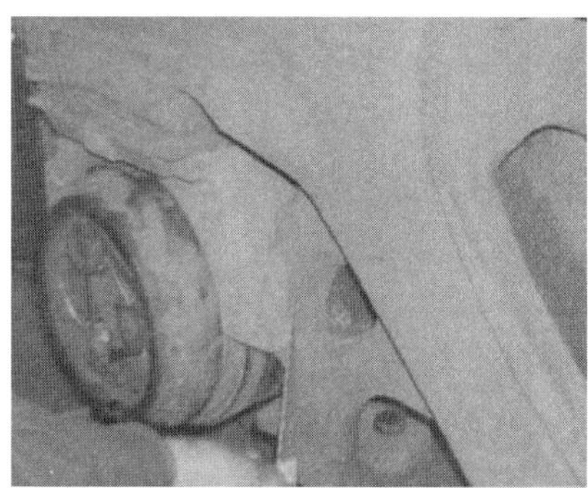

图 6-2-19　前后间隙检测示意

图 6-2-20　左右间隙检测示意

转K2、转K4、转K5型转向架承载鞍与侧架导框间隙检测：前后间隙之和，分别检测同一承载鞍导框底面与侧架导框导台两内挡面之间的贯通间隙；左右间隙之和，分别检测同一承载鞍导框挡边内侧面与侧架导框导台两侧面之间的贯通间隙。检测如图6-2-21和图6-2-22所示。

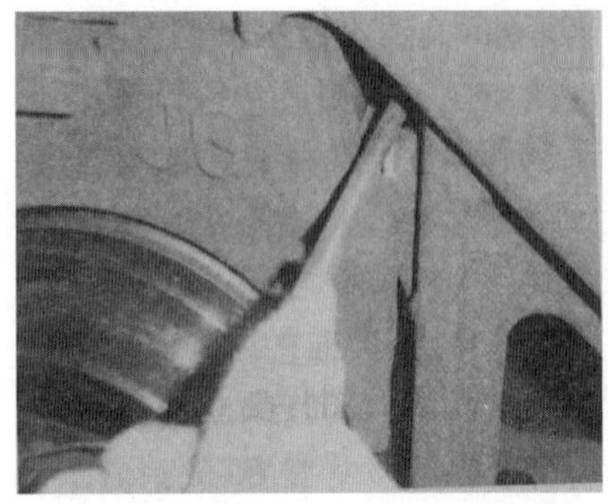

图 6-2-21　前后之和检测示意

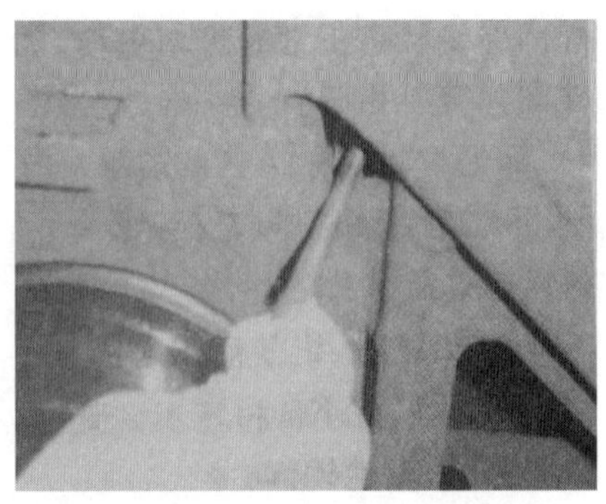

图 6-2-22　左右之和检测示意

转8A、转8G、转8B、转8AG、转8AB型转向架侧架承载鞍支承面与承载鞍顶面局部间隙检测，应检测侧架承载鞍支承面与承载鞍顶面或与磨耗板顶面最大间隙，用1 mm塞尺检查，插入深度不大于20 mm。检测如图6-2-23所示。

承载鞍挡边外侧与前盖、后挡凸缘间隙检测，要沿圆周检测承载鞍挡边外侧与前盖、后挡凸缘间的最小间隙。检测如图6-2-24所示。

承载鞍推力挡肩内径与前盖、后挡最大外径间的径向间隙检测，要沿圆周检测承载鞍推力挡肩内径与前盖、后挡外径间的最小径向间隙。检测如图6-2-25所示。

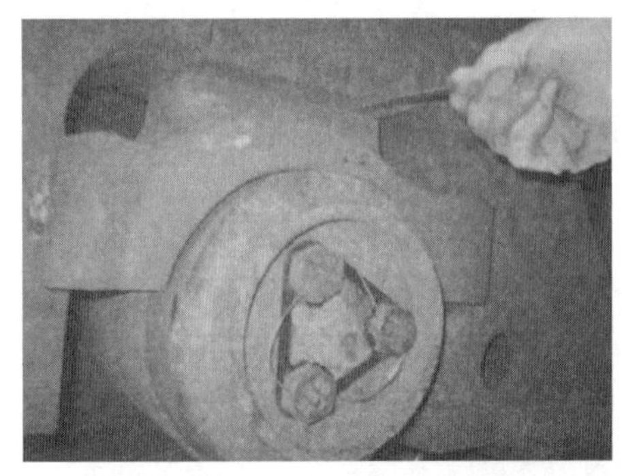

图 6-2-23　承载鞍支承面与顶面局部间隙

图 6-2-24　挡边外侧与前盖、后盖凸缘间隙

图 6-2-25　推力挡肩内径与前盖、后挡径向间隙

（3）斜楔组装质量检查。

① 斜楔形式要符合规定。

② 同一辆车斜楔形式和材质均要一致。

③ 转8A、转8AG、转8G型斜楔弹簧支承面不允许高于摇枕弹簧支承面。转8A转向架组装后承载斜楔的弹簧支承面要低于同组其他摇枕弹簧支承面1~6 mm。

④ 斜楔立面与侧架立柱磨耗板接触要良好，垂直方向不允许有贯通间隙，局部间隙控制在2 mm以内，横向以2 mm×10 mm塞尺不允许深入50 mm。检测如图6-2-26所示。

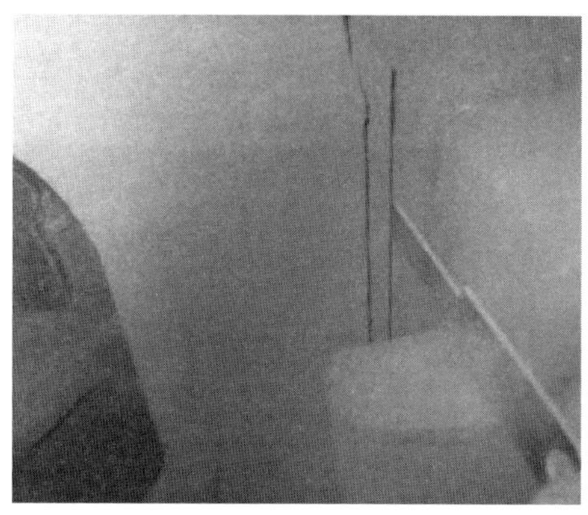

图 6-2-26　斜楔立面与侧架立柱磨耗板检测

⑤ 转K2型整体式斜楔主摩擦面磨耗限度高度标记为19.1 mm，超出摇枕上平面时，要将斜楔、侧架立柱磨耗板和摇枕斜楔摩擦面磨耗板或分离式斜楔插板成套更换。

⑥ 转K4、转K5型转向架在整车落成后用样板检查斜楔上移量，控制在4 mm以内，当样板落在斜楔肩之间，但不能接触摇枕端部上表面时，更换斜楔主摩擦板，如图6-2-27所示。

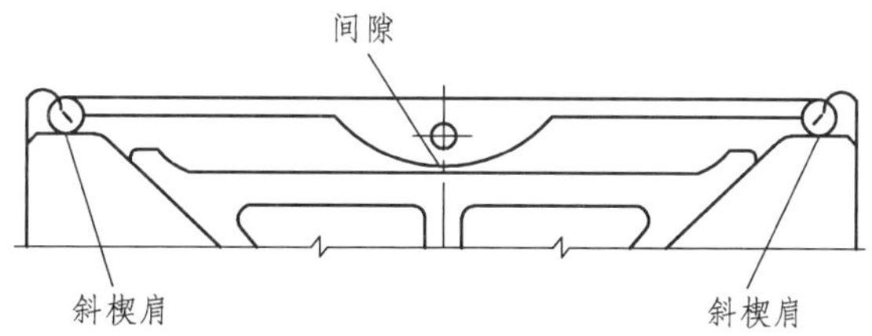

图 6-2-27　斜楔上移量检测

三、实训要求

1. 实训时间

教学课时为4课时。

2. 实训形式

学生每5人组成1个工作小组，各小组根据实训课程任务制定实训实施方案，每个小组选出1名组长，组长协助老师指导本组学生进行实训。

3. 实训注意事项

（1）未经教师或管理员允许不得擅自操作。

（2）在转向架检修的过程中注意安全，避免用手直接触碰金属部分。

（3）须要严格按照标准操作步骤进行实训。

4. 工器具材料准备

（1）防护用品，包括防滑鞋、绝缘手套、工作服等。

（2）工具，包括手锤、卡尺等。

（3）个人用品，包括笔、笔记本等。

四、实训作业步骤

1. 整体实训流程（见图 6-2-28）

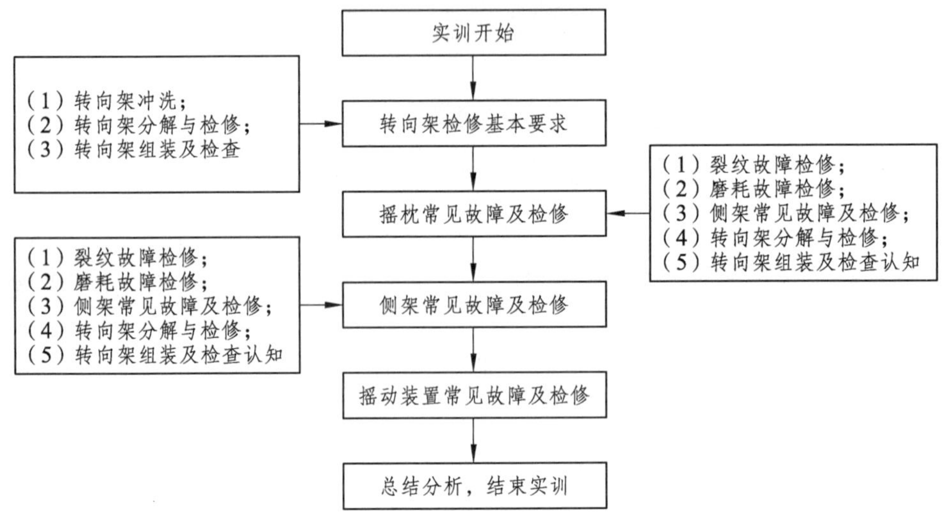

图 6-2-28　整体实训流程

2. 实训作业流程（见表 6-2-1）

表 6-2-1　实训作业流程

工序	实训内容	作业结果记录
1	转向架检修基本要求 （1）转向架冲洗； （2）转向架分解与检修； （3）转向架组装及检查	
2	摇枕常见故障及检修 （1）摇枕裂纹故障检修； （2）磨耗故障检修； （3）附属件检修	

续表

工序	实训内容	作业结果记录
3	侧架常见故障及检修 （1）裂纹故障检修； （2）磨耗故障检修； （3）附属件检修	
4	摇动装置常见故障及检修 （1）弹簧托板裂纹； （2）摇动座裂纹； （3）摇动座磨耗过限； （4）摇动座支承磨耗过限； （5）导框摇动座磨耗过限	

五、实训考核标准（见表6-2-2）

表 6-2-2 实训考核标准

项目	标准	配分	得分
检修基本要求知识考核	能够叙述出转向架冲洗、转向架分解与检修、转向架组装及检查的方式	20	
摇枕常见故障及检修的知识考核	能够叙述出摇枕裂纹故障检修、磨耗故障检修、附属件检修的方式	20	
侧架常见故障及检修的知识考核	能够叙述出侧架裂纹故障检修、磨耗故障检修、附属件检修的方式	20	
交叉支撑装置常见故障及检修的知识考核	能够叙述出交叉支撑装置检查分解、焊修的方式	20	
摇动装置常见故障及检修的知识考核	能够叙述出摇动装置易发生故障、检修的方式	20	

六、思考题

（1）转向架检修基本要求是什么？
（2）转向架会出现哪些常见故障？应如何进行检修？
（3）转向架落成检查都有哪些要求？

任务三　车体检修与维护

一、实训目的

（1）通过实训，学生可以掌握底架钢结构损伤形式及检修、车体钢结构损伤形式及检修、底架附属件损伤形式、车体钢结构变形调修方法、车底钢结构底架调修的内容。

（2）通过实训，学生可以了解货车底架牵引梁检修、焊接与补强的内容。

二、理论链接

1. 货车底架牵引梁检修

（1）牵引梁处内侧磨耗深度不大于 3 mm 时，堆焊后磨平。

（2）牵引梁处内侧磨耗深度大于 3 mm，但不大于梁厚的 50%，且其高度不大于梁高的 50%时，堆焊后磨平或挖补，并在外侧加补强板。

（3）牵引梁处内侧磨耗深度大于梁厚的 50%，或者磨耗深度不大于梁厚的 50%，但高度大于梁高的 50%时挖补，并在外侧加补强板。

① 同一侧前、后从板座处均磨耗过限补强时，要连接两从板座加通长补强板，如图 6-3-1 所示。

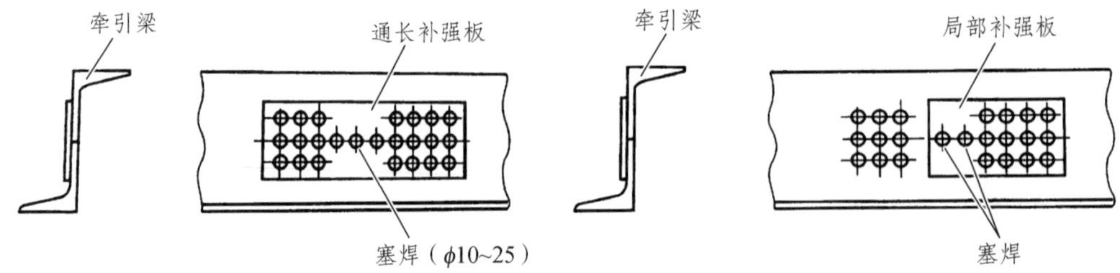

图 6-3-1　牵引梁通长补强示意　　图 6-3-2　牵引梁局部补强示意

② 前从板座或者后从板座处之一磨耗过限，可加装局部补强板，如图 6-3-2 所示。

（4）牵引梁磨耗延及翼板，其磨耗深度超过腹板厚度的 50%时，堆焊后加装角形补强板。

（5）牵引梁内侧磨耗板磨耗深度：厚度为 10 mm 者，超过 3 mm 时更换。

2. 焊接与补强的基础知识

（1）焊接强度。

焊接强度，一般是指在承受载荷最不利的条件下的抗破坏性能，要求焊缝强度应不低于基本金属的强度。以简单拉伸为例。

① 直对接计算：

为使焊缝不被拉断，其强度条件要满足焊缝处的计算应力应当小于或等于焊缝

许用应力，即

$$\sigma_{焊}=P/F=P/(bt)\leqslant[\sigma_{焊}]$$

式中　P——轴向应力；

　　　F——焊接的横断面积。

$F=bt$，如图 6-3-3 所示。

按照车辆设计规范的规定，则$[\sigma_K]$=132.4 ~ 152 MPa，而普通碳素钢$[\sigma_{焊}]$=380 ~ 470 MPa，这说明直对接的焊缝强度低于基本金属的强度，梁柱焊接时一般不采用。

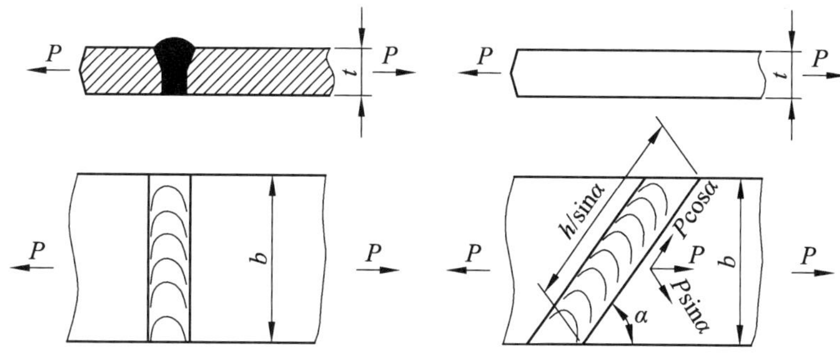

图 6-3-3　直对接焊缝计算示意　　　图 6-3-4　斜对接焊缝计算示意

② 斜对接计算：为获得等强度接头，可以将焊缝做成斜线，如图 6-3-4 所示。在对接焊缝中，焊缝同时受到垂直于焊缝的拉力和剪力。拉伸和剪切的强度条件为

拉应力 $\sigma_K=(P\times\sin\alpha\times\sin\alpha)/(\mathrm{bt})=\sigma\times\sin^2\alpha\leqslant[\sigma_K]$

$$剪应力\ \ \tau_K=[P\times\sin\alpha\times\cos\alpha)/(\mathrm{bt})=\sigma\times\sin\alpha\times\cos\alpha\leqslant[\tau_K]$$

式中　σ——母体金属拉力。

如果倾斜角 α=45°，则

$$\sigma_K=\sigma/2\leqslant[\sigma_K]$$
$$\tau_K=\sigma/2\leqslant[\tau_K]$$

在一般的焊缝中，$[\sigma_K]\geqslant\sigma/2$和$[\tau_K]\geqslant\sigma/2$是可以保证的。所以$\alpha$=45°的斜对接焊缝的强度与母体金属基本相等，因此，各梁及下盖板车上截换时应斜接。

3. 底架钢结构损伤形式及检修限度

（1）底架钢结构的损伤形式。

底架在运用中主要有变形、腐蚀、裂纹和磨耗等几种损伤形式。

（a）变形。

货车底架常见的变形有：中梁、侧梁在枕梁间的下垂；牵引梁或枕梁外侧的侧梁上挠或下垂；中梁、侧梁左右旁弯及牵引梁甩头；钢地板凸凹不平等。

① 中梁、侧梁在枕梁间的下垂。

作用在底架的垂直载荷可以认为是均匀布于地板面上，地板面上的载荷经由地板

传给底架各梁。底架受动、静的垂向载荷作用后，会发生一定的变形，一般中央部分较大，其次是两端。如枕梁处视为刚性支点，则整个底架的中、侧梁可视为两端外伸的简支梁，如图6-3-5所示。

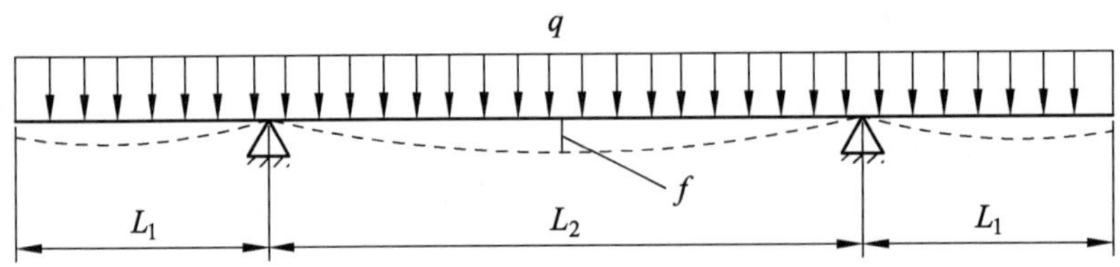

L_1—底架中梁、侧梁外伸部分长度；L_2—车辆定距；
F—中梁或侧梁中央挠度；q—中梁或侧梁单位长度载荷。

图 6-3-5　底架中、侧梁受力简图

各型货车若中梁、侧梁下垂变形过大，在货车静、动载荷的综合作用下，梁件会早期发生裂纹，降低货车使用寿命。同时会影响货车其他部件的正常工作，如出现制动缸过分倾斜、制动拉杆与大横梁发生接触而干涉基础制动装置、棚车车门无法关严等问题。中梁、侧梁在枕梁间下垂的检测方法是以中梁或侧梁与两枕梁内侧结合处下翼板边缘为基点拉一线绳，测量线绳与中梁或侧梁间的最大垂直距离，如图6-3-6所示。

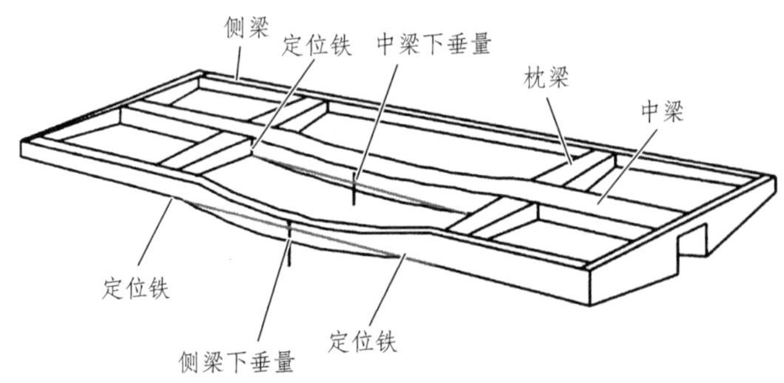

图 6-3-6　中梁、侧梁在枕梁间下垂检测示意

② 牵引梁或枕梁外侧侧梁的上挠或下垂，如图6-3-7所示。

牵引梁或枕梁外侧侧梁的上挠或下垂是由车端部的载重及运行中的纵向冲击力所造成的。多发生于运用时间较长，车体端部腐蚀较多的货车上。它将影响底架与车体的连接强度以及车钩连挂尺寸，若上挠或下垂值过大，会造成两车辆间连接车钩中心高度差值过大，以致在运行中使车钩和底架产生附加弯曲，严重时会因货车振动而发生脱钩事故。

牵引梁或枕梁外侧的侧梁上挠或下垂检测方法是以两枕梁中心为测量基准拉一线绳，测量牵引梁或枕梁外侧的侧梁上挠或下垂量。

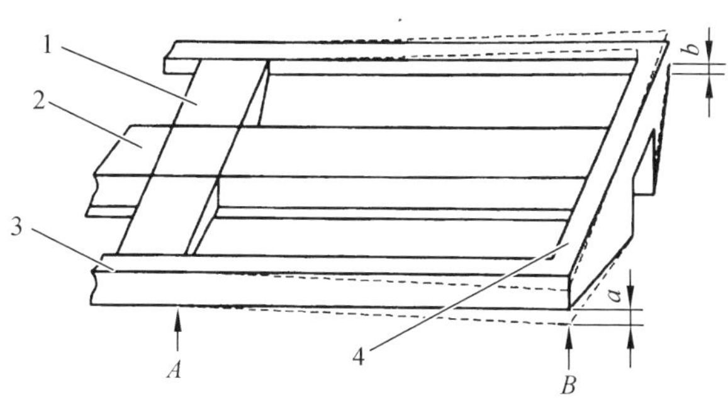

1—枕梁；2—中梁；3—侧梁；A—枕梁处侧梁至轨面距离（基准高度）；B—侧梁端部至轨面距离（变形后高度）；a—下垂量；b—上挠量。

图 6-3-7　枕梁外侧侧梁上挠或下垂

（b）腐蚀。

① 腐蚀易发部位。

腐蚀易发生在质量不良或油漆保护层脱落处、结构上容易存水的焊缝处和两层及以上板材叠加处、受化学液体浸蚀处。当防腐措施不力，在带有锈层、油污或水汽的底架结构表面直接涂装防锈涂料时，更能较快的产生腐蚀损伤。

如 60 t 级敞车的侧柱与侧梁采用热铆工艺，加热的铆钉将油漆涂装层烧损，水分极易通过铆接缝隙进入连接处，造成水分积存而引起腐蚀。又如 P62 型系列棚车门柱下部与侧梁组焊，其下加焊垫板，如图 6-3-8 所示，侧梁、门柱与垫板形成局部积存水和尘垢空间，造成车门处侧梁腐蚀。

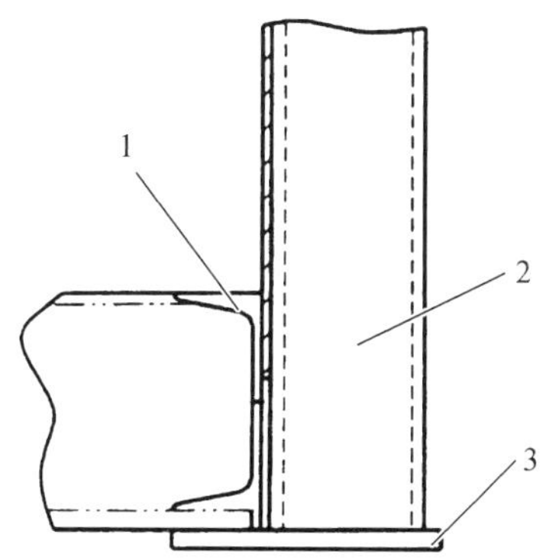

1—侧梁；2—门柱；3—垫板。

图 6-3-8　棚车门柱与侧梁组焊

② 腐蚀的检测。

腐蚀状态一般是以腐蚀深度及腐蚀面积进行定义的，用金属测厚仪检测腐蚀最深部位，计算较原型尺寸减小的百分数。各梁及盖板腐蚀检测翼板以全宽的50%处为准，腹板以腐蚀最深处为准，均检测原厚度的减少量。边缘腐蚀或个别腐蚀凹坑超限时，不作为腐蚀深度的检测依据，但应焊修。

（c）裂纹。

底架裂纹大多产生在底架应力较大的部位，而这些部位又往往由于结构断面形状变化、焊缝复杂或开有铆钉孔、制动拉杆孔等造成应力集中。如枕梁与中梁焊接结点附近，由于枕梁承担的载荷大，心盘座组焊时又有多条焊缝交汇，焊缝纵横交错，应力集中，因而往往在枕梁腹板与中梁焊接根部和中梁隔板处产生裂纹。

货车运行中各梁产生的裂纹会继续扩大，甚至延及整个梁件断裂，造成运行事故，因而货车底架各梁件不允许发生裂纹后继续运行。

4. 车体钢结构损伤形式及检修限度

（1）车体钢结构的损伤形式。

车体钢结构包括侧墙、端墙、车顶及车门板等。损伤的主要形式有变形、裂纹和腐蚀。

① 变形。

货车车体常见的变形有：端柱和侧柱外胀、敞车上侧梁弯曲、车门板变形、门折页弯曲、侧柱连铁弯曲、侧柱局部凹陷以及全钢车体的墙板外胀、端墙板压筋失稳变形、车体倾斜等。

❖ 端、侧柱外胀：

侧柱外胀多发生于敞车车体上，端柱外胀敞车、棚车均有发生。当端、侧柱根部发生腐蚀，焊接不良或本身剧刚度不够，在散装货物的侧压力以及运行中的冲击力作用下都会使端、侧柱发生外胀。

端、侧柱外胀后，将影响与底架的连接，降低原有强度，在端、侧柱根部发生焊缝开裂现象。严重的会造成货物失散，或超出车辆限界。

❖ 车体倾斜：

主要以横向倾斜为主，如图6-3-9所示。一般是由于偏载或货物加固不良产生侧向冲击力造成车体变形。另外，钢结构腐蚀变形、设计强度不足造成底架扭曲、心盘偏磨、旁承游间过大等也能造成车体倾斜。

车体倾斜过大会改变车体钢结构的受力状态。在通过曲线时，货车中部的偏移量加大，有可能超出车辆限界或发生与邻线机车车辆相撞的情况，或引起货物偏载，发生热轴事故，或造成货车脱轨。

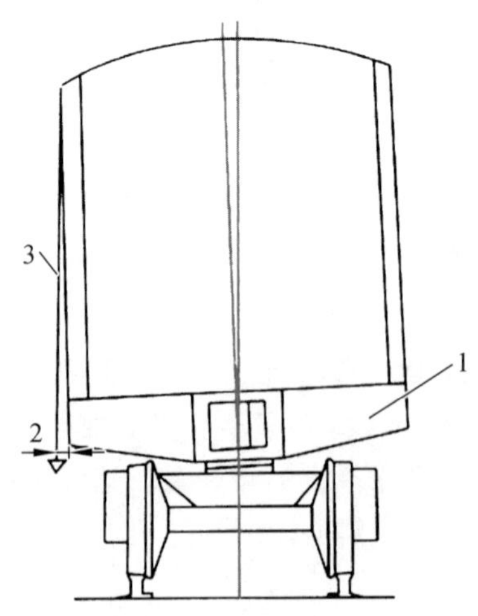

1—倾斜程度；2—车厢；3—垂直线。

图 6-3-9　车体倾斜示意

② 腐蚀。

腐蚀常发生在各梁件或板料的连接处和焊缝处。腐蚀是目前我国敞车的主要故障，因为敞车主要用于煤炭、矿石、砂石等的运输，货物不仅破坏了车体的油漆涂装层，而且煤炭、矿石具有腐蚀作用，加剧了车体的腐蚀。敞车腐蚀是全车范围，对于损伤严重的货车，厂修时除上侧梁、上端梁、角柱保留，侧柱局部截换外，侧墙板、端墙板、侧柱连铁需全部更换，腐蚀是敞车修车中工作量较大的部分。棚车腐蚀部位大多在车顶、门窗、端侧墙板下部 300 mm范围内，目前来说，对于腐蚀没有更好的解决方案，只有不断改进涂装工艺、采用新型金属材料，才能使敞车腐蚀严重的现象得到改善。

③ 裂纹。

常见于焊缝附近，主要是由于焊后有较大的内应力、变形或材料变质等原因造成，再加上运用中使用不当等使结构产生裂纹。

Pu型棚车侧柱焊缝开裂现象较为普遍，主要原因是新造时对侧柱与侧墙板焊接使用自动焊机，焊角未达到图纸技术要求，焊缝存在气孔、不连续等焊接质量问题，运用时在货物撞击下焊缝极易开裂。

敞车门柱外侧加强板与侧柱连铁间焊缝极易开裂，主要原因是此处结构最弱，运用中，不长的焊缝随车体外胀或被货物直接撞击而开裂。

（2）附属件检修。

① 侧架立柱磨耗板检修与安（铆）装。

丢失时补装，裂损或松动时更换；转8A、转8AG、转8G、转8AB、转8B、控制型磨耗大于2 mm，转K2、转K4、转K5、转K6型磨耗大于3 mm时更换。

转8A、转8AG、转8G、转8AB、转8B、控制型要采用平头铆钉液压热铆，铆接配件金属结合面在组装前均要涂防锈漆，铆钉窝填充要充实，其边缘处应无大于1.5 mm的剩余量，铆钉帽平面低于磨耗板平面，凸出部分用砂轮机（角向磨光机）打磨平整。铆装后敲打铆钉无松动，钉帽圆滑饱满。控制型侧架立柱磨耗板要符合图样QCZ49-20-01，上、下部要焊有定位装置。

转8A、转8AG型立柱磨耗板铆装前，先测量侧架两立柱水平距离（以侧架两立柱安装磨耗板的凸出部分最下方向上10 mm处测量为准），大于509 mm时，堆焊后加工（加工后局部可有黑皮）或更换；小于505 mm时，铆装厚度为10 mm的磨耗板；大于505 mm时，铆装厚度为12 mm的磨耗板。

转K2、转K4、转K5、转K6型要采用折头螺栓紧固，折头螺栓要折断，并使用扭矩扳手校核，紧固力矩要达到：转K2、转K6型为500~550 N·m，转K4、转K5型为530~660 N·m。螺栓端头不允许高于侧架立柱磨耗板表面，高于时时用角向磨光机打磨。

转8AB、转8B型侧架要装用图样QCZ105A-20-01的加宽45钢立柱磨耗板。

② 支撑座及保持环检修。

支撑座裂纹及支撑座、侧架、连接板间焊缝开裂时要铲除裂纹后焊修，并要符合支撑座及侧架、连接板间焊缝焊修技术条件。

支撑座贯通裂纹、经过焊修再次裂纹或原焊修焊缝开裂时更换；分解交叉支撑装置的支撑座腐蚀深度大于3 mm时更换。更换时不允许伤及侧架母材。新组装支撑座要使用支撑座专用组装胎具。

分解后保持环腐蚀、磨耗深度大于2 mm或裂纹时更换新品，更换保持环时，要使用专用组装定位胎具；焊缝开裂时要清除原焊波施焊。

③ 横跨梁托检修。

横跨梁托变形时调修或更换，裂纹或腐蚀深度大于30%时更换。

横跨梁托孔径磨耗大于3 mm时焊修或更换。

④ 斜楔挡检修。

8A、转8G、转8AB、转8B型侧架斜楔挡弯曲时调修，裂纹时焊修或更换；斜楔挡脱落时，要在原处焊装95 mm × 75 mm × 16 mm的钢板，焊角为8 mm × 8 mm。

⑤ 侧架中部下弦杆上平面限制摇动座摆动角的凸台面检修。

转K4、转K5型侧架中部下弦杆上平面限制摇动座摆动角的凸台面，在摇动座朝侧架一侧倾斜至不能移动时分别用图样53A80-12-06-00、图样56A80-12-06-00的样板检查，全长范围内通端通过、止端止住。止端不符合要求时要将凸台面堆焊后磨平，通端、止端均要合格。

5. 底架附属件损伤形式

（1）变形。

① 制动装置因素引起的变形。

主要由两方面因素引起的变形。一是杠杆或拉杆等基础制动配件错装，二是杠杆安装托架位置不正确或本身尺寸错误。当闸瓦磨耗到极限厚度时，造成杠杆与杠杆托架发生干涉（俗称“抗托”），杠杆将托架拉弯。

这种非正常的损伤形式是非常危险的，故障早期会引起制动系统的失效，造成“假制动”或缓解不良，长时间“抗托”会引起杠杆托架的脱落，造成更严重的后果。

由于这种故障是钢结构检修与制动检修后的装配故障，因此常常被忽略。在货车检修时，要特别注意防止上述故障的发生。一是在分解检查时，注意托架是否弯曲，并观察托架的磨耗痕迹，托架弯曲时要测量托架的位置及尺寸是否符合图样；二是在基础制动装配时，正确装配制动杠杆及拉杆；三是空气制动机试验、人力制动机试验时注意观察杠杆的位置，能够根据制动倍率的换算关系早期判断出闸瓦极限厚度时制动杠杆的位置。

② 强度不足引起的变形。

主要是配件腐蚀或磨耗后截面积减小，造成强度不足，但也有部分悬臂结构的配件装配代用的现象。如部分货车的风缸安装座、人力制动机拉杆导向支架安装座采用50 mm × 50 mm角钢代替75 mm × 50 mm角钢的现象。

（2）焊缝开裂。

这种损伤形式是底架附属件的最常见故障。引起这种损伤的因素很多，但主要原因是底架附属件焊接后没有清除熔渣或没有油漆涂装，运用过程中焊缝腐蚀严重、强度下降。检修过程中不能简单地对焊缝开裂部位进行补焊，而要清除裂纹后重新焊接，或者更换配件。对于悬臂结构的配件，要仔细分析开裂的原因，是否存在强度不足的问题，否则在货车运用后会再次开裂。同时，在底架附属件调修过程中，避免采用冷调的方法，调修后要再次检查底架附属件的焊缝。

（3）磨耗。

磨耗是正常的损伤形式，主要发生在杠杆或拉杆与底架附属件的接触部位。但在货车检修、运用过程中要注意检查基础制动装置是否在一个平面上，如果不在一个平面上，可能会引起杠杆与底架附属件发生非正常磨耗，加剧底架附属件的损伤。

6. 车体钢结构变形调修方法综述

（1）调修基本方法。

调修方法可分为冷调修法、热调修法两种形式，但调修时都需要施加适当载荷，使变形部位得到恢复。如何正确选择调修方法，是制定经济、合理的调修工艺的基础。

① 冷调修法。

冷调修法一般用于变形量不是很大、刚度相对较弱的部件。如对小梁、地板、侧柱、上侧梁、上端梁、墙板、门板等的调修一般采用冷调修的方法。冷调修也分为直接加力校正与胎具校正两种形式。

直接加力校正用于局部向一个方向变形的部件调修，将车体固定后，在变形方向加力即可，如图6-3-10所示。胎具校正用于墙板、门板、端板、车门等的调修，调修时内外胎将板材夹紧，加力后恢复平整，如图6-3-11所示。

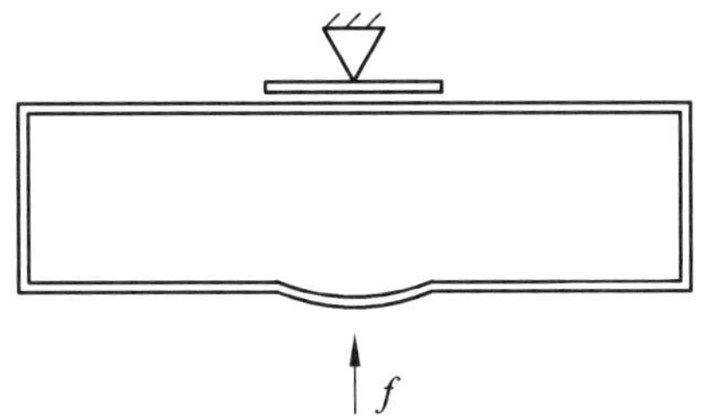

图 6-3-10　上侧梁调修示意

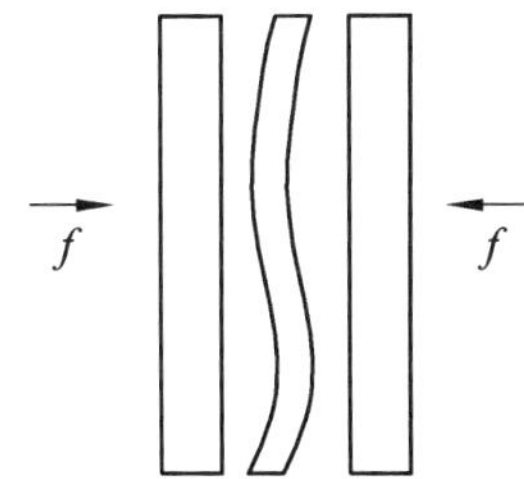

图 6-3-11　墙板校正示意

② 热调修法。

热调修法广泛用于刚性较大的部件的调修。如对底架弯曲、牵引梁变形、中梁及侧梁变形的调修等。

底架热调修的方法：底架调修一般采用局部加热与外加载荷相结合的方法。底架弯曲变形的情况虽各有不同，但都是部件局部过度拉伸的结果。通过检测，确定需调修的部位，然后根据变形的具体情况及结构特点，正确地选择支点、压固点、加力点、加热点的位置、加热温度、加热范围及外加载荷的大小，如图6-3-12所示。

支点是在加力时起杠杆支承作用，应选择在靠近开始弯曲的部位。

压固点是提供因加力点的作用而需要的平衡反力，可根据变形情况，选在支点和弯曲点中间，或选在支点的外侧。

加力点是加力的作用点，选择加力位置时，除根据变形情况选定外，还应考虑加力时操作方便，加力方向一般选为自下往上或左右两侧。

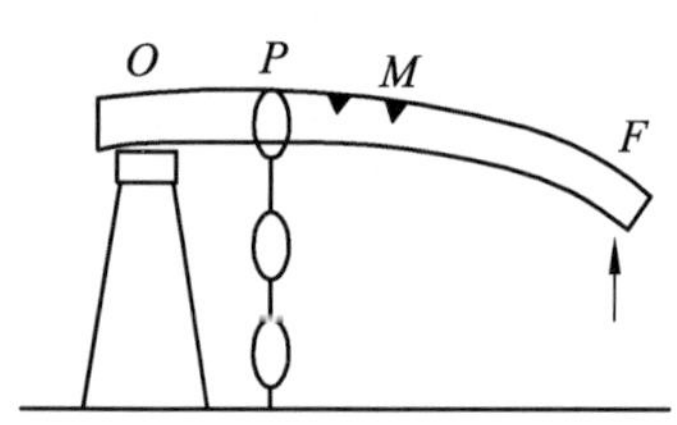

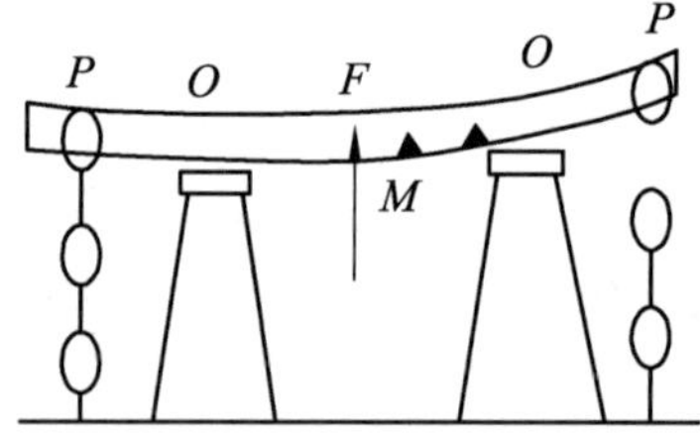

图 6-3-12 底架调修工作原理示意图

（2）伸缩量的确定。

热调修时金属会产生一定的伸缩，在调修时应考虑金属冷却后的伸缩量。伸缩量的大小，随加热次数、工件厚度、加力的大小和加热时间的长短而不同。伸缩量8的大小可用经验公式

$$\delta=（0.002\sim0.004\ 5）L$$

式中 L——变形部分的弦长（mm）。

（3）解体调修。

若底架变形较大时，对于板梁承载或整体承载全钢焊接结构敞车、棚车等，应将侧墙或立柱与底架的连接处分解开，以便对底架进行调修，避免调修时对钢结构造成其他损伤。

7. 车体钢结构底架调修

底架是一个比较复杂的钢结构，各梁件已组成一个整体框架，梁件之间互相制约，一处发生弯曲，将引起其他部分变形。矫正时就不能孤立地看问题，调修时应掌握底架的变形规律，正确选择调修方法，方能达到调修目的。

（1）中、侧梁下垂调修。

货车检修时，中梁、侧梁在枕梁间下垂超限时调修至水平线0~12 mm。测量中梁下垂时，在车体两枕梁上平面间拉线，以两枕梁为刚性支点，使拉线在枕梁处垂直距离相等，测量、换算中梁下垂量；测量侧梁下垂时，在车体两枕梁下平面间与侧梁的交点处拉线，以两枕梁为刚性支点，使拉线至枕梁处垂直距离相等，测量、换算侧梁下垂量。中梁不超限侧梁超限时，可将侧梁调至中梁现有挠度以上。

一般情况下，底架中、侧梁下垂变形大部分在中部区域。

① 中梁、侧梁调修时，将底架置于台架上，在枕梁附近用拉紧装置将车体底架固定，在中部下垂最严重处支顶镐，缓缓加压，一个顶镐调修效果不佳时可用多个顶镐同时加压调至稍有上挠为止。当需要加热调修时，可选择在变形起点附近增加加热点，如图6-3-13所示。

中梁与侧梁相比，中梁的刚度比侧梁的刚度要大得多。因此，中梁一旦发生下垂变形，一般会引起侧梁变形，若将中梁调修好，侧梁也易于恢复到正常状态。但是，有时侧梁受到外力撞击而变形严重时，在调修好中梁的同时还应对侧梁变形部分进行加热调修。

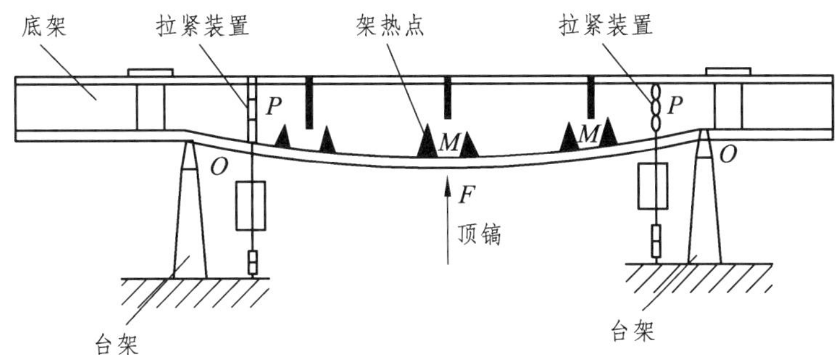

图 6-3-13　中梁或侧梁中部下垂调修示意

② 当中、侧梁下垂变形不太严重时，只需在主横梁与中梁连接处的附近选择3~6处作为加热点，使中梁下面变形凸出部分（加热温度最高处）金属起局部收缩作用，便可使中、侧梁恢复到正常状态，有时为了加快调修效率，在中梁中央部分用顶镐顶住，当加热后再用顶镐加载，可使中梁较快地恢复到正常状态。

（2）牵引梁下垂调修。

① 引梁下垂严重时，力点应选在端梁冲击座处。支点在枕梁处，压固点应选在加热点与支点之间靠近加热点处。

一般来讲，加热点应该选在牵引梁上部弯曲变形凸出部位，仍按三角形面积加热，高度为梁高的1/2以上。

② 牵引梁下垂不太严重时，只应在端梁冲击座处用顶镐顶住，加热点选在牵引梁上部凸出部位，一般可不设压固点。

若牵引梁下垂也引起侧梁下垂变形，此时只需将牵引梁调直后，侧梁则可恢复到正常状态。若侧梁下垂变形严重时，还应在侧梁弯曲变形的凸出部位进行加热调修。

（3）中梁良好，侧梁下垂变形的调修。

压固点选在枕梁与侧梁连接处，靠近弯曲变形的根部，加热点选在主横梁与中梁连接处的上侧面（上盖板也要同时加热）及侧梁弯曲变形凸起处所。加热面积仍为三角形，但不宜过大，温度可适当高些。

三、实训要求

1. 实训时间

教学课时为 4 课时。

2. 实训形式

学生每 5 人组成 1 个工作小组，各小组根据实训课程任务制定实训实施方案，每个小组选出 1 名组长，组长协助老师指导本组学生进行实训。

3. 实训注意事项

（1）未经教师或管理员允许不得擅自操作。

（2）在车体检修的过程中注意安全，避免用手直接触碰金属部分。

（3）须要严格按照标准操作步骤进行实训。

4. 工器具材料准备

（1）防护用品，包括防滑鞋、绝缘手套、工作服等。

（2）工具，包括手锤、卡尺等。

（3）个人用品，包括笔、笔记本等。

四、实训作业步骤

1. 整体实训过程（见图 6-3-14）

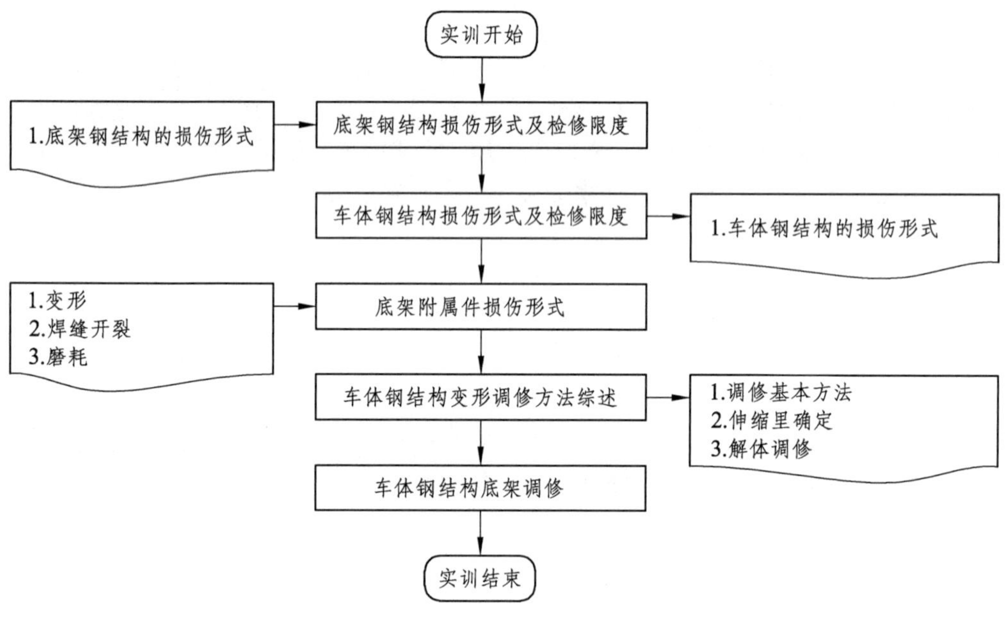

图 6-3-14　实训流程

2. 实训作业流程（见表 6-3-1）

表 6-3-1　实训作业流程

工序	实训内容	作业结果记录
1	底架钢结构损伤形式及检修限度： （1）变形检修； （2）腐蚀检修； （3）裂纹检修； （4）磨耗检修	
2	车体钢结构损伤形式及检修限度： （1）变形检修； （2）裂纹检修； （3）腐蚀检修	
3	底架附属件损伤形式： （1）变形； （2）焊缝开裂； （3）磨耗	

续表

工序	实训内容	作业结果记录
4	车体钢结构变形调修方法： （1）调修基本方法； （2）伸缩量确定； （3）解体调修	
5	车体钢结构底架调修： （1）中、侧梁下垂调修； （2）牵引梁下垂调修； （3）中梁良好，侧梁下垂变形的调修	

五、实训考核标准（见表6-3-2）

表 6-3-2　实训考核标准

项目	标准	配分	得分
底架钢结构损伤形式及检修限度知识考核	能够叙述出底架钢结构的损伤形式	20	
车体钢结构损伤形式及检修限度知识考核	能够叙述出车体钢结构的损伤形式	20	
底架附属件损伤形式知识考核	能够叙述出底架附属件变形、焊缝开裂、磨耗的内容	20	
车体钢结构变形调修方法综述知识考核	能够叙述出调修基本方法、伸缩量确定、解体调修的内容	20	
车体钢结构底架调修知识考核	能够叙述出中、侧梁、牵引梁下垂调修，中梁良好，侧梁下垂变形的调修内容	20	

六、思考题

（1）底架钢结构有哪些损伤形式？应如何检修？

（2）车体钢结构有哪些损伤形式？应如何检修？

（3）车体钢结构变形及底架调修的方法有哪些？

任务四　制动机检修与维护

一、实训目的

通过实训，学生可以掌握链式手制动机检修、FSW 手制动机检修、NSW 手制动机检修、脚踏式制动机检修的内容。

二、理论链接

1. 外观检查

（1）外观检查各型人力制动机，零件裂损时更换，丢失时补装。FSW 型、NSW

型、脚踏式制动机作用不良时，卸下检修。

（2）手制动轴磨耗大于 2 mm 时焊修后加工。NSW 型制动机制动链磨耗大于 3 mm、其他制动轴链及各拉链链环直径磨耗大于 2 mm 时更换，如图 6-4-1 所示。链环裂纹时要熔接焊修，焊后要进行拉力试验。

（3）焊修后的制动轴链、制动拉杆链要分别进行拉力试验，手制动轴链拉力为 14.7 kN，拉杆链拉力为 26.47 kN，不得裂损或产生永久变形。

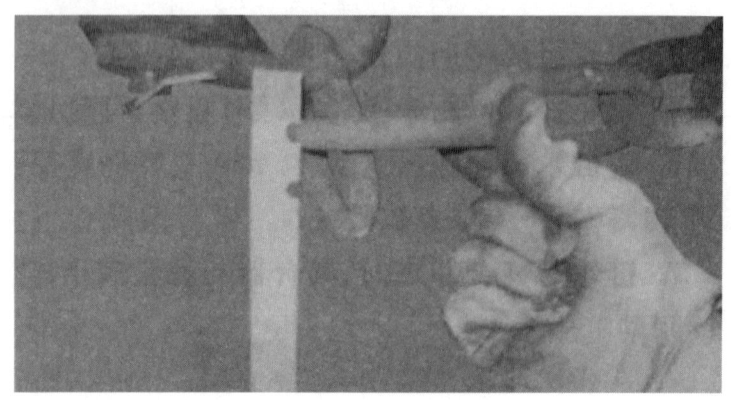

图 6-4-1　链环直径检查

2. 链式手制动机检修

（1）固定链式手制动机检修。

① 手轮、操作手轮、棘轮、棘子、棘子托、棘子锤、轴键、链、链导板、转动支架、转动支架座、销链及滑轮等配件，裂损时更换；轴导架、轴托弯曲、裂损时修理或更换。

② 手制动轴弯曲时调修，无法调修时截换，换装成整体锻造叉口，截换接口处要开 X 形坡口焊接，并要刻打焊工钢印。

③ 轮组装螺栓要安装弹簧垫圈或背母及开口销，轴下部要安装垫圈及开口销，开口销要劈开卷起。

④ 棘子锤不得反装。

⑤ 各转动接触部位要涂润滑油。

（2）折叠式手制动机检修。

① 手制动轴折叠处铆钉要平整牢固，叉口处裂纹时要在轴上截换，接口处要开 X 形坡口焊接，并要刻打焊工钢印。

② 轴套裂纹、变形时更换，轴卡板及销、链要齐全。

③ 手制动机在货车上组装后要放下检查，不得超过货车限界。

（3）旋转式手制动机检修。

① 止轮座组成裂纹、弯曲或磨耗大于 2 mm 时焊修或更换，腐蚀大于 30%时更换。

② 转动支架与转动支架座间隙大于 3 mm 时焊修后加工或更换；转动支架孔与手制动轴间隙大于 4 mm 时焊修后加工或更换。

③ 转动支架沟槽磨耗大于 2 mm 时堆焊后加工或更换。

④ 定位螺钉要更换新品，组装后要与转动支架点焊固。

（4）掣轮式手制动机检修。

① 掣轮盒盖、拉把、棘轮、棘子裂纹时更换；弹簧衰弱、折断时更换。

② 组装时，摩擦面要涂润滑油。

3. NSW 型手制动机检修

（1）要对 NSW 型手制动机的钥匙孔进行封堵改造，改造要按 SYS25-00-00-00A、SYS25-00-00-03 图样要求封堵壳体上钥匙孔。

① 分解检修的 NSW 型手制动机，要拆除锁闭机构的锁臂、锁闭弹簧、轴、轴架和锁闭凸轮，封堵壳体上的钥匙孔，封堵后修磨焊缝，壳体外侧修磨后要光整，并喷涂与壳体相同的底面漆，封堵钥匙孔时要确保手制动机锁闭机构处于开锁位，完成后进行试验，手制动机要能正常工作。

② 不分解检修时，要按要求封堵壳体上钥匙孔，并涂装与壳体相同颜色的面漆。封堵钥匙孔时要确保手制动机锁闭机构处于开锁位，完成后进行试验验证，手制动机要能正常工作。

（2）手制动机箱内转动件铆接者状态良好时可不分解，状态不良的要分解检修或更换。

（3）手轮组成或箱壳组成零部件裂纹或焊缝开裂时焊修后磨平。

（4）箱壳组成中的注油孔塞要更换新品。

（5）棘轮、离合器、小齿轮损坏时更换；键轮损坏时，主动轴和键轮要同时更换。

（6）卷链轴凹槽深度大于 14 mm 或链环直径磨耗后小于 9 mm 时更换。链环裂纹时要熔接焊修，并要进行 14.7 kN 的拉力试验。

（7）键轮与离合器之间、离合器与棘轮和小齿轮之间、小齿轮与主动轴之间和卷链轴组成的大齿轮要涂 89D 制动缸脂。

（8）性能试验。

① 制动试验：在功能手柄置于常用位时，顺时针方向转动手轮，要产生并保持制动力。

② 缓解试验：快速逆时针方向转动手轮约 40°时要缓解。

③ 调力试验：功能手柄置于常用位置，顺时针转动手轮，当链条产生一定拉力时，给手轮施加顺时针方向扭矩的同时，将功能手柄拨向调力位置，此时，链条拉力可随手轮的旋转增大或减小。

（9）油漆与标记。

① 检修后试验合格的 NSW 型手制动机外表面要喷涂底、面漆，油漆干膜厚度不小于 120 μm。

② NSW 型手制动机壳体和手轮要喷涂面漆。手轮上用白油漆涂打“制动”和“缓解”指示标记，在箱壳上涂打“调力”“常用”等指示标记，字号为 20 号，如图 6-4-2 所示。

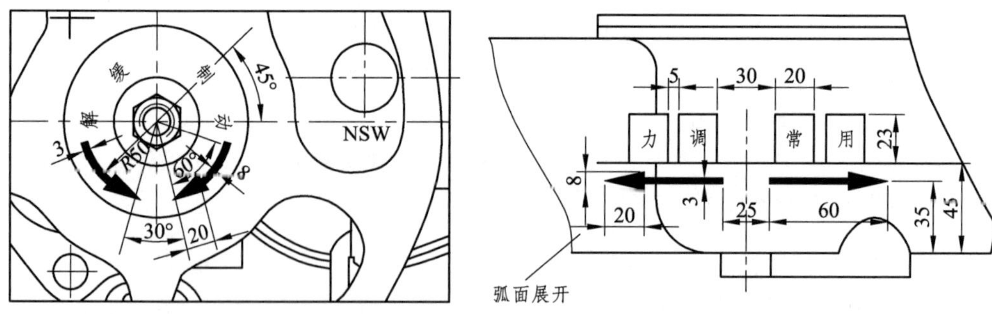

图 6-4-2　NSW 型手制动机标记

4. 脚踏式制动机检修

（1）各零件裂纹、破损时更换。

（2）控制棘爪、绕链棘爪齿 *R* 值的磨损大于 2.5 mm 时，绕链棘轮棘齿的 *K* 值，如图 6-4-3 所示，磨损大于 1 mm 时更换。各开口销、挂链螺杆要更换，其他销轴磨耗或变形大于 2 mm 时更换。轴端直径磨耗大于 1 mm 时更换。

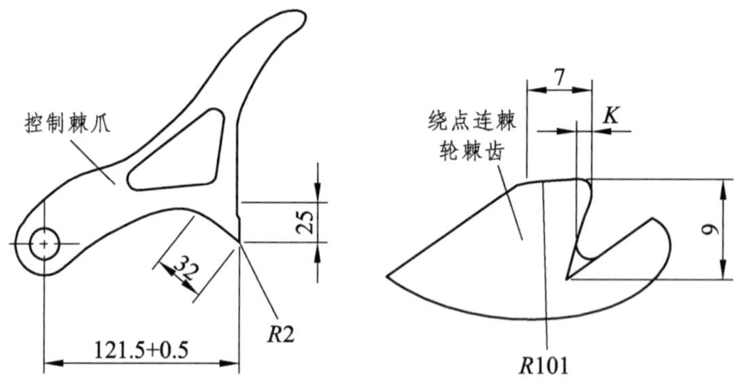

图 6-4-3　控制棘爪、绕链棘爪齿 *R* 值、棘轮棘齿 *K* 值

（3）各转动部位要涂干性二硫化钼润滑脂，挂链螺杆要紧固。

（4）整机组成后要在试验台上进行性能试验。

① 在外力作用下脚蹬要在 240_{0}^{+20} mm 行程范围内上下运动，各活动零件（脚踏杠杆、拉杆、绕链棘爪、重锤连块）要动作灵活，不得互相干扰。

② 控制杆置于制动位（左位），脚蹬在外力作用下重复 240_{0}^{+20} mm 的全行程 4 次，每次要过 2 齿；控制杆置于缓解位（右位），绕链棘爪能自由转动而脚踏杠杆上下踏动为无效运动。

（5）检修试验合格的脚踏式制动机外表面要涂底、面漆，油漆干膜厚度不小于 120 μm。

（6）试验合格的脚踏式制动机涂打标记，日期为 15 号字，单位简称及“段修”为 20 号字。

三、实训要求

1. 实训时间

教学课时为 4 课时。

2. 实训形式

学生每 5 人组成 1 个工作小组，各小组根据实训课程任务制定实训实施方案，每个小组选出 1 名组长，组长协助老师指导本组学生进行实训。

3. 实训注意事项

（1）未经教师或管理员允许不得擅自操作。
（2）在车体检修的过程中注意安全，避免用手直接触碰金属部分。
（3）须严格按照标准操作步骤进行实训。

4. 工器具材料准备

（1）防护用品，包括防滑鞋、绝缘手套、工作服等。
（2）工具，包括手锤、卡尺等。
（3）个人用品，包括笔、笔记本等。

四、实训作业步骤

1. 整体实训过程（见图 6-4-4）

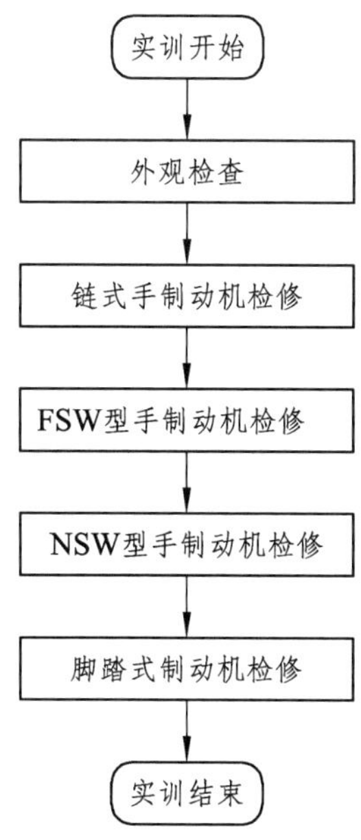

图 6-4-4　实训流程

2. 实训作业流程（见表 6-4-1）

表 6-4-1　实训作业流程

工序	实训内容	作业结果记录
1	手制动机外观检查：手制动轴、制动轴链、制动拉杆链等	
2	链式手制动机检修： （1）固定链式手制动机检修； （2）折叠式手制动机检修； （3）旋转式手制动机检修； （4）掣轮式手制动机检修	
3	NSW 型手制动机检修	
4	脚踏式制动机检修	

五、实训考核标准（见表6-4-2）

表 6-4-2　实训考核标准

项目	标准	配分	得分
手制动机外观检查知识考核	能够叙述出外观检查的内容	25	
链式手制动机检修知识考核	能够叙述出固定链式手制动机检修、折叠式手制动机检修、旋转式手制动机检修、掣轮式手制动机检修的方式	25	
NSW 型手制动机知识考核	NSW 型手制动机的内容	25	
脚踏式制动机检修知识考核	能够叙述出脚踏式制动机检修的内容	25	

六、思考题

（1）手制动机外观检查需要注意什么？

（2）讨论 FSW 手制动机与 NSW 手制动机有什么差异？应如何进行检修？

（3）脚踏式制动机应如何进行检修？

高速动车组塞拉门实训演练

任务一　塞拉门机械、电气系统认知

一、实训目的

了解动车组塞拉门机械、电气系统。

二、理论链接

1. CR400AF 动车组塞拉门介绍

塞拉门是旅客上下车的通道，其中头车的塞拉门还是司机上下车的通道。其为电控、电动单扇门，电控气动压紧密封。采用主、副门控器进行网络控制，车辆与主门控器采用 MVB 连接进行列车级网络通信，同一辆车副门控器与主门控器采用 CAN 线连接进行车辆级网络通信，动车组主、副门控器布置如图 7-1-1 所示。关键信号指令（关门指令、开门指令、开门允许指令、速度信号、安全回路）采用硬线传输。

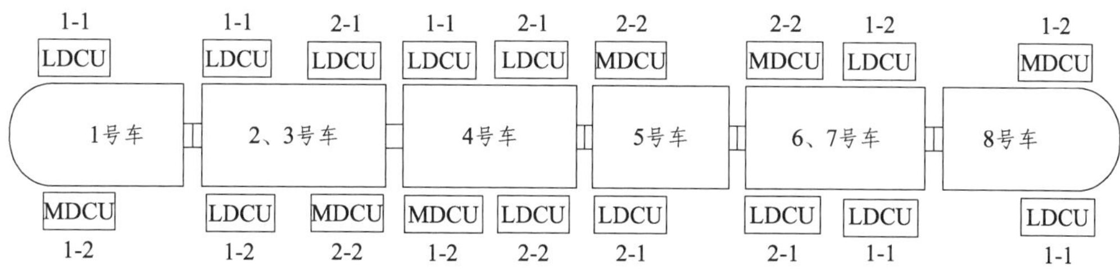

MDCU—主门；LDCU—副门。

图 7-1-1　主、副车门布置

中国标准动车组为 8 编组车辆，车门设置在每辆车的四角，1、5、8 车设置 2 套车门，其余车辆均设置 4 套车门，一列车共 26 套车门。其中，4 号车近二位端 2 套车门采用宽门（净开度 900 mm），其余 24 套门采用窄门（净开度 800 mm）。1、8 车设置有可在车内和车外操作的隔离锁，其他车门在正常情况下只从内部操作隔离锁。车门在动车组上的布置如图 7-1-2 所示，塞拉门操作装置布置如图 7-1-3 所示。

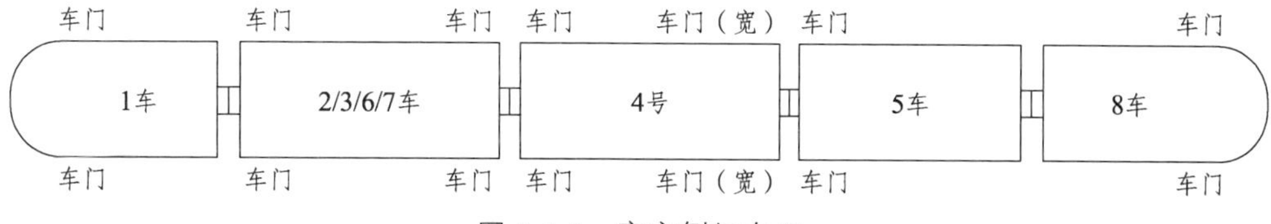

图 7-1-2　客室侧门布置

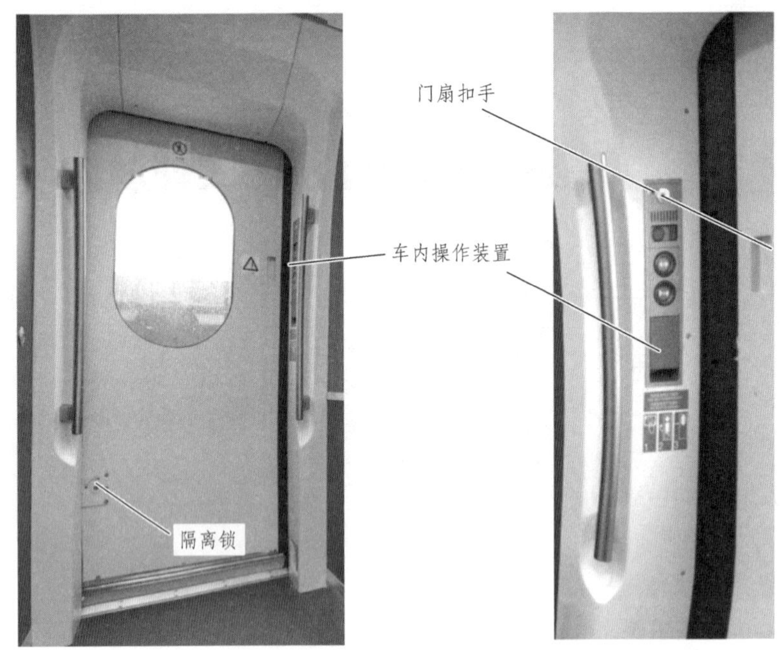

图 7-1-3　塞拉门操作装置布置

2. 塞拉门机械结构

塞拉门机械结构如图 7-1-4 所示。塞拉门系统采用电控电动多点锁闭式塞拉门，主要由密封门框、门扇、侧立集成组件、承载驱动机构、内部操作装置、外部操作装置等大部件和机构支架、门口踏板以及下压条安装支架等小件组成。

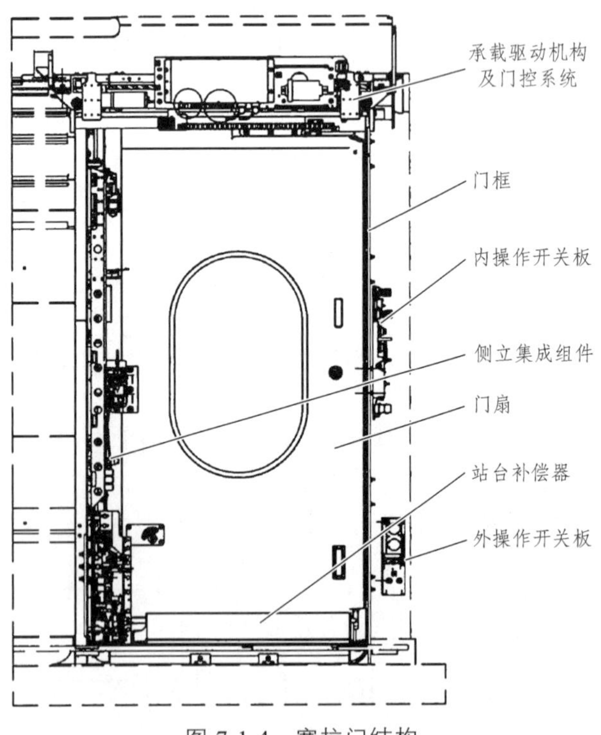

图 7-1-4　塞拉门结构

3. 塞拉门主要功能

塞拉门的主要功能有：开关门功能、故障隔离功能、紧急开门功能、障碍检测功能、牵引互锁功能、5 km/h 自动关门锁闭功能、网络监控与故障诊断功能、整列锁车功能等。

（1）开关门及警示功能。

侧门通过设置在司机室的开关进行集中控制，也可通过每扇门在车内设置的开关按钮或车外开门按钮进行本地控制。

操作开门时，首先操作释放指令，各车门本地开门按钮指示灯亮，可单独操作按钮开门，司机也可集中开启整侧全部车门。

操作关门时，司机直接操作关门按钮，自动切断释放指令，各车门本地按钮开关功能切除，全列车门自动关闭。

侧门在自动开、关门时，在完全开启和关闭位置具有保持功能。在完全开启位，手动拉动车门（20 ~ 30 mm）电机会产生反制力，不能拉动，且蜂鸣器报警，松手后车门自动保持在全开位，蜂鸣器停响。

① 自动开、关门过程中有声音提示。

开关门的时间定义：从解锁动作开始到全开到位，时间 5 s；从关门动作开始，至锁闭到位，时间 5 s。蜂鸣器的鸣响时间不算在开关门时间中。

每套车门设置有蜂鸣器，蜂鸣器声音通过不同的频率区分开门和关门：

开门时：发出开门指令，蜂鸣器发声，1 s 后开始开门，然后继续响到车门全打开，频率 2Hz。

关门时：发出关门指令，蜂鸣器发声，1 s 后开始关门，然后继续响到车门关闭到位，频率 4Hz。

当启动紧急开门装置时，蜂鸣器持续长鸣，时间重复比率为 5 Hz，可通过操作关门按钮或手动关闭车门解除紧急开门状态，蜂鸣器停止发声。

② 开关门的灯光提示。

开门时：收到释放指令，开门按钮指示灯亮，关门按钮指示灯灭；车门开启过程中，开门按钮指示灯灭，关门按钮指示灯常亮；车门开到位后，开门按钮指示灯灭，关门按钮指示灯亮。

集控关门时：收到关门指令，车门开始关闭，关门按钮指示灯灭，开门按钮指示灯灭；关门到位后，开门按钮指示灯灭，关门按钮指示灯灭。

本地关门时：操作关门按钮，车门开始关闭，关门按钮指示灯灭，开门按钮指示灯亮；关门到位后，开门按钮指示灯亮，关门按钮指示灯灭。

（2）故障隔离功能。

在车门发生故障时，可将车门机械锁闭，同时退出使用状态，并能将车门状态反馈给车辆监控系统。车门隔离后，门控器正常记录故障，但网络系统不再报任何故障。

每套侧门均能从车内用四角钥匙进行隔离操作，隔离锁使用规定的钥匙操作。除两个头车外，其他车外隔离锁用密封盖盖住，不能操作。仅在特殊情况下，破坏性损坏密封盖后，可用四角钥匙操作。

头车的侧门设置一个可从外部开启、锁闭的隔离锁（车外需采用专用钥匙操作），满足动车组在存放线时对全列车门的锁闭功能。车外侧操作孔设置可翻转的保护盖进行保护，防止污物进入到锁芯。

在侧门供电、供气正常时，操作隔离锁后能够给辅助锁供气，压紧侧门。

（3）紧急开门功能。

紧急开门分为车内紧急开门和车外紧急开门两种工况。每套车门在车内门口处设置有内部紧急解锁装置，在车外侧墙上设置车外紧急解锁装置。紧急情况下，通过操作紧急解锁装置，可打开车门，并传递状态信息给列车监控系统。紧急开门时需操作紧急把手并保持住，再拉动门扇，使门脱离解锁位置（仅拉动把手车门可能无法脱离解锁位置），然后可把车门打开。

在手动打开已解锁的门时，乘客可以施加不超过 250 N 的力，在开门方向使门摆出，从车内或车外施加不超过 150 N 的力，便可拉动车门。

紧急解锁后，蜂鸣器鸣响，其状态信息可传递给列车监控系统，能在司机室显示屏上显示启动了紧急解锁装置的车门。紧急解锁请求按钮或紧急解锁请求钥匙开关复位后，响声停止，车门将停留原地，可接受本地的一个打开或关闭的命令。紧急装置操作后，其拉手能自动复位。

为保证安全，当车速大于 10 km/h 时，操作车内、车外紧急操作装置不能打开车门。在车速大于 5 km/h 且小于 10 km/h 时，保持紧急解锁把手处于拉起状态，可手动打开车门。当速度大于 5 km/h 时，车内和车外紧急装置复位后，车门能自动关闭。

（4）障碍检测功能。

车门设有障碍返回功能，在关门过程中遇到障碍物，障碍返回功能激活，车门应能停止关闭并打开。车门重新关闭时必须运动平稳，不能产生冲击。门系统采取敏感边缘检测、电机电流检测和车门的时间位移检测三种方式来判断障碍物的存在。当车门锁闭到位后，防挤压检测自动停用。

当检测到障碍物时，车门停止关闭，重新打开到开门位置，延时 1 s 后，门将自动重新关闭，这样的循环将被重复执行。车门返回次数达到 3 次后，车门全部打开，监控系统报车门故障。车门口的关门指示灯亮，可以操作关门按钮关门，也可以再次操作集控关门按钮关门。操作关门开关并关闭到位后，可解除故障状态。门循环开关时伴声音提示，循环状态可在司机室监控显示器上单独显示。在关闭循环结束时，安全装置都应启动。车门防挤压功能、关门冲击力参数符合 EN 14752—2005 中的相关规定，能检测的最小障碍物尺寸为 30 mm × 60 mm。关门最大峰值力 $F_p \leqslant$ 300 N，第一次关门过程时的有效力 $F_e \leqslant 150$ N，在进一步关门尝试时的平均有效力 $F_e \leqslant 200$ N。

当车门在开门过程中受阻无法打开时，停留在阻力位 3 s 后再次尝试开门，3 次后停留在阻力位等待处理，以保护门系统不受损伤，塞拉门报障碍检测故障。

车门因障碍返回达到 3 次后会保持在打开状态，因此在操作关门指令约 30 s 后，若 HMI 屏上仍旧显示个别车门处于打开状态（原因是障碍返回达到 3 次，保持常开），则可再次操作关门按钮进行关门，并通知机械师查看，并可人工助力辅助进行关门。

（5）侧门与牵引互锁功能。

以动车组 5 km/h 信号作为零速判断。列车运行速度大于 5 km/h 时，动车组整车电路实现门释放信号自动切除（若车门未关闭，塞拉门门控器控制车门自动关闭，此时防挤压功能不起作用）。

列车运行速度大于 5 km/h 时，即使操作开门开关，车门也不会打开。

（6）网络通信及故障诊断功能。

动车组通过网络将各车门的状态信息提供给列车监控系统，持续监视各车门的状况，如果门出现紧急问题，会发现并报告。如果侧门出现非正常操作，则显示故障状态，并通过网络向驾驶室内的工作人员和列车值班室内的值班员报告。

（7）上电初始化功能。

塞拉门在首次上电时，将执行关门动作，关闭到位后，初始化完成，具备运营条件。具体功能如下：

① 车门没有完全锁闭时，上电后蜂鸣器先鸣响 1 ~ 2 s，然后开始执行关闭动作，直到关闭到位，关闭过程中障碍检测功能和正常关门一致。

② 车门处于锁闭状态时上电，蜂鸣器鸣响 1 ~ 2 s，然后辅助锁压紧。

③ 在隔离状态下上电，车门初始化不能全部完成，相关功能如下：

在隔离锁锁闭的情况下上电后，再将隔离锁复位时，车门自动执行一次关门指令，车门状态恢复正常功能。

④ 如果此时隔离开关发生故障，司机监视器上会报出“隔离开关故障”。

⑤ 在操作了车内紧急请求开关没有复位后，车门又上电自检，车门保持不动，不能通过集控或单控按钮关门。将四角钥匙请求开关复位后，本地关门按钮灯亮，可通过其关门，不可以通过集控按钮关门。车门关闭好之前，司机室显示屏报紧急开门故障。车门关闭后一切功能恢复正常。

4. 塞拉门的电气系统

（1）客室塞拉门为电控电动，电控气动压紧密封。车门的锁闭系统由主锁及两个辅助锁组成，主锁为二级锁闭结构，以保证安全，两个辅助锁可以保证整车车门处的气密性能。车门同时设置隔离锁，此锁为机械锁闭装置，在门系统失电后可以手动锁闭门系统，并进行隔离。

（2）客室侧门采用电控电动单扇塞拉门，电控气动压紧密封，采用主、副门控器进行单车网络通信，车辆与主门控器采用 MVB 连接进行列车级网络通信，同一辆车副门控器与主门控器采用 CAN 线连接进行车辆级网络通信。所有控制指令（关门指令、开门指令、释放指令、速度信号、安全回路）采用硬线传输，由网络系统对车门状态及故障信息进行监控。气路原理如图 7-1-5 所示。

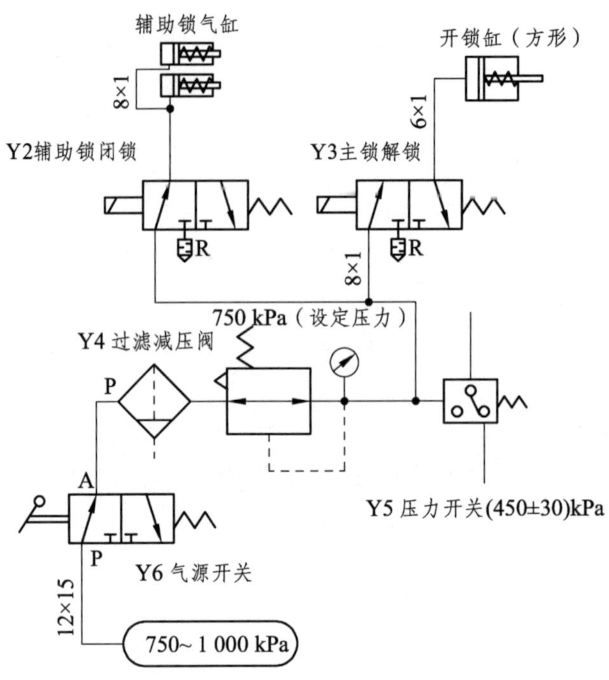

图 7-1-5 气路原理

5. 塞拉门的技术参数

塞拉门的主要技术参数见表 7-1-1。

表 7-1-1 塞拉门的主要技术参数

净通过宽度	800 mm（窄门）、900 mm（宽门）
净通过高度	1 900 mm（从距轨面 1 260 mm 的地板布上平面算起）
开、关门时间	（5 ± 1）s
气动载荷	± 6 kPa 的气动载荷加 800 N 的集中力
障碍检测功能	符合 EN 14752—005
车门抗冲击性能	IEC 61373—2008 中 I 类 A 级
隔声性能	≥34 dB
隔热性能	≤3.9 $W/m^2·K$

开关门时间指车门开始动作到完全打开或关闭到位的时间。不包括给出指令后的 1 s 预警时间。

三、实训要求

1. 实训时间

2 课时。

2. 实训形式

在实物 CR400AF 动车组塞拉门硬件设备上进行认知和学习。

3. 实训注意事项

（1）开关门时注意安全，避免车门夹人。
（2）门系统使用电源为 DC 110 V，在门机构区域作业时要小心触电。

4. 工器具材料准备

系统使用说明书。

四、实训作业步骤

1. 实训流程（见图 7-1-6）

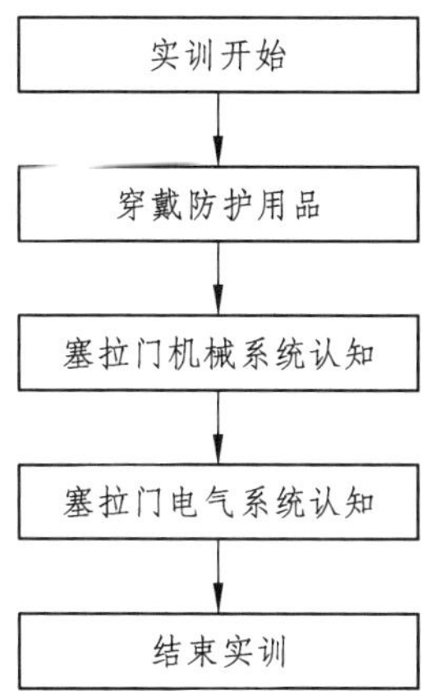

图 7-1-6　实训流程

2. 实训作业流程（见表 7-1-2）

表 7-1-2　实训作业流程

工序	实训内容	作业结果记录
1	塞拉门机械系统认知： （1）系统结构认知； （2）系统功能认知	
2	塞拉门电气系统认知： （1）气路原理认知； （2）电路原理认知	

五、实训考核标准（见表7-1-3）

表 7-1-3　实训考核标准

项目	标准	配分	得分
塞拉门实训整体认知	能够简单叙述出塞拉门实训的大概流程和注意事项	30	
塞拉门机械结构认知	能够在实物或实训设备上正确说出各个部件的名称及作用	35	
塞拉门电气系统认知	能够简单分析塞拉门的电气原理图	35	

六、思考题

（1）塞拉门的机械结构有哪些组成？

（2）塞拉门与牵引互锁之间的关系是怎样的？

任务二　塞拉门机械系统拆装

一、实训目的

掌握塞拉门的拆装操作。

二、理论链接

塞拉门在动车组车上采用集中控制和本地控制两种方式来开关门，司机通过设置在驾驶台上的集控开关控制整列车门的动作；同时在每个门口设置有本地的开关门按钮，进行本地开关门控制。

动车组两端司机室设置有塞拉门集控按钮，按钮分左右两侧设置，分别控制单侧车门集中开关；每侧有 3 个按钮，分别为释放按钮（黄色按钮，带灯和保护罩）、开门按钮（红色按钮，带灯和保护罩）和关门按钮（绿色按钮），按钮均为自复位式，释放按钮带灯用于显示当前的车门释放状态，车门收到释放信号并反馈网络有效时（隔离、紧急解锁的门除外，门此时仍旧会反馈收到释放信号），该灯点亮。车门收到开门信号并反馈网络有效时（隔离的门除外），该灯点亮。

对塞拉门机械系统进行拆装时，扭矩要求见表 7-2-1。

表 7-2-1　扭矩

工序	名称	扭矩/（N·m）	涂“乐泰”243	防松标记	用途
1	六角头螺栓全螺纹 M8×35-8.8-达克罗	25	是	是	用于门框与车体连接（左侧、右侧）
2	内六角圆柱头螺钉 M8×14-8.8-达克罗	25	是	是	用于门框与车体连接（下侧）

续表

工序	名称	扭矩（N·m）	涂“乐泰”243	防松标记	用途
3	六角头螺栓全螺纹 M8×20-A2-70	22	否	是	用于门框（后压条）与安装支架连接
4	内六角圆柱头螺钉 M8×20-A2-70	22	否	是	用于调整斜楔块

三、实训要求

1. 实训时间

教学课时为 2 课时。

2. 实训形式

在实物 CR400AF 动车组塞拉门硬件设备上进行实训演练。学生每 5 人组成 1 个工作小组，各小组制定实施方案及工作计划。每个小组选出 1 名组长，协助教师指导本组学生学习，检查实训进度和质量，制定改进措施，共同完成项目任务

3. 实训注意事项

（1）开关门时注意安全，避免车门夹人

（2）门系统使用电源为 DC 110 V，在门机构区域作业时要小心触电。

（3）要拆装门扇，需要两个人进行操作。

4. 工器具材料准备

（1）螺丝刀。

（2）活口扳手。

（3）内六角扳手等。

四、实训操作步骤

1. 实训操作流程（见图 7-2-1）

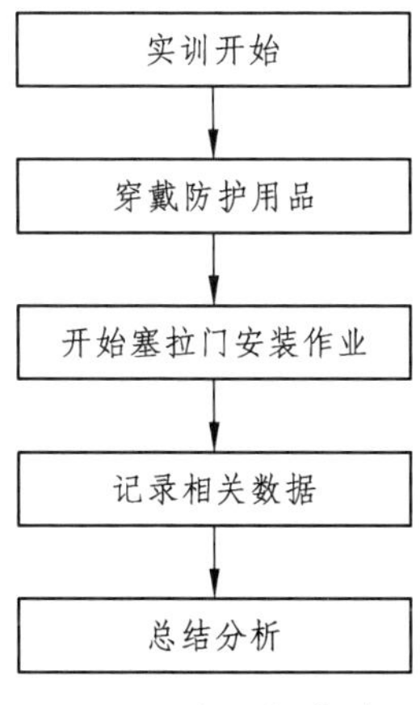

图 7-2-1　实训操作流程

2. 实训作业流程（件表 7-2-2）

表 7-2-2　实训作业流程

工序	实训内容	作业结果记录
1	门框安装	（1）将密封门框吊起，并装入车体。 （2）调整门框位置，要求压条密封面与车体之间间隙为 22_{-2}^{0} mm，以防止门扇开出时密封胶条碰擦车体。 （3）门框前侧随零部件自由度安装，公差不做强制要求，仅需满足密封面与车体之间间隙为（22±2）mm
2	机构挂架的安装	（1）使用M12螺栓将机构安装板固定。 （2）调整机构安装板位置，使之符合吊座尺寸图要求；用87 N·m扭矩拧紧，涂抹螺纹锁固剂，并打防松标记。 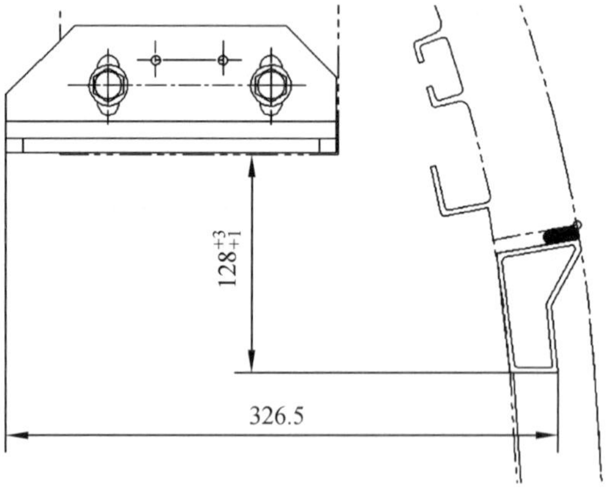 128_{+1}^{+3} 326.5 吊座尺寸 （3）在车体上配打直径6的销钉孔，安装4个内六角螺钉GB 70.1—2008固定两个机构安装板，见吊座安装示意图。 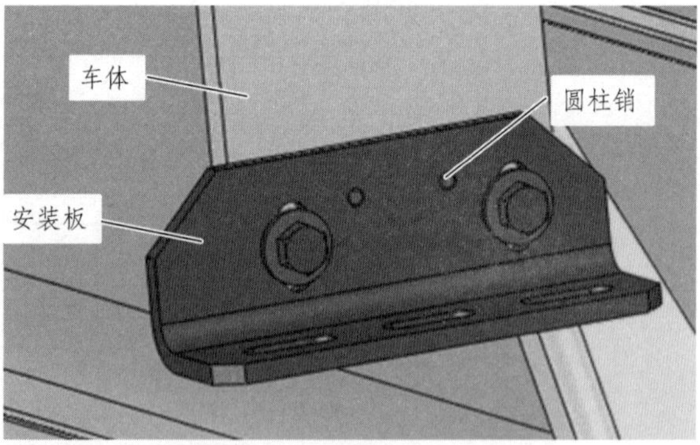 车体 圆柱销 安装板 吊座安装示意 （4）圆柱销安装好后，将螺栓打扭矩并做好防松标记。

续表

<table>
<tr><th>工序</th><th>实训内容</th><th>作业结果记录</th></tr>
<tr><td>3</td><td>侧立集成组件（设备架）的安装</td><td>使用相应的标准件将侧立集成组件预组装到车体上。
调整侧立集成组件的位置，要求侧立集成板组件最上面安装支架表面与门框压条组件的外侧棱边距离为（143±4）mm。
在主锁与上部门到位开关之间区域，测量侧立集成板与门框之间的间隙，要求（6±2）mm。
尺寸合格后，将紧固件涂上防松螺纹胶，打好扭矩并做防松标记。扭矩要求为87 N·m。</td></tr>
<tr><td>4</td><td>承载驱动机构的安装</td><td>承载驱动机构吊起并初步装入车体。用紧固件六角头螺栓、垫圈及螺母连接驱动机构和机构安装板，并将螺栓拧紧。
检查机构机架外侧与门框上压条外棱线水平尺寸为（120±3）mm，长导柱外径与门框上压条外侧棱线垂直尺寸 59^{+1}_{-4} mm。 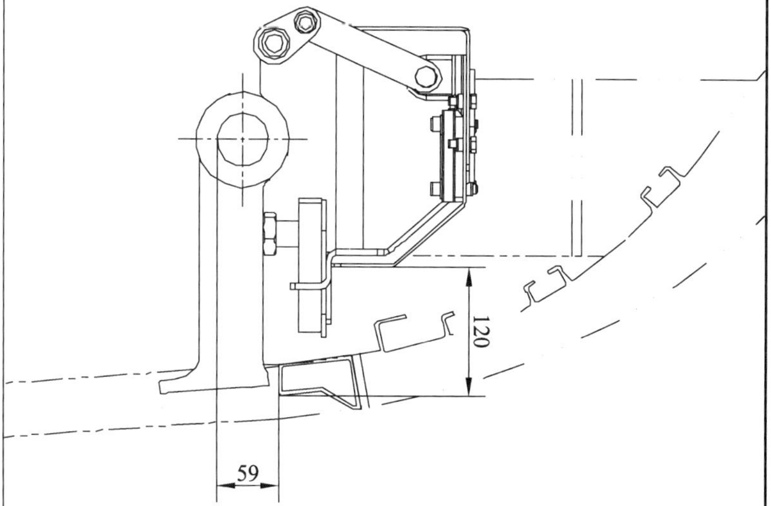

驱动机构安装尺寸
尺寸120和59需在机构两端（距离边挂架约100 mm处）各测量一次，且保证：尺寸120 mm的两端测量结果之间的差值不大于1 mm，尺寸59 mm的两端测量结果之间的差值不大于1 mm。
检查边挂架与前门框外边沿水平尺寸（83.5±3）mm。
尺寸合格后，将紧固件涂上防松螺纹胶，打好扭矩并做防松标记。扭矩要求为87 N·m。</td></tr>
</table>

续表

工序	实训内容	作业结果记录
5	门扇的安装	将携门架移至门框中间位置，将门扇吊起到一定高度，使下摆臂滚轮插入门扇上的下导轨中。 使门扇上部贴近携门架安装板，将携门架方管臂中的接线插座轻轻取出，与门扇上部的插头对接，确保对接可靠，将插头插座及线缆塞回携门架方管空腔中，并将门扇完全贴上携门架安装板，贴合时注意不能有线缆被压住。 使用6个M8×25和3个M8×30的内六角圆柱头螺钉和蝶形垫圈，将门扇预安装在携门架上，并安装偏心轮和M10内六角沉头螺钉。 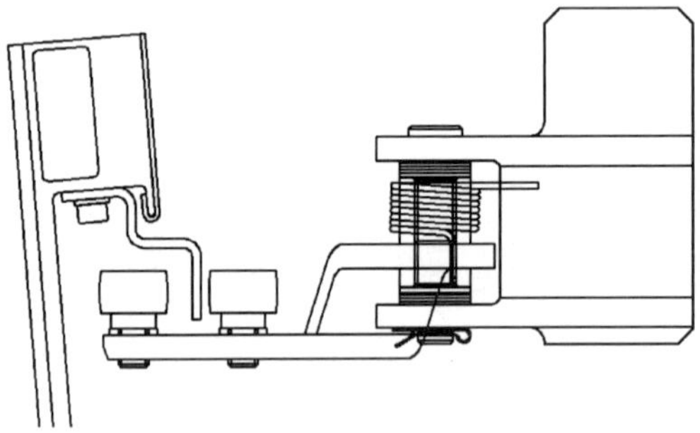 下摆臂和下导轨的对接 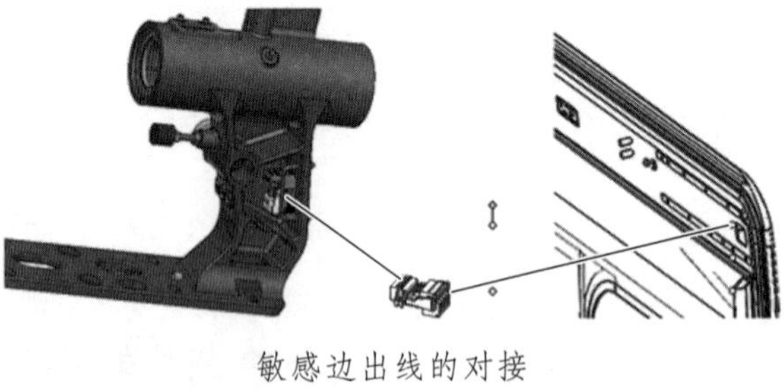 敏感边出线的对接

续表

工序	实训内容	作业结果记录
5	门扇的安装	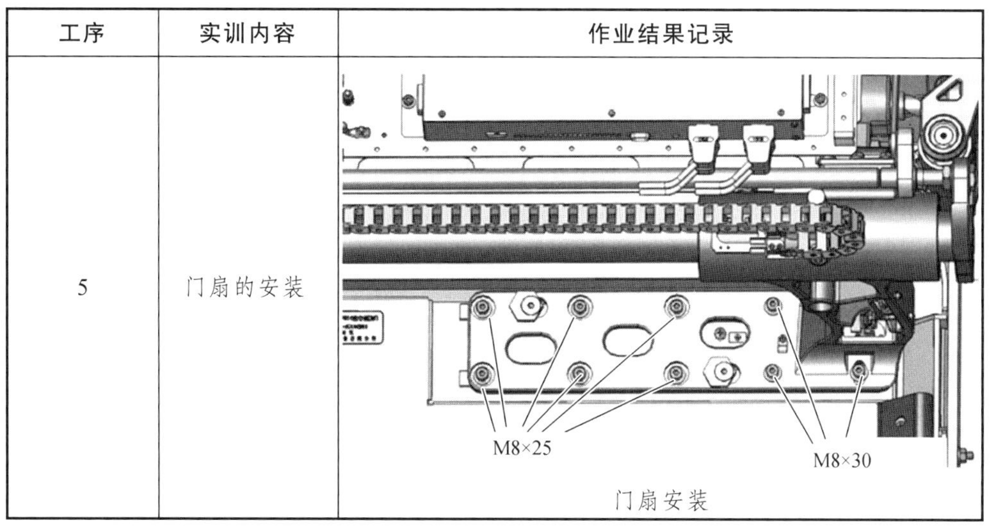门扇安装

五、实训考核标准（见表7-2-3）

表 7-2-3 实训考核标准

项目	标准	配分	得分
整体实训过程考核	能够叙述出拆装塞拉门的整体实训过程	20	
门框的安装	能够按照任务指导书安装门框	16	
机构挂架的安装	能够按照任务书安装机构挂驾	16	
侧立集成组件（设备架）的安装	能够按照任务书正确安装侧立集成组件	16	
承载驱动机构的安装	能够按照任务书正确安装承载驱动机构	16	
门扇的安装	能够按照任务书正确安装门扇	16	

六、思考题

为什么安装门页或部件时螺丝的扭矩有严格的要求?

任务三　塞拉门电气系统拆装

一、实训目的

掌握塞拉门的拆装操作。

二、理论链接

塞拉门系统采用电控电动多点锁闭式塞拉门，主要由密封门框、门扇、侧立集成组件、承载驱动机构、内部操作装置、外部操作装置等大部件和机构支架、门口踏板以及下压条安装支架等小件组成，如下图 7-3-1 所示。

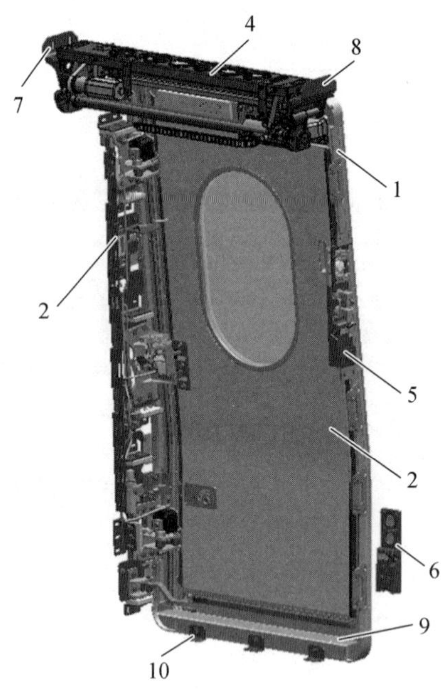

1—密封门框；2—侧立集成组件；3—门扇；4—承载驱动结构；5—内部操作装置；
6—外部操作装置；7—机构安装板一；8—机构安装板二；
9—门口踏板；10—下压条安装支架。

图 7-3-1　塞拉门组成结构

气路和电路原理分别如图 7-3-2 和图 7-3-3 所示。

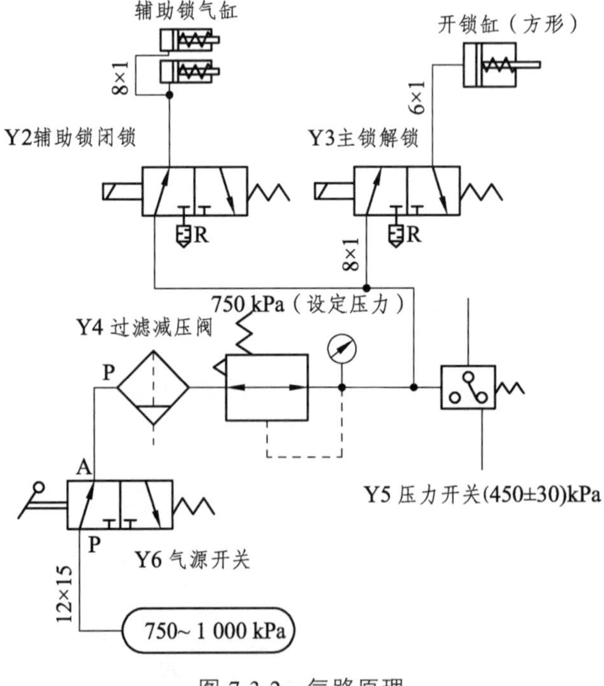

图 7-3-2　气路原理

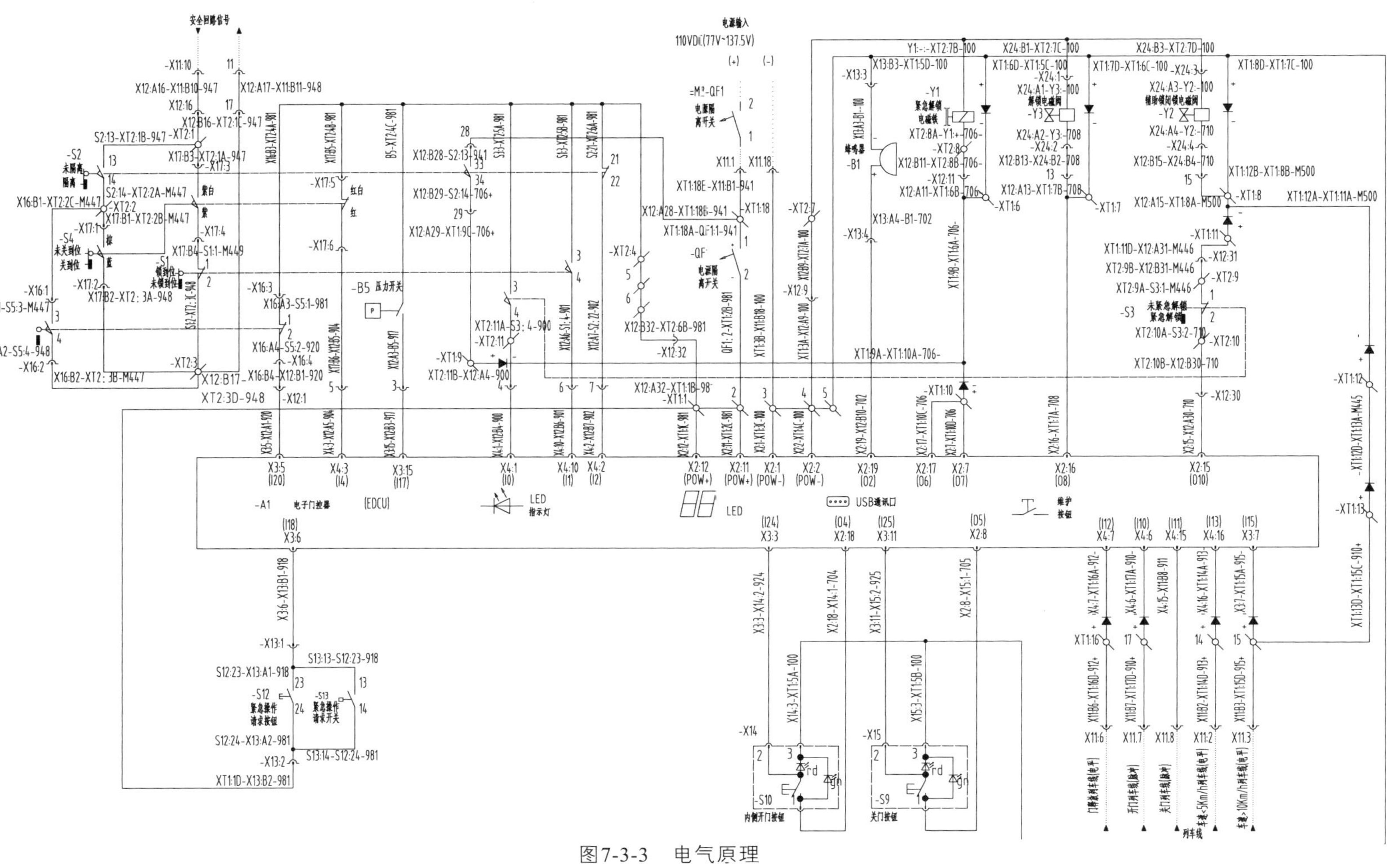

图7-3-3 电气原理

塞拉门主要功能包括开关门功能、故障隔离功能、紧急开门功能、障碍-检测功能、牵引互锁功能、5 km/h 自动关门锁闭功能、网络监控与故障诊断功能、整列锁车功能等。

（1）开、关门及警示功能。

侧门通过设置在司机室的开关进行集中控制，也可通过每扇门在车内设置的开关按钮或车外开门按钮进行本地控制。操作开门时，首先操作释放指令，各车门本地开门按钮指示灯亮，可单独操作按钮开门，司机也可集中开启整侧全部车门。操作关门时，司机直接操作关门按钮，自动切断释放指令，各车门本地按钮开关功能切除，全列车门自动关闭。

侧门在自动开、关门时，在完全开启和关闭位置具有保持功能。在完全开启位，手动拉动车门（约 20-30 mm）电机会产生反制力，不能拉动，且蜂鸣器报警，松手后车门自动保持在全开位，蜂鸣器停响。

（2）自动开、关门过程中有声音提示。

开关门的时间定义：从解锁动作开始到全开到位，时间 5 s；从关门动作开始，至锁闭到位，时间 5 s。蜂鸣器的鸣响时间不算在开关门时间中。

每套车门设置有蜂鸣器，蜂鸣器声音通过不同的频率区分开门和关门：

开门时：发出开门指令，蜂鸣器发声，1 s 后开始开门，然后继续响到车门全打开，频率 2 Hz。

关门时：发出关门指令，蜂鸣器发声，1 s 后开始关门，然后继续响到车门关闭到位，频率 4 Hz。

当启动紧急开门装置时，蜂鸣器持续长鸣，时间重复比率为 5 Hz，可通过操作关门按钮或手动关闭车门解除紧急开门状态，蜂鸣器停止发声。

（3）开关门的灯光提示。

开门时：收到释放指令，开门按钮指示灯亮，关门按钮指示灯灭；车门开启过程中，开门按钮指示灯灭，关门按钮指示灯常亮；车门开到位后，开门按钮指示灯灭，关门按钮指示灯亮。

集控关门时：收到关门指令，车门开始关闭，关门按钮指示灯灭，开门按钮指示灯灭；关门到位后，开门按钮指示灯灭，关门按钮指示灯灭。

本地关门时：操作关门按钮，车门开始关闭，关门按钮指示灯灭，开门按钮指示灯亮；关门到位后，开门按钮指示灯亮，关门按钮指示灯灭。故障隔离功能在车门发生故障时，可将车门机械锁闭，同时退出使用状态，并能将车门状态反馈给车辆监控系统。车门隔离后，门控器正常记录故障，但网络系统不再报任何故障。

每套侧门均能从车内用四角钥匙进行隔离操作，隔离锁使用 TB/T 3262—2011 附录 A 规定的钥匙操作。除两个头车外，其他车外隔离锁用密封盖盖住，不能操作。仅在特殊情况下，破坏性损坏密封盖后，可用四角钥匙操作。

头车的侧门设置一个可从外部开启、锁闭的隔离锁（车外需采用专用钥匙操作），满足动车组在存放线时对全列车门的锁闭功能。车外侧操作孔设置可翻转的保护盖进行保护，防止污物进入到锁芯。

在侧门供电、供气正常时，操作隔离锁后能够给辅助锁供气，压紧侧门。

（4）紧急开门功能。

紧急开门分为车内紧急开门和车外紧急开门两种工况。每套车门在车内门口处设置有内部紧急解锁装置，在车外侧墙上设置车外紧急解锁装置。紧急情况下，通过操作紧急解锁装置，可打开车门，并传递状态信息给列车监控系统。紧急开门时需操作紧急把手并保持住，再拉动门扇，使门脱离解锁位置（仅拉动把手，车门可能无法脱离解锁位置），然后可把车门打开。

在手动打开已解锁的门时，乘客可以施加不超过 250 N 的力，在开门方向使门摆出，从车内或车外施加不超过 150 N 的力，便可拉动车门。

紧急解锁后，蜂鸣器鸣响，其状态信息可传递给列车监控系统，能在司机室显示屏上显示启动了紧急解锁装置的车门。紧急解锁请求按钮或紧急解锁请求钥匙开关复位后，响声停止，车门将停留原地，可接受本地的一个打开或关闭的命令。紧急装置操作后，其拉手能自动复位。

为保证安全，当车速大于 10 km/h 时，操作车内、车外紧急操作装置不能打开车门。在车速大于 5 km/h 且小于 10 km/h 时，保持紧急解锁把手处于拉起状态，可手动打开车门。当速度大于 5 km/h 时，车内和车外紧急装置复位后，车门能自动关闭。相关具体细节如下：

（1）车内紧急把手复位后，车门自动关闭，但请求开关复位前，蜂鸣器应鸣响，监视屏上仍旧是车门紧急开门状态，只有车门关闭到位且请求开关复位后，紧急开门状态解除，车门恢复正常。

（2）车外紧急把手复位后，车门自动关闭，关闭完成后车门为正常工作状态。

（3）此过程中，本地开、关门按钮均无效，指示灯不亮。

在动车组有电时，操作车内紧急请求按钮或开关后，蜂鸣器鸣响，司机屏报紧急操作故障，将开关复位后，相关功能如下：

（1）此时如没有拉动把手开门，紧急按钮或开关复位后蜂鸣器停止鸣响，司机屏紧急开门故障消失，车门保持正常状态（前提是门处于锁闭状态，如果门没有处于锁闭状态，则开关复位后，关门按钮灯应亮）。

（2）此时如拉动把手解锁车门，紧解锁急开关就会被触发。

如果主锁未解锁或者解锁后门扇位置未超出 98%位置，紧急按钮或开关复位后，蜂鸣器停响，车门应处于锁闭状态或自动执行锁闭压紧，然后操作一下本地关门按钮，车门恢复正常，司机屏故障消除。

如果车门解锁门扇位置超过了 98%位置，车门处于自由拉动状态，开关门按钮灯都不亮，紧急按钮或开关复位后，蜂鸣器停响，但司机屏需仍保持故障状态。可操作本地关门按钮关门到位后，司机屏紧急开门故障消失；或者手动关闭到位，辅助锁自动压紧上锁后，操作一下本地关门按钮，司机屏紧急开门故障消失。

（3）门开状态时操作紧急的情况。

❖ 车门正常打开时，操作了车外紧急装置。

蜂鸣器鸣响，报紧急解锁被操作，可通过本地关门按钮关门。可通过操作车内请求开关后再复位开关来终止蜂鸣器，但紧急状态不能解除。

❖ 车门正常打开时操作了车内紧急装置。

蜂鸣器鸣响，报紧急解锁被操作，复位四角钥匙开关后，可通过本地关门按钮关门，同时蜂鸣器停止鸣响。

❖ 车门通过车外紧急打开时，又操作了车内紧急装置。

将四角钥匙开关复位前，蜂鸣器一致鸣响，报紧急解锁被操作。请求开关复位后终止蜂鸣器，但紧急状态不能解除，可操作本地按钮关门。

❖ 车门通过车内紧急装置打开（请求开关复位），又操作了车外紧急装置。

蜂鸣器鸣响，一直报紧急解锁被操作，可通过本地关门按钮关门。可通过操作车内请求开关后再复位开关来终止蜂鸣器，但紧急状态不能解除。

紧急开门后，回复请求按钮或四角钥匙开关，可手动关闭车门，即使关闭到位安全回路闭合也需要操作关门按钮。如果没有操作按钮，按钮灯需要一直亮，即使速度大于 5km/h，也需要保持常亮，司机屏幕显示紧急解锁状态，直到人工操作按钮一次，恢复正常。

（4）障碍检测功能。

车门设有障碍返回功能，在关门过程中遇到障碍物，障碍返回功能激活，车门应能停止关闭并打开。车门重新关闭时必须运动平稳，不能产生冲击。门系统采取敏感边缘检测、电机电流检测和车门的时间位移检测三种方式来判断障碍物的存在。当车门锁闭到位后，防挤压检测自动停用。

当检测到障碍物时，车门停止关闭，重新打开到开门位置，延时 1 s 后，门将自动重新关闭，这样的循环将被重复执行。车门返回次数达到 3 次后，车门全部打开，监控系统报车门故障。车门口的关门指示灯亮，可以操作关门按钮关门，也可以再次操作集控关门按钮关门。操作关门开关并关闭到位后，可解除故障状态。门循环开关时伴声音提示，循环状态可在司机室监控显示器上单独显示。在关闭循环结束时，安全装置都应启动。车门防挤压功能、关门冲击力参数符合 EN 14752—2005 中的相关规定，能检测的最小障碍物尺寸为 30 mm × 60 mm。关门最大峰值力 $F_p \leqslant 300$ N，第一次关门过程时的有效力 $F_e \leqslant 150$ N，在进一步关门尝试时的平均有效力 $F_e \leqslant 200$ N。

当车门在开门过程中受阻无法打开时，停留在阻力位 3 s 后再次尝试开门，3 次后停留在阻力位等待处理，以保护门系统不受损伤，塞拉门报障碍检测故障。

车门因障碍返回达到 3 次后会保持在打开状态，因此在操作关门指令约 30 s 后，若 HMI 屏上仍旧显示个别车门处于打开状态（原因是障碍返回达到 3 次，保持常开），则可再次操作关门按钮进行关门，并通知机械师查看，并可人工助力辅助进行关门。

（5）侧门与牵引互锁功能。

以动车组 5 km/h 信号作为零速判断。列车运行速度大于 5 km/h 时，动车组整车电路实现门释放信号自动切除（若车门未关闭，塞拉门门控器控制车门自动关闭，此时防挤压功能不起作用）。

列车运速度大于 5 km/h 时，即使操作开门开关车门不会打开。

（6）网络通信及故障诊断功能.

动车组通过网络将各车门的状态信息提供给列车监控系统，持续监视各车门的状况，如果门出现紧急问题，会发现并报告。如果侧门出现非正常操作，则显示故障状态，并通过网络向驾驶室内的工作人员和列车值班室内的值班员报告。

（7）上电初始化功能。

塞拉门在首次上电时，将执行关门动作，关闭到位后，初始化完成，具备运营条件。具体功能如下：

① 车门没有完全锁闭时，上电后蜂鸣器先鸣响 1 ~ 2 s，然后开始执行关闭动作，直到关闭到位，关闭过程中障碍检测功能和正常关门一致。

② 车门处于锁闭状态时上电，蜂鸣器鸣响 1 ~ 2 s，然后辅助锁压紧。

③ 在隔离状态下上电，车门初始化不能全部完成，相关功能为：在隔离锁锁闭的情况下上电后，再将隔离锁复位时，车门自动执行一次关门指令，车门状态恢复正常功能。

④ 如果此时隔离开关发生故障，司机监视器上会报出“隔离开关故障”。

⑤ 在操作了车内紧急请求开关没有复位后，车门又上电自检，车门保持不动，不能通过集控或单控按钮关门。用四角钥匙请求开关复位后，本地关门按钮灯亮，可通过其关门，不可以通过集控按钮关门。车门关闭好之前，司机室显示屏报紧急开门故障。车门关闭后一切功能恢复正常。

三、实训要求

1. 实训时间

教学课时为 2 课时。

2. 实训形式

在实物 CR400AF 动车组塞拉门硬件设备上进行实训演练。学生每 5 人组成 1 个工作小组，各小组制定实施方案及工作计划。每个组选出 1 名组长，协助教师指导本组学生学习，检查实训进度和质量，制定改进措施，共同完成项目任务。

3. 实训注意事项

（1）开关门时注意安全，避免车门夹人。

（2）门系统使用电源为 DC 110 V，在门机构区域作业时要小心触电。

（3）要拆装门扇，需要两个人进行操作。

4. 工器具材料准备

（1）螺丝刀。

（2）活口扳手。

（3）内六角扳手等。

四、实训操作步骤

1. 实训操作流程（见图 7-3-4）

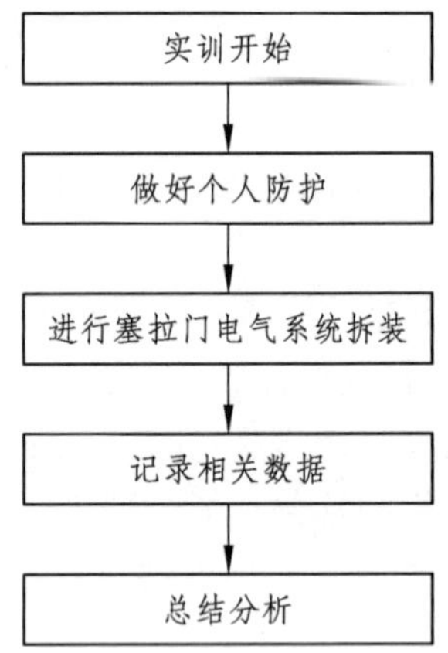

图 7-3-4　实训操作流程

2. 实训作业流程（见表 7-3-1）

（1）拆卸塞拉门电气系统。

表 7-3-1　拆卸塞拉门电气系统

工序	实训内容	作业结果记录
1	拆卸门到位开关组件	关闭电源。 打开车体立罩板。 断开微动开关连接电缆。 拆除紧固螺钉，将关到位开关从开关安装座上拆下。 30° 门到位开关
2	拆卸隔离开关组件上的微动开关	关闭电源。 打开车体立罩板。 断开微动开关连接电缆。 松开开关固定螺钉，从支架上取下微动开关

续表

工序	实训内容	作业结果记录
2	拆卸隔离开关组件上的微动开关	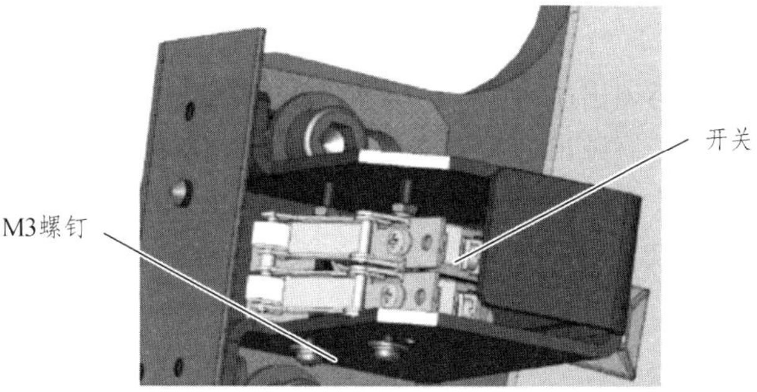 隔离开关
3	拆卸锁到位开关	关闭电源。 拆除锁到位开关上电缆。 拆除螺钉，取下防护罩。 拆下锁到位开关。 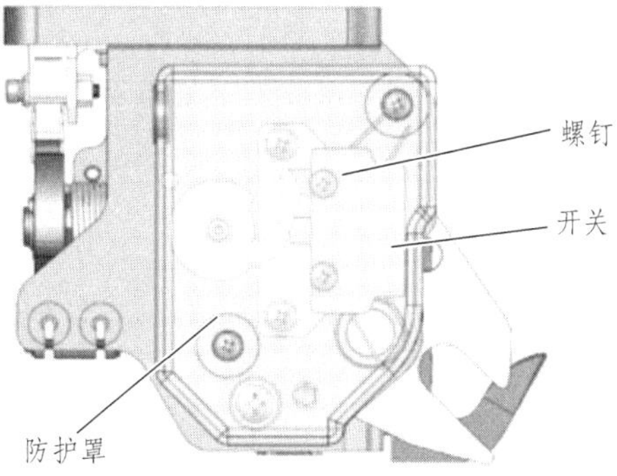 锁到位开关
4	拆卸辅助锁到位开关	关闭电源。 拆除辅助锁到位开关上电缆。 拆除螺钉和垫圈，取下衬板。 拆下辅助锁到位开关。 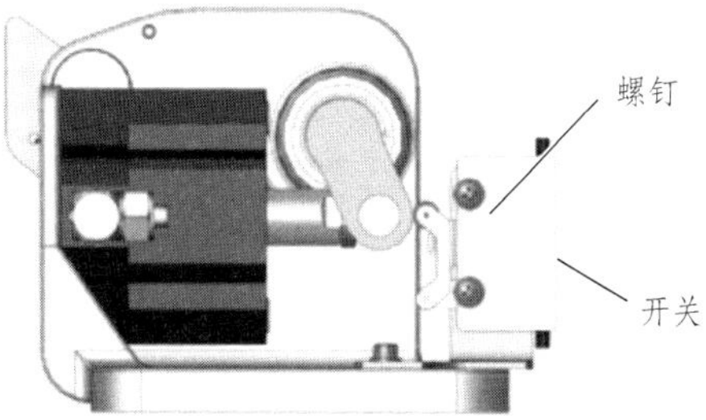 辅助锁到位开关

续表

工序	实训内容	作业结果记录
5	拆卸主锁解锁开关	关闭电源。 拆除主锁解锁开关上电缆。 拆除螺钉和垫圈，取下衬板。 拆下主锁解锁开关。 螺钉 微动开关 主锁开关
6	拆卸下摆臂组件的滚轮	将门置于打开位置。 保护门扇和下滑道，以免损坏。 用卡簧钳将卡簧拆开，将滚轮摆臂组件拆除。 转轴 卡簧 下摆臂
7	拆卸电磁阀组件	门系统断电断气。 将门置于打开位置。 拆除电磁阀组件上的气管及电缆。 拆除电磁阀组件。 电磁阀组件 电磁阀

续表

工序	实训内容	作业结果记录
8	拆卸过滤减压阀组件	门系统断电断气。 将门置于打开位置。 打开侧罩板，拆除过滤减压阀组件上的气管。 拆除过滤减压阀组件。 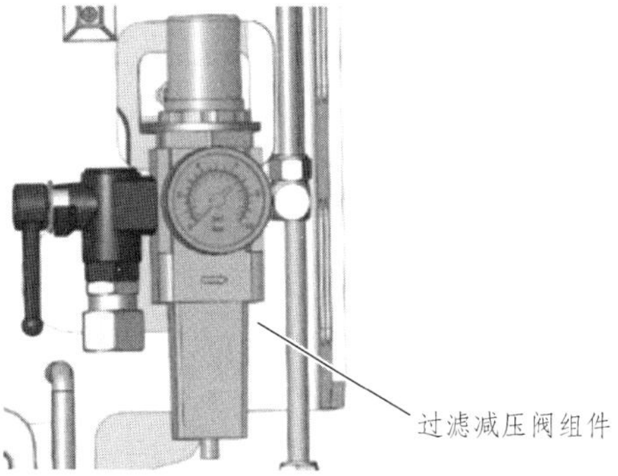 过滤减压阀组件 过滤减压阀
9	拆卸钢丝绳	关闭电源。 松开内、外操作装置紧固螺钉。 松开调节器上的夹紧螺帽和夹紧头组件。 拔出钢丝绳外部的套管。 取出钢丝绳。 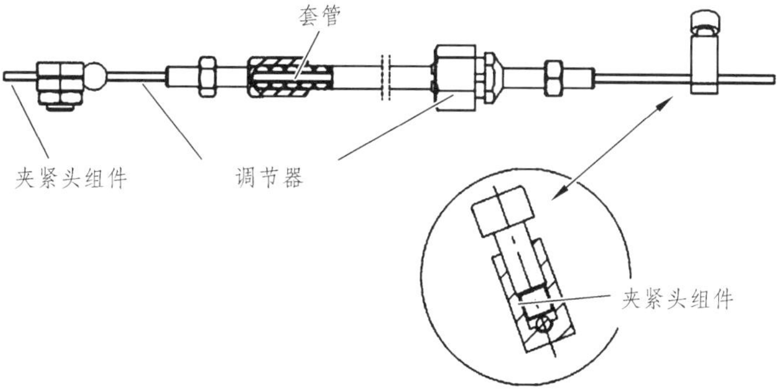 套管 夹紧头组件　调节器 夹紧头组件 钢丝绳组件

（2）安装塞拉门电气系统（见表 7-3-2）

表 7-3-2　安装塞拉门电气系统

工序	实训内容	作业结果记录
1	安装门到位开关组件	将新的门到位开关组件安装在开关安装座上，并使用乐泰 243 锁固螺纹固定。施耐德开关紧固螺钉（M4）的最大扭矩为 1.0 N · m。 检查微动开关动作。 连接电缆。 根据安装调试说明书进行调试。

续表

工序	实训内容	作业结果记录
1	安装门到位开关组件	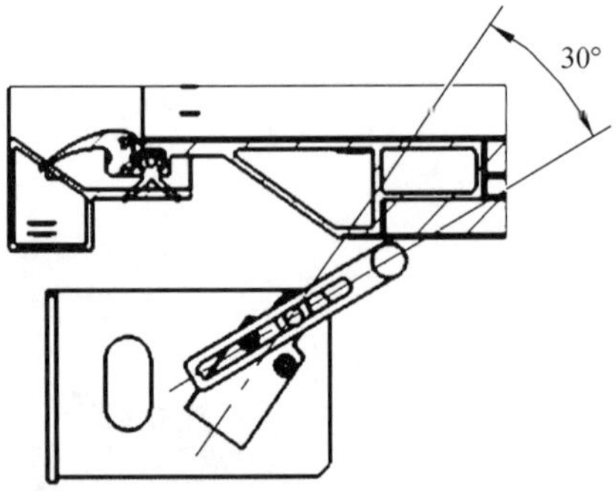 30° 门到位开关
2	安装隔离开关组件上的微动开关	用固定螺钉将新的微动开关固定在支架上，并使用乐泰 243 锁固螺纹固定。 检查微动开关动作。 重新连接电缆。 根据安装调试说明书进行调试。 扭矩要求： M3：0.8N · m.  开关 M3螺钉 隔离开关
3	安装锁到位开关	将锁到位开关置于微动开关垫板上。 用螺钉固定锁到位开关，沙尔特堡开关紧固螺钉（M4）的最大扭矩为 1.3 N · m。 重新连接电缆。 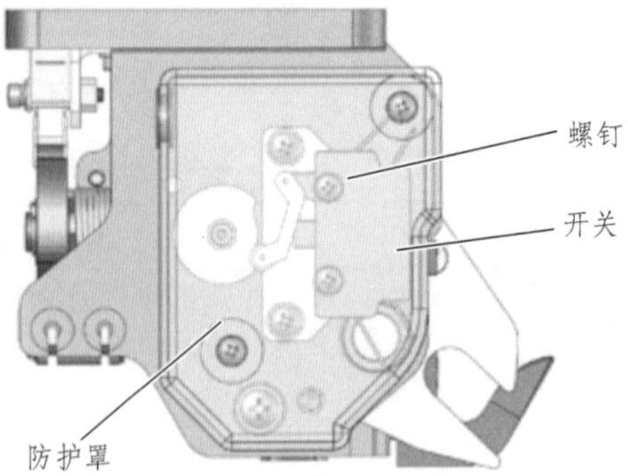 螺钉 开关 防护罩 锁到位开关

续表

工序	实训内容	作业结果记录
4	安装辅助锁到位开关	将辅助锁到位开关置于衬板上。 用螺钉固定辅助锁到位开关，开关紧固螺钉（M4）的最大扭矩为1.3 N·m。 重新连接电缆。 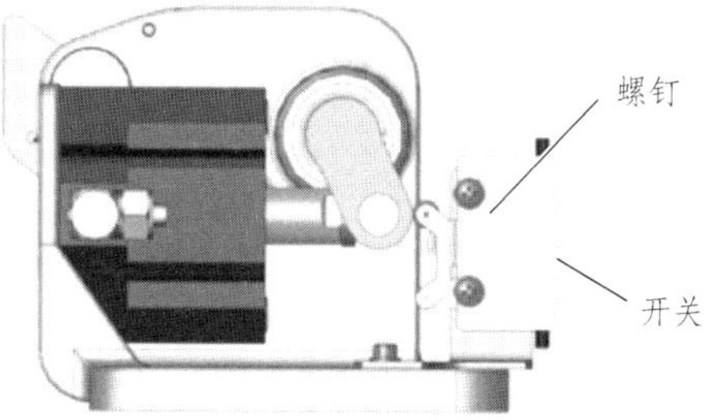 螺钉 开关 辅助锁到位开关
5	主锁解锁开关	将锁到位开关置于微动开关垫板上。 用螺钉固定锁到位开关，开关紧固螺钉（M4）的最大扭矩为1.3 N·m。 重新连接电缆。 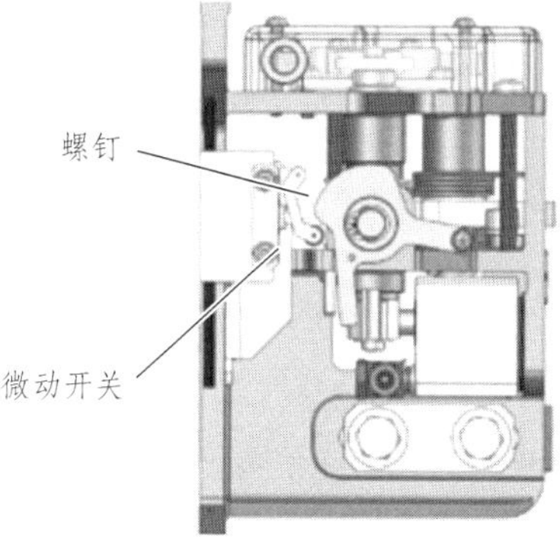 螺钉 微动开关 主锁开关
6	安装下摆臂组件的滚轮	将滚轮摆臂组件重新安装在下摆臂组件上，将卡簧装入。 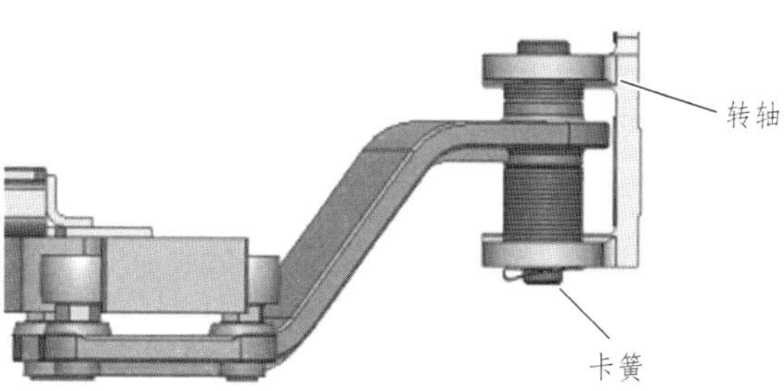 转轴 卡簧 下摆臂

续表

工序	实训内容	作业结果记录
7	安装电磁阀组件	将电磁阀组件重新安装在电磁阀组件安装板上，连接好气管及电缆。 扭矩要求： M6：6.4 N · m. 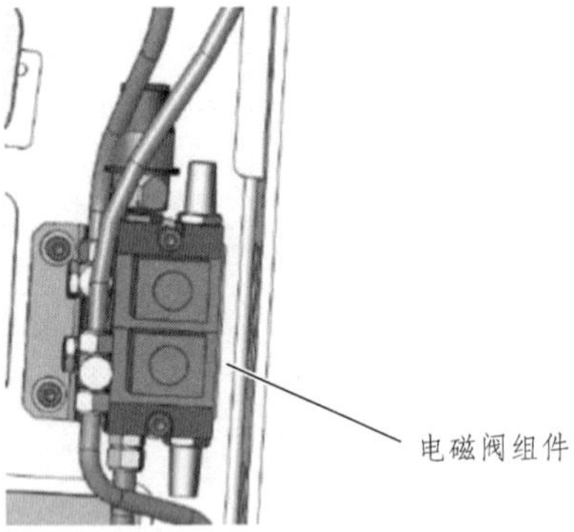 电磁阀
8	安装过滤减压阀组件	将过滤减压阀组件重新安装在设备架上，连接好气管。 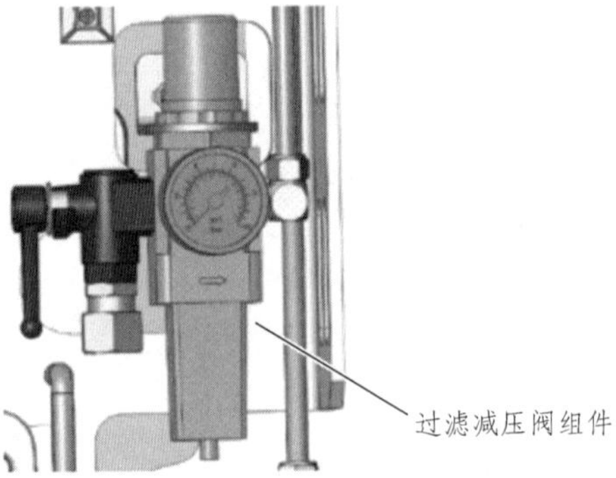 过滤减压阀
9	安装钢丝绳	关闭电源。 松开内、外操作装置紧固螺钉。 松开调节器上的夹紧螺帽和夹紧头组件。 拔出钢丝绳外部的套管。 取出钢丝绳。 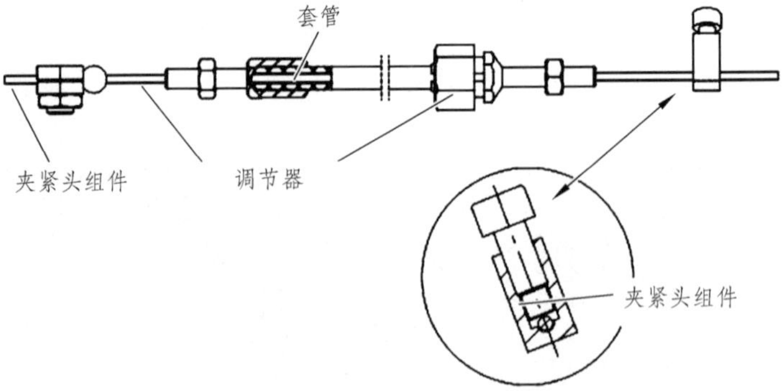 钢丝绳组件

五、实训考核标准（见表7-3-2）

表 7-3-2　实训考核标准

项目	标准	配分	得分
拆卸门到位开关组件	能够根据任务书指导正确拆卸组件	10	
拆卸隔离开关组件上的微动开关	能够根据任务书指导正确拆卸组件上的微动开关	5	
拆卸锁到位开关	能够根据任务书指导正确拆卸组件	5	
拆卸辅助锁到位开关	能够根据任务书指导正确拆卸组件	5	
拆卸主锁解锁开关	能够根据任务书指导正确拆卸组件	5	
拆卸下摆臂组件的滚轮	能够根据任务书指导正确拆卸组件	5	
拆卸电磁阀组件	能够根据任务书指导正确拆卸组件	5	
拆卸过滤减压阀组件	能够根据任务书指导正确拆卸组件	5	
拆卸钢丝绳	能够根据任务书指导正确拆卸组件	5	
安装门到位开关组件	能够根据任务书指导正确安装组件	10	
安装隔离开关组件上的微动开关	能够根据任务书指导正确安装组件	5	
安装锁到位开关	能够根据任务书指导正确安装组件	5	
安装辅助锁到位开关	能够根据任务书指导正确安装组件	5	
安装主锁解锁开关	能够根据任务书指导正确安装组件	5	
安装下摆臂组件的滚轮	能够根据任务书指导正确安装组件	5	
安装电磁阀组件	能够根据任务书指导正确安装组件	5	
安装过滤减压阀组件	能够根据任务书指导正确安装组件	5	
安装钢丝绳	能够根据任务书指导正确安装组件	5	

六、思考题

每次拆装组件时断开电源是否为必要工作步骤？

任务四　塞拉门功能调试

一、实训目的

掌握塞拉门的操作。

二、理论链接

1. 塞拉门的控制和操作

塞拉门通过设置在司机室内集控开关进行控制，司机释放车门后，也可以通过每个门的本地开关进行控制。

塞拉门的操作主要涉及开关门操作、故障隔离操作、紧急开门操作、库内蹬车锁车操作。

（1）集控开关门操作。

侧门通过设置在主控司机室的开关进行集中控制，如图 7-4-1 所示。

在车速小于 5 km/h 的条件下，主控端司机台操作对应侧的车门释放按钮，按钮指示灯点亮，全列该侧车门释放。

此时全列车本地开关门按钮有效，司机台集控开门按钮有效，司机操作该侧“开门按钮，集中控制该侧车门打开。

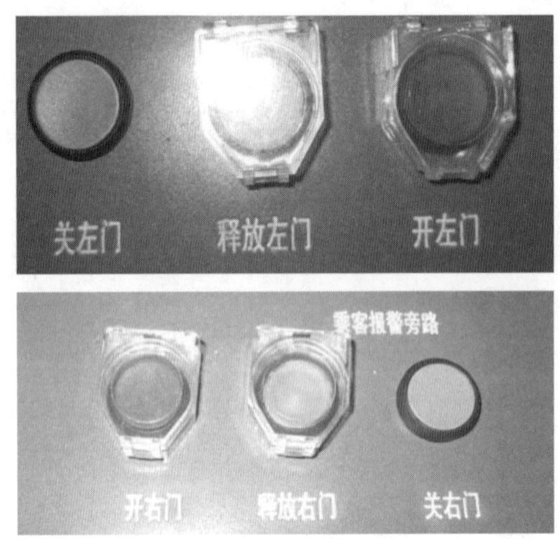

图 7-4-1　开关操作按钮

HMI 显示器显示对应的车门状态信息。车门状态信息 TCMS 显示如图 7-4-2 所示。

图 7-4-2　车门状态信息 TCMS 显示

司机操作该侧关门按钮，集中控制该侧车门关闭。集控关门后，车门释放信号自动取消。

各按钮操作时，需保持按钮操作状态约 1 ~ 2 s。

车门因障碍返回达到 3 次后会保持在打开状态，因此在操作关门指令约 30 s 后，若 HMI 屏上仍旧显示个别车门处于打开状态（原因是障碍返回达到 3 次，保持常开），则可再次操作关门按钮进行关门，并通知机械师查看，并可人工助力辅助进行关门。

（2）单控开关门操作。

司机操作车门释放后，每个车门的本地开门按钮灯亮，此时司机不操作开门按钮，全列车门保持不动，乘客可自行操作每个门口处开关打开单个车门。

司机操作具有最高的权限，司机室操纵关门按钮后，所有车门均执行关门指令，本地开关门按钮失效。车门按钮如图 7-4-3 所示。

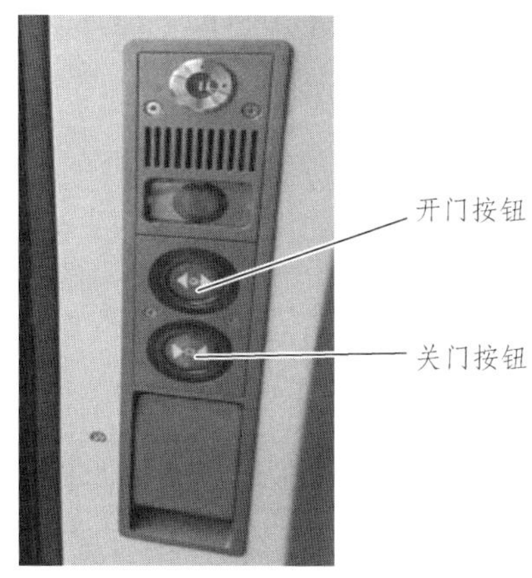

车内开关门按钮

车外开门按钮

图 7-4-3　车门按钮

（3）故障隔离操作。

每套车门门扇设置隔离锁，当车门发生故障时，可将车门机械锁闭，同时退出使用状态，并能将车门状态反馈给车辆监控系统。在侧门供电、供气正常时，操作隔离能够用辅助锁供气来压紧侧门。

具体隔离操作如下：

手动关闭至完全锁闭后，从车内用四角钥匙操作门扇上的隔离锁，将车门可靠锁闭隔离。隔离到位与否不能以隔离锁拧不动为判断标准，需以隔离锁锁舌可靠的插入锁口板为准，并且隔离到位时，隔离锁的指示标识（红点）才能出现在相应的观察窗。同时，触发隔离触点开关，传输给 TCMS，HMI 监视屏显示此门隔离。

中间车每套侧门均能从车内进行隔离操作，隔离锁使用四角钥匙操作，车内隔离锁如图 7-4-4 所示。通过指示窗口的红点来指示当前的状态。

图 7-4-4　车内隔离锁面板

头车塞拉门的车内和车外均可用通用四角钥匙操作隔离，门扇上同时还设有保险锁，用于存放锁车。保险锁车外侧用安全钥匙操作，车内侧用通用钥匙操作，具体操作和说明见“蹬车操作”所述。

注：头车保险锁的作用是控制隔离锁的可操作性，保险锁上锁后，隔离锁则无法解锁。操作隔离锁时必须确认保险锁是处于解锁状态。

中间车的车外侧隔离锁操作眼孔使用安全堵头堵死，正常运行中是不能操作的，为在特殊情况下能从车外解锁，该堵头可通过破坏的方式来拆卸，然后可从车外操作隔离锁。中间车车外隔离锁堵头如图 7-4-5 所示。

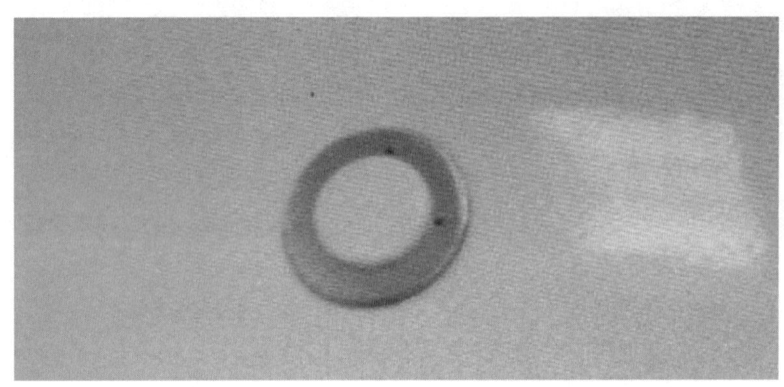

图 7-4-5　中间车车外隔离锁堵头

说明：操作锁闭隔离锁前，必须使车门处于关闭状态。

（4）紧急开门操作。

紧急开门分为车内紧急开门和车外紧急开门两种情况。每套车门在车内门口处设置有内部紧急解锁装置，在车外侧墙上设置车外紧急解锁装置。车门紧急解锁装置如图 7-4-6 所示。

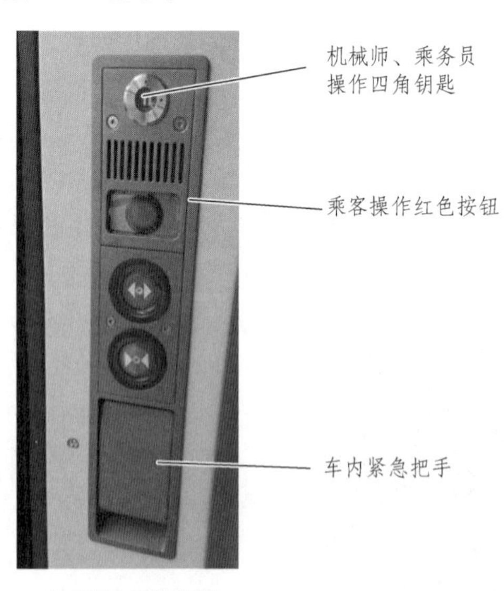

车内紧急解锁装置

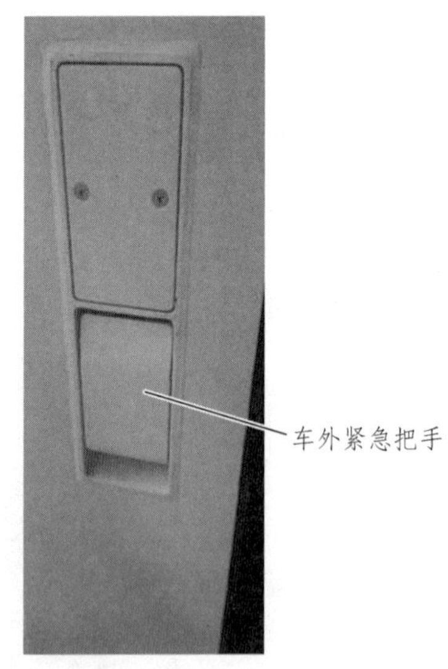

车外紧急解锁装置

图 7-4-6　车门紧急解锁装置

① 车内紧急解锁操作步骤。

紧急情况下，车辆有电时，机械师、乘务员首先操作四角锁芯从“红点”到“绿点”，乘客需打破塑料保护罩按下内部的红色按钮，此时蜂鸣器鸣响。然后拉起红色的紧急解锁手柄保持拉起状态，手动向外推门并打开车门。

如需退出紧急解锁状态，把四角锁芯从“绿点”转到“红点”或者复位乘客红色按钮，此时蜂鸣器停止鸣响。电控关门一次，车门恢复正常。

车辆无电时，无需操作四角锁芯或者乘客红色按钮，直接拉起红色手柄保持拉起状态，手动向外推门可打开车门。

② 车外紧急解锁操作步骤。

拉起车外白色手柄并保持拉起状态，手动拉门并打开。

说明：

当车速大于 10 km/h 时，操作车内、车外紧急操作装置不能打开车门。

当速度小于 5 km/h 时，紧急把手一直保持拉起状态可打开车门，车内和车外紧急装置复位后，车门能自动关闭。

（5）蹬车操作。

工作人员在库内上车分为两种情况，一是整列车门没有隔离锁闭，侧门仅是关闭；另一情况是所有车门被隔离锁闭，只有授权人员才能登车。

对于没有锁闭的情况，只需操作车外侧的紧急解锁装置，便可解锁车门，手动打开后上车。车外紧急解锁装置见图 7-4-7。

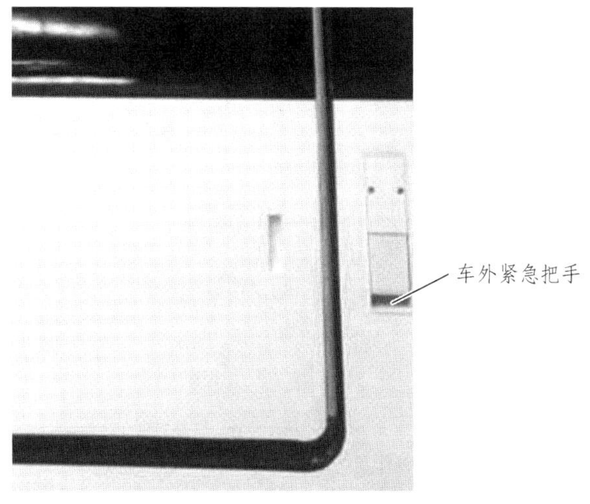

图 7-4-7 车外紧急把手

对于车门被隔离锁闭的情况，需选择任意一个司机室处的侧门（全列共 4 个），按如下过程操作：

（1）首先翻转安全锁的盖板，露出锁芯，插入安全钥匙操作锁芯的指示标记向绿点方向旋转，对安全锁进行解锁，然后回正锁芯，拔出安全钥匙，如图 7-4-8 所示。

图 7-4-8　头车车外隔离锁

（2）翻转隔离锁的盖板，用通用四角钥匙旋转锁芯，使锁芯的标记指向绿点，即可将隔离锁解锁。

（3）拉动车外紧急开门装置的把手，同时用手扣动门板扣手，即可手动打开车门上车。

（4）上车后，为使动车组投入正常运营，需解锁其他所有塞拉门的隔离锁闭状态。

对于头车的塞拉门可从车外按照上述（1）和（2）的方法解锁，也可从车内先用四角钥匙将保险锁的标线由红点指向绿点来解锁保险锁；然后操作隔离锁锁芯，使指示窗口的红点从“隔离”旋转到 “复位”，即可完成解锁过程，如图 7-4-9 所示。

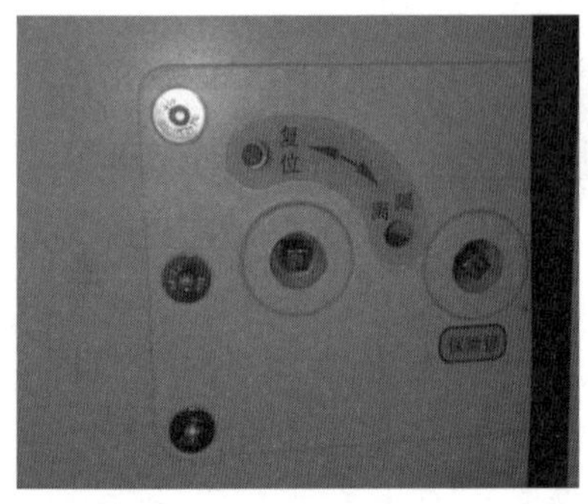

图 7-4-9　头车车内隔离锁

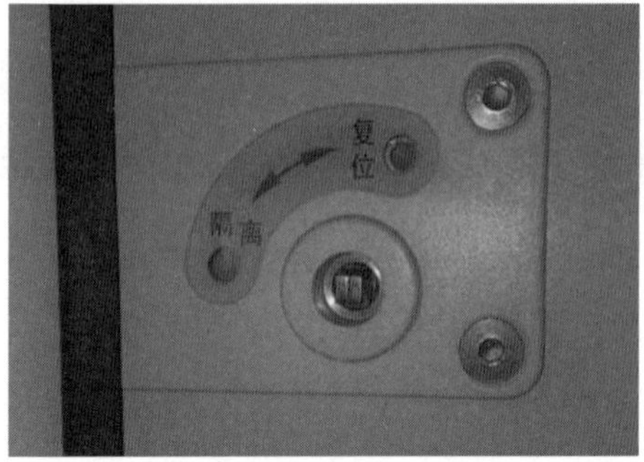

图 7-4-10　中间车车内隔离锁

对于其他塞拉门从车内用四角钥匙解锁隔离锁（使指示窗口的红点从“隔离”旋转到“复位”）即可，如图 7-4-10 所示。

（5）回库锁车操作。

动车组回库后，如果需要将车门锁闭，禁止无关人员蹬车，应按如下操作步骤执行。

① 将所有车门关闭到位。

② 对于中间车，用通用四角钥匙，从车内将所有车门的隔离锁锁闭（使指示窗口的红点从“复位”旋转到“隔离”），如图 7-4-11 所示。

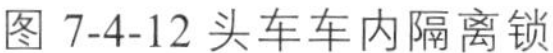

图 7-4-12 头车车内隔离锁

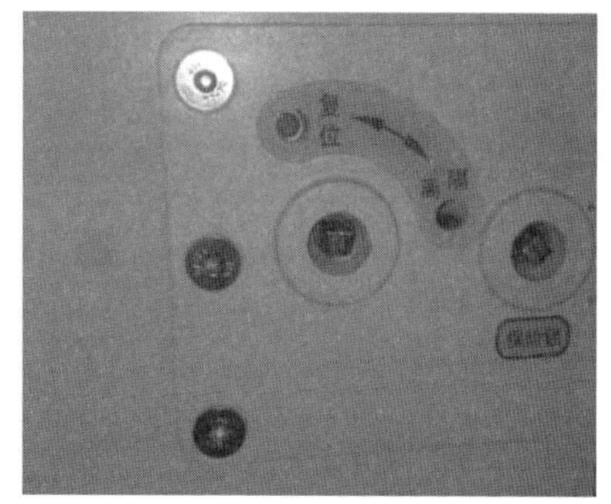

图 7-4-11　中间车车内隔离锁

③ 对于头车，从车内先用四角钥匙将隔离锁锁闭（使指示窗口的红点从“复位”旋转到“隔离”），然后再将保险锁锁闭（将保险锁的标线由绿点指向红点），但需留任意一个靠司机室的塞拉门作为下车出口，如图 7-4-12 所示。

④ 操作预留的没有锁闭的头车塞拉门车内紧急开门装置，如图 7-4-13 所示，打开车门下车。

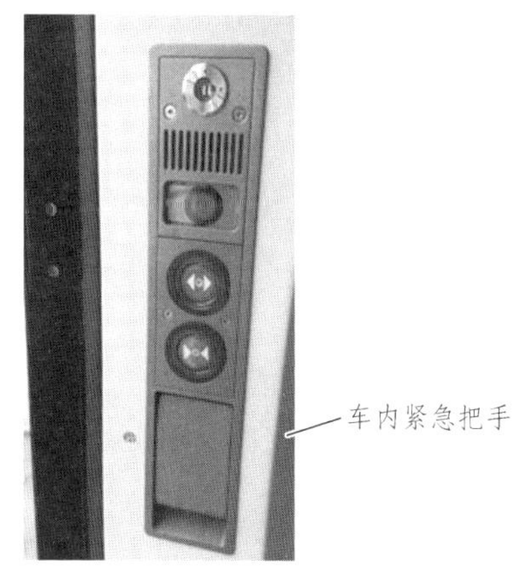

图 7-4-13　车内紧急把手

图 7-4-14　头车车外隔离锁

⑤ 从车外手动关闭塞拉门，然后从车外用四角钥匙锁闭隔离锁（使锁芯的标记指向红点），如图 7-4-14 所示，再用安全钥匙锁闭保险锁（插入安全钥匙操作锁芯的指示标记向红点方向旋转，然后回正拔出钥匙）。将盖板翻转，盖住锁芯，即可完成整列车的锁闭。

对于头车的各塞拉门，也可按上述方法从车外完成锁闭。

三、实训要求

1. 实训时间

教学课时为 2 课时。

2. 实训形式

在实物 CR400AF 动车组塞拉门硬件设备上进行实训演练。学生每 5 人组成 1 个工作小组，各小组制定实施方案及工作计划。每组选出组长 1 名，协助教师指导本组学生学习，检查实训进度和质量，制定改进措施，共同完成项目任务。车门实训设备如图 7-4-15 所示。

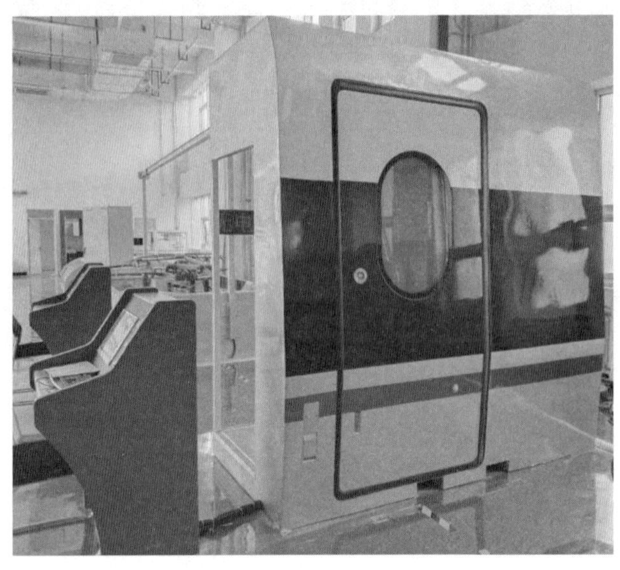

图 7-4-15　车门实训设备

3. 实训注意事项

（1）未经教师允许或管理员允许不得擅自操作。

（2）开关门时注意安全，避免车门夹人。

（3）门系统使用电源为 DC 110 V，在门机构区域作业时要小心触电。

4. 工器具材料准备

系统使用说明书。

四、实训作业步骤

1. 实训流程（见图 7-4-16）

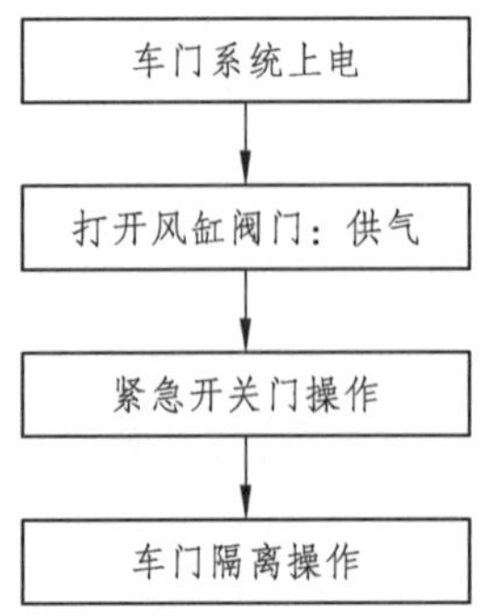

图 7-4-16　车门实训流程

2. 实训作业流程（见表 7-4-1）

表 7-4-1　实训作业流程

工序	实训内容	作业结果记录
1	车门系统上电	闭合车门系统电源开关，给车门实训系统上电。 
2	打开风缸阀门	打开风缸阀门，给车门系统供气，确认压力表风压正常。 
3	紧急开关门操作	车辆有电时，首先操作四角锁芯从“红点”到“绿点”，或按下塑料保护罩内部的红色按钮，此时蜂鸣器鸣响。 然后拉起红色的紧急解锁手柄保持拉起状态，手动向外推门并打开车门。 退出紧急解锁状态，把四角锁芯从“绿点”转到“红点”或者复位乘客红色按钮，此时蜂鸣器停止鸣响。电控关门一次，车门恢复正常。
4	车门隔离操作	手动关闭至完全锁闭后，从车内用四角钥匙操作门扇上的隔离锁，将车门可靠锁闭隔离。 隔离到位与否不能以隔离锁拧不动为判断标准，需以隔离锁锁舌可靠的插入锁口板为准，并且隔离到位时，隔离锁的指示标识（红点）才能出现在相应的观察窗

五、实训考核标准（见表7-4-2）

表7-4-2　实训考核标准

项目	标准	配分	得分
车内紧急开门操作	车辆有电时，机械师、乘务员首先操作四角锁芯从“红点”到“绿点”，乘客需打破塑料保护罩按下内部的红色按钮，此时蜂鸣器鸣响。然后拉起红色的紧急解锁手柄保持拉起状态，手动向外推门并打开车门。 如需退出紧急解锁状态，把四角锁芯从“绿点”转到“红点”或者复位乘客红色按钮，此时蜂鸣器停止鸣响。电控关门一次，车门恢复正常。 车辆无电时，无需操作四角锁芯或者乘客红色按钮，直接拉起红色手柄保持拉起状态，手动向外推门可打开车门	30	
车外紧急开门操作	拉起车外白色手柄并保持拉起状态，手动拉门并打开。 当车速小于 10 km/h 时，操作车内、车外紧急操作装置不能打开车门。 当速度小于 5 km/h 时，紧急把手一直保持拉起状态可打开车门，车内和车外紧急装置复位后，车门能自动关闭	35	
塞拉门隔离操作	手动关闭至完全锁闭后，从车内用四角钥匙操作门扇上的隔离锁，将车门可靠锁闭隔离。隔离到位与否不能以隔离锁拧不动为判断标准，需以隔离锁锁舌可靠的插入锁口板为准，并且隔离到位时，隔离锁的指示标识（红点）才能出现在相应的观察窗。同时触发隔离触点开关，传输给TCMS，HMI 监视屏显示此门隔离	35	

六、思考题

（1）塞拉门的控制和操作有哪些?

（2）塞拉门的车内紧急开门操作步骤有哪些?

参考文献

[1] 连苏宁. 城市轨道交通车辆构造[M]. 北京：机械工业出版社，2011.
[2] 王伯铭. 城市轨道交通车辆总体及转向架[M]. 北京：科学出版社，2013.
[3] 王连森. 城市轨道交通车辆维护与检修[M]. 北京：中国铁道出版社，2012.
[4]《铁路货车概要》编委会. 铁路货车概要[M]. 北京：中国铁道出版社，2020.
[5] 毛必显，张勇. 车钩缓冲装置的构造与检修[M]. 成都：西南交通大学出版社，2003.
[6] 中国铁路总公司. 高速动车组技术[M]. 北京：中国铁道出版社，2016.